高校英语教学模式创新研究

史翠苹　王佳宜　李跃华　著

中国原子能出版社

图书在版编目（CIP）数据

高校英语教学模式创新研究 / 史翠苹，王佳宜，李跃华著. — 北京：中国原子能出版社，2022. 11
ISBN 978-7-5221-2374-5

Ⅰ. ①高… Ⅱ. ①史… ②王… ③李… Ⅲ. ①英语-教学模式-教学研究-高等学校 Ⅳ. ①H319. 3

中国版本图书馆 CIP 数据核字（2022）第 221351 号

高校英语教学模式创新研究

出版发行：中国原子能出版社（北京市海淀区阜成路 43 号 100048）
责任编辑：刘　佳
责任印制：赵　明
印　　刷：北京九州迅驰传媒文化有限公司
经　　销：全国新华书店
开　　本：787mm×1092mm　1/16
字　　数：223 千字
印　　张：12
版　　次：2022 年 11 月第 1 版　2024年 4 月第 2 次印刷
书　　号：ISBN 978-7-5221-2374-5
定　　价：78. 00 元

PREFACE 前言

当今时代，信息技术快速发展，经济水平不断提高。在此影响下，人们的生活方式和生活环境都经历着更新与变化，要想适应这种频繁的变化节奏，就必须进一步提高自身的整体素质。对于高校英语教学来说，要满足时代发展的需求，就要从加强学生的创新能力和实践应用能力入手。以社会对人才的实际需求为导向，以提高学生应对英语环境的实践能力为目标，为社会输送更多合格的实用型和创新型人才。创新型英语教学模式是当今时代对英语人才提出新要求的前提下产生的，这种教学模式以对传统教学进行系统性改革为基础，从教学理念、教学内容、教学方式、教学评价多个方面体现创新的特点。这种教学模式的优化对于提升学生的创新能力和应用能力具有积极推动作用，是未来高校英语教学的发展趋势。

目前，在我国高校的英语教学中，教师依然沿用传统的教学方式和教学理念，教师以课堂教学为主，重视学生课堂对知识的掌握情况，同时也注重学生的成绩，教学的主要组成部分依然是教师、教材、学生。由于英语在我国高校教学的特殊性，学生在课堂教学中没有形成与教师对话交流的习惯，学生的英语应用能力无从练习，进一步对学生语言思维的形成有一定的负面影响。此外，教师教学的重点还停留在英语单词和词汇的积累方面，学生掌握了教材中的英语语法，在考试的时候能够考取高分，但在实际使用英语的过程中，却无法灵活变通地应用英语。最终导致高校培养的学生只具有考试能力而没有实践经验。

本书首先对高校英语教学的基本理论、构成因素以及开展的原则做了简要介绍；其次阐述了高校英语教学模式，其中包括教学模式的研究和发展、研究教学模式的意义以及高校英语教学模式的现状；再次分析了高校英语学科教学模式，让读者对高校英语学科建设有了全新的认识；然后对高校英语课堂教学模式的创新、信息技术与高校英语教学的关系进行了较大幅度的改进，最后从多维度阐述了高校英语线上线下教学模式构建以及基于移动学习系统的高校英语听说教学模式的构建，充分反映了 21 世纪我国在高校英语教学方面的前沿问题，力求让读者充分高校英语教学研究的重要性和必要性。本书兼具理论与实际应用价值，可供广大英语教学相关工作者参考和借鉴。

为了提升本书的学术性与严谨性，在撰写过程中，笔者参阅了大量的文献资料，引用了诸多专家学者的研究成果，因篇幅有限，不能一一列举，在此一并表示最诚挚的感谢。由于时间仓促，加之笔者水平有限，在撰写过程中难免出现不足的地方，希望各位读者不吝赐教，提出宝贵的意见，以便笔者在今后的学习中加以改进。

CONTENTS 目录

第一章　高校英语教学概述

第一节　高校英语教学的理论基础

一、语言学理论

（一）语言功能理论

英国语言功能学派的思想始于弗斯，后来在卡特福德、韩礼德等的研究中得到进一步发展。这里就重点介绍韩礼德的语言功能理论。韩礼德认为，语言是在完成其功能中不断演变的，语言的社会功能会影响到语言本身的特性。具体来说，语言功能可以分为微观功能、宏观功能、纯理功能。

1. 微观功能

韩礼德认为，微观功能是儿童在学习母语的初级阶段出现的，它包括以下七种功能。

（1）个人功能。个人功能指儿童可以运用语言来表达自己的感情、身份或观点看法。

例如：I like the toy car.

（2）控制功能。控制功能指儿童可以通过语言来控制他人的行为。

例如：Finish the task as I have told you.

（3）想象功能。想象功能指儿童可以运用语言来创造一个幻想的环境或世界。

例如：Suppose I am the king and you are the queen…

（4）启发功能。启发功能指儿童可以通过语言来认识和探索周围的世界，学习和发现问题。

例如：Tell me why…

（5）工具功能。工具功能指儿童可以通过语言来获取物质，满足其对物质的需求。

例如：I want…

（6）相互关系功能。相互关系功能指儿童可以通过语言与他人进行交往。

例如：Me and you.

（7）信息功能。信息功能指 18 个月大的儿童可以通过语言向别人传递信息。信息功能是在儿童成长后期掌握的。

需要指出的是，在儿童语言中，一句话只有一种功能而不会出现多种功能。随着儿童语言逐渐向成人语言靠拢，功能范围逐渐缩减，这些微观功能就让位于宏观功能。

2. 宏观功能

相对于微观功能，宏观功能更为复杂、丰富和抽象，它是儿童由原型语言向成人语言过渡阶段出现的语言功能。宏观功能包括以下两类。

（1）实用功能。实用功能源于儿童早期微观功能中的工具功能、相互关系功能和控制功能，它是指儿童将语言视为做事的工具或手段。

（2）理性功能。理性功能是由儿童早期微观功能中的个人功能、启发功能等演变而来的，它是指儿童将语言视为学习知识和观察事物的途径和方法。

宏观功能是早期儿童语言功能的过渡期，它和微观功能、纯理功能存在功能上的延续性，这反映了人类语言为数不多的几种功能可以被运用于多种社会场合，同时也反映了人类在运用语言的过程中创造语言的必要性。

3. 纯理功能

韩礼德的纯理功能在功能语言学派中影响巨大。纯理功能包括以下三种：

（1）人际功能。人际功能是指语言具有表明、建立和维持社会中人的关系的作用。通过此功能，讲话者能通过某一情境来表达自己的推断、态度，并对别人的态度和行为造成影响。

（2）篇章功能。篇章功能是指语言具有创造连贯的话语或文章的功能，这些话语和文章对语境来说是切题和恰当的。韩礼德认为，语篇是具有功能的语言。

（3）概念功能。概念功能是指人们通过语言将自己的内心世界和现实世界的经历进行表述的功能。语言的概念功能是指人们以概念的形式对其经验加以解码，并对主客观世界发生的人、事、物等因素进行表达和阐述。

韩礼德认为，几乎每个句子都能体现语言的人际功能、篇章功能和概念功能，而且这三种功能经常同时存在。

在如何看待语言本质的问题上，韩礼德对语言功能的论述为研究者们提供了一个全新的视角，推进了语言学界对语言的理解。后来的交际法教学流派（又称“功能—意念教学流派”）就是以韩礼德的语言功能理论为基础建立起来的。

（二）克拉申的二语习得理论

20 世纪 80 年代初，克拉申针对第二外语的习得提出并发展了二语习得理论。该理论是最具争议的二语学习理论之一，共包括五个部分。

1. 习得—学习假设

克拉申认为，“学习”和“习得”不同，它们是培养外语能力的两种途径。学习是学习者通过课堂学习等方式有意识地掌握语言语法规则的过程，而“习得”是学习者在无意识的状态下形成并掌握语言能力的过程，是一种类似于小孩子学习母语的过程。习得与学习的区别具体如表 1-1 所示。

表 1-1　习得与学习的区别

习得	学习
不知不觉的过程	意识到的过程
内化隐含的语言规则	获得明示的语言知识
正式学习无助于习得	正式学习有助于语言知识获得

克拉申认为，语言学习只能监控和修正语言，却不能发展交际能力，外语应该通过习得来获取。另外，习得能够发展交际能力。

2. 自然顺序假设

克拉申认为，一种语言的语法规则或结构是按一定的、可以预知的顺序习得的，这种情况也适用于第二语言（外语）的学习。

3. 输入假设

在克拉申看来，理想的输入应具备以下四个特点。

首先，应具有足够的输入（i+1）。i+1 是克拉申提出的著名公式。其中，i 代表习得者现有的水平，+1 表示语言材料应略高于习得者目前的语言水平。这意味着只要习得者能理解输入的材料，且达到了一定的量，就意味着这种输入已经有了自动性。

其次，应具有可理解性。输入的语言必须可以理解，不可理解的输入对学习者不仅无用，而且还会损害学生学习的积极性。可理解性的语言输入是语言习得的必要条件。

再次，应既有趣，又有关联。趣味性与关联性可以增强语言习得的效果。最后，应按照非语法程序安排。在语言习得的过程中不必按语法程序安排教学活动，重要的是要有足够的可理解的输入。

按照克拉申的外语教学理论，进行外语教学时应尽量向学生提供可理解的语言输入，教师应使用一切手段来增加语言输入的可理解性。

4. 监察假设

克拉申认为，有意识的学习（知识或规则）只能起到监察的作用。这种监察作用可以发生在写或说之前或之后。

需要指出的是，学习的监察作用必须具备以下三种条件才能发挥作用：有足够的时间、知道规则、注意语言形式。此外，这种监控作用在不同的语言交际活动（如口头表达与书面表达）中会导致不同的交际效果。

5. 情感过滤假设

情感指学习者的动机、需求、信心、忧虑程度及情感状态。这些情感因素会对语言的输入起到促进或阻碍作用，因而又被视为可调节的过滤器。

根据情感过滤假设，外语学习者积极的情感态度有助于更多地输入目的语，而消极的情感态度则会过滤掉很多目的语。因此，教师还应避免给学生施加压力，要努力创造一个轻松愉快、自由自在的学习气氛。

（三）斯温的输出假设

斯温基于加拿大法语沉浸式教学结果的研究提出了输出假设。斯温认为，语言输入是实现语言习得的必要条件，但是除了这一必要条件还需要其他的条件，也就是说，要使学习者的英语学习达到较高的水平，除了对其进行可理解的输入外，还需要考虑学习者可理解的输出。

学习者需要充分理解并有效运用既有的学习资源，将其准确、合理地输出。在这一过程中，学生的语言水平才能得到较高程度的提升，也才能在不断输出的过程中意识到自己在语言表达方面存在的问题。在英语教学实践中，教师应该尽可能给学生提供充足的语言表达与运用的机会，不断地培养和提高学生语言表达的准确性和流利性。斯温认为，语言输出的作用主要体现在以下几个方面。

第一，检验自己所提出的假设是否正确，是否具有一定的可行性。

第二，使学习者侧重把握语言形式。

第三，让学习者能够有意识地进行自我反思。

斯温的输出假设对英语教学有一定启示。当英语教师意识到语言输出活动对语言学习的重要性之后，就会对此设计一些交际性的口头或笔头的语言实践活动来进行教学，如让学生复述、小组讨论、组织辩论等。在编写教材的过程中也会侧重添加一些实际性的语言输出活动，如角色扮演、针对某一话题发表不同意见和见解等。

（四）言语行为理论

言语行为理论作为语言语用研究中的一个重要理论，最初是由英国哲学家约翰·奥斯汀在 20 世纪 50 年代提出的。之后，美国的哲学语言学家塞尔对言语行为进行了深入探讨。因此，这里主要介绍奥斯汀和塞尔的观点。

1. 奥斯汀的言语行为理论

奥斯汀将话语分为表述句和施为句两大类别。此外，他还在此基础上提出了言语行为三分说。

（1）表述句与施为句。表述句是用来描写、报道或陈述某一客观存在的事态或事实的句子。表述句可以验证，并且具有真假值。

例如：Jim is lying in bed.

如果 Jim 确实在床上躺着，这句话就为真；反之则为假。

施为句是用来创造一个新的事态以改变世界状况的句子。施为句不可以验证，也不具有真假值。

例如：I call the toy horse Spirit.

这个句子既无法验证，也无法判断真假。这个句子的意义在于给玩具马命名，即给客观环境带来了改变。可见，表述句与施为句的最大区别在于表述句以言指事、以言叙事，而施为句以言行事、以言施事。

（2）言语行为三分说。奥斯汀发现了表述句与施为句两分法的不足之处，并修正了自己的观点，提出了更为成熟的言语行为三分说。他将言语行为分为以下三个层次。

第一，以言指事行为是指移动发音器官发出话语，并按规则将它们排列成词、句子。它是通常意义上的行为。

第二，以言行事行为是通过说话来实施一种行为。它是表明说话人意图的行为，可将以言行事行为简称为“语力”。奥斯汀将以言行事行为分为评价行为类、施权行为类、承诺行为类、论理行为类、表态行为类五个类别。

第三，以言成事行为就是以言取效行为，它是指说话带来的后果。需要说明的是，以言成事行为或以言取效行为只是用来指一句话导致的结果，不论结果如何都跟说话人的意图无关。

2. 塞尔的言语行为理论

塞尔的主要贡献是改进了奥斯汀对以言行事行为的分类，并提出了间接言语行为理论。

（1）塞尔对以言行事行为的重新分类。

塞尔将以言行事行为分为以下五类。

①承诺类。它表示说话人对未来的行为做出不同程度的承诺。此类行为的动词包括 threaten，pledge，vow，offer，undertake，guarantee，refuse，promise，commit 等。

②表达类。它表达说话人的某种心理状态。此类行为的动词包括 congratulate，apologize，deplore，regret，welcome，condole，boast 等。

③断言类。它表示说话人对某事做出真假判断或一定程度的表态。此类行为的动词包括 deny，state，assert，affirm，remind，inform，notify，declare，claim 等。

④宣告类。它表示说话人所表达的命题内容与客观现实之间的一致。此类行为的动词包括 nominate，name，announce，declare，appoint，bless，christen，resign 等。

⑤指令类。它表示说话人不同程度地指使或命令听话人去做某事。此类行为的动词包括 request，demand，invite，order，urge，advise，propose，suggest 等。

塞尔的重新分类具有很强的科学性，直到今天仍在使用。

（2）间接言语行为理论。

所谓间接言语行为，就是通过实施另一行为而间接得以实施的言语行为。

例如：Can you pass the bottle for me?

这种言语行为虽然表面上在进行“询问”，但实际上表达的是一种“请求”行为，即“请求”是通过“询问”来间接实施的。

塞尔进一步将间接言语行为分为规约性间接言语行为和非规约性间接言语行为两个类别。规约性间接言语行为通常出于对听话人的礼貌，且根据话语的句法形式可立即推断出其语用用意；而非规约性间接言语行为往往比较复杂，需要更多地依靠交际双方共知的语言信息与所处的语境来进行推断。

二、心理学理论

（一）行为主义心理学

行为主义学习理论最初来源于俄罗斯生理学家巴甫洛夫的“条件反射”概念。20 世纪初，美国心理学家华生创立了行为主义学习理论。美国学者斯金纳对华生的行为主义进行了继承和发展。这里主要介绍华生和斯金纳二人的观点理论。

1. 华生经典行为主义理论

华生把有机体应付环境的一切活动称为“行为”，行为的基本成分是反应，反应分为习得的反应和非习得的反应。前者包括我们的一切复杂习惯和我们的一切条件反射，后者则指我们在条件反射和习惯方式形成之前的婴儿期所做的一切反应。他将引发有机体反应的外部和内部的变化称为刺激，而刺激必然属于物理的或化学的变化。任何复杂的环境变化，最终总是通过物理变化或化学变化转化为刺激作用于人的身上。换句话说，刺激和反应都属于物理变化或化学变化，由此便形成了刺激—反应（S—R）公式，通过刺激可以预测反应，通过反应可以推测刺激。

华生认为，学习就是以一种刺激替代另一种刺激建立条件反射的过程。在他看来，人类出生时只有几个反射和情绪反应，所有其他行为都是通过条件反射建立新的刺激—反应（S—R）连接而形成的。

华生主张心理学应该摒弃意识、意象等太多主观方面的东西，只研究所观察到的并能客观地加以测量的刺激和反应，无需理会其中间环节，华生称之为“黑箱作业”。他认为人类的行为都是后天习得的，环境决定了一个人的行为模式，无论是正常的行为还是病态的行为都是经过学习而获得的，也可以通过学习而更改、增加或消除。他认为查明了环境刺激与行为反应之间的规律性关系，就能根据刺激预知反应，或根据反应推断刺激，达到预测并控制动物和人的行为的目的。华生认为，行为就是有机体用以适应环境刺激的各种躯体反应的组合，有的表现在外表，有的隐藏在内部。在他眼里，人和动物没什么差异，都遵循同样的规律。

2. 斯金纳新行为主义理论

斯金纳于 1957 年发表了《言语行为》（Verbal Behavior）一书，从行为主义角度对言语行为系统进行了分析。斯金纳认为，人们的言语及言语中的各个部分都是在受到内部或外部刺激的情况下产生的。具体来说，斯金纳提出了“操作制约”（operant conditioning）的观点，这一观点强调语言学习的过程是一个不间断的操作过程，即发出动作然后得到一个结果或一个目的，这一动作就被称为“操作”。如果这一动作的结果是令人满意的，操作者就会重复“操作”，这时“操作”便得到了“强化”，也称为“正向强化”（positive reinforcement）。儿童的语言学习过程正是这样一个不间断的操作过程，使语言行为逐步形成。

斯金纳认为，在某一语言环境中，他人的声音、手势、表情和动作等都可以成为强化的手段，例如教师可以通过表扬、肯定、满意的表示使学生的某种言语行为得到强化。只有言语行为不断得到强化，学生才能逐渐养成语言习惯，学会使用与其语言社区相适应的语言形式。如果学生的言语行为没有得到强化，语言习惯就不能形成，也就不能学习到语言。在学习时，只有反应重复出现，学习才能发生。因此，重复在学习中的作用是不容忽视的。

通过上述介绍可以看出，行为主义学习理论的形成主要基于以下六个观点。

（1）语言是一种习惯，是人类所有行为的基础部分，是在外界条件的作用下逐步形成的。

（2）在语言习得和语言学习过程中，外部影响是内在行为变化的主要因素。因此，语言行为和习惯是受外部刺激的影响而发生变化的，而不是受内在行为的影响。

（3）儿童习得和学习语言的过程是按照操作制约的过程进行的，即发出动作—获得结果—得到强化。这也是儿童习得语言的最基本的客观规律。

（4）学习是刺激与反应的连接，其基本公式为 S—R。也就是说，有怎样的刺激，就有怎样的反应。

（5）学习过程是一种渐进的尝试—错误的反复循环—最后成功的过程。学习进程的步子要小，认识事物要由部分到整体。

（6）强化是学习成功的关键。语言行为需要正向强化才能形成并得到巩固。正向强化主要指学习上的成就感及他人的赞许和鼓励，它是帮助学习者形成语言习惯重要的外部影响因素。

当然，行为主义学习理论有很多不足之处，如它完全否认人类学习的内在心理机制，忽视了人类的主观能动性，难免会走向机械主义和环境决定论，受到认知主义等学习流派的批评。尽管如此，行为主义心理学的研究对英语教学仍有着重大影响，这些影响明显体现在实际的英语教学实践中。例如在语言学习的初级阶段，学生的不断观察、模仿和实践就是遵循了行为主义的学习理论。在外语教学的初级阶段，反复操练被看作是语言学习的一个重要且有效的手段，并得到了广泛的应用。

（二）人本主义心理学

人本主义的学习理论起源于 20 世纪五六十年代在美国兴起的一种心理学思潮，被称为“心理学的第三势力”。人本主义心理学起初并不形成于对学习和学习过程的研究，而是从临床心理学家、社会工作者和心理咨询工作者等一些对人类行为的基本原理和基本假设持有相似观点的心理学家的应用研究中产生的。人本主义心理学的主要发起者是马斯洛，近年来影响较大的代表人物是罗杰斯。他们认为，教育能够为学习者提供一个心理环境，这个环境充满了人情味，学习者在这个环境中得以辅导并将其固有潜能充分发挥出来。下面对他们的观点进行具体介绍。

1. 学习动机论

人本主义心理学的动机论是以马斯洛的“需求层次论”为基础的。马斯洛从人的自我实现需要出发，将人的需要从低级到高级分为五个等级：生理需求（Physiological needs）、安全需求（Safety and security needs）、社交需求（Love and belonging needs）、尊重需求（Esteem needs）、自我实现需求（Self-actualization needs）。其中，自我实现需求指的是人类能把自身潜在的东西变成现实的东西的基本倾向，是人的最高层次的需求。自我实现是对天赋、能力、潜力等的充分开拓和利用。这样的人能够实现自己的愿望，对他们力所能及的事总是尽力去完成。马斯洛认为，人具有自我实现的动机，有自我实现需要的人总是致力于他们认为重要的学习和工作。

以马斯洛的需求层次理论为基础，罗杰斯提出了“自我实现”的三个阶段。

（1）“映射”阶段。在这一阶段，人的自我发展是由外界要求的“映射”产生的。例如学生说：“我要努力学习，因为老师这样要求我们。”

（2）混乱阶段。当学生有了一定的自我意识时，教师对学生的要求往往与学生自己的观点相互矛盾，结果造成学生无所适从，处于混乱阶段。

（3）自我实现阶段。当学生的自我意识占据主导地位并认识到了自己的价值和能力时，学生便能独立地、创造性地做出判断和决定，从而实现自己的愿望。马斯洛还针对如何使学生具备自我实现的学习动机的问题提出了许多策略性的建议，主要有以下几点。

①避开过去。学生在学习时，应将全部身心投入到学习中，排除先前事件的影响。特别是对于后进生来说，如果他们总是持有“我以前学得不好”的观念，那么他们将会停滞不前，不能取得进步。

②保持积极接受的态度。所谓积极接受的态度，是指学生在学习时，既要全神贯注、独立思考，又要虚心接受别人的意见。马斯洛指出，当我们以非干扰和安全接纳的方式与别人相处时，就能感受到更多的东西。因此，同学之间的互帮互学十分重要。

③防止两种心理障碍。其一是“低俗化”（Vulgarization），即自以为看透所有世俗，不相信神圣的、美好的东西；其二是“约拿情结”（Jonah Complex），是指那种畏惧美好和神圣事物的心理障碍。

2. 学习类型论

罗杰斯将学习分为两类，即无意义学习和有意义学习。

（1）无意义学习。罗杰斯认为，无意义学习只涉及心智（mind），它不涉及人的感情或个人意义（personal significance），与完整的人无关。无意义学习类似于无意义音节的学习。学生要记住这些无意义音节是一项困难的任务，因为它们是枯燥乏味、无关紧要、很快就会忘记的东西。在罗杰斯看来，学生在课堂里学习的内容，有许多对学生来说都具有这种无意义的性质。几乎每个学生都会发现，他们课程中有很大一部分内容对自己是无个人意义的。

（2）有意义学习。有意义学习不仅仅是一种增长知识的学习，而且是一种与每个人各部分经验都融合在一起的学习，是一种使个体的行为、态度、个性及未来选择行动方针时发生重大变化的学习。例如一个五岁小孩迁居到另一个国家，在不进行任何语言教学的情况下，让他每天与新的小伙伴们一起自由地玩耍，他在几个月内就会掌握一种新的语言，而且还会习得当地的口音。原因就在于他是以一种对自己有意义的方式去学习新语言的，所以学习速度极快。倘若请一个专门的语言教师去教他，在教学过程中使用对教师有意义的材料，那么他的学习速度将会极其缓慢，甚至会停滞不前。罗杰斯认为，意义学习能将逻辑与直觉、理智与情感、概念与经验、观念与意义等结合在一起。当我们以这种方式学习时，我们就成了一个完整的人，即成了能够充分利用我们自己所有阳刚和阴柔方面的能力来学习的人。

罗杰斯认为，有意义学习包括如下四个要素。

其一，学习具有个人参与（personal involvement）的性质，即整个人的认知和情感都投入到学习活动中。

其二，学习是自我发起的（self-initiated），学生由于内在的愿望主动去探索、发现和了解事件的意义。

其三，学习是渗透性的（pervasive），它会使学生的行为、态度乃至个性发生变化。

其四，学习是由学生自我评价的（evaluated by the learner），学生自己评估自己的学习需求、学习目标是否完成等，因为只有学生最清楚某种学习是否满足自己的需要、是否有助于获取自己想要知道的东西、是否明了自己原来不甚清楚的某些方面。

3. 学习实质论

人本主义心理学指出学习的实质是形成与获得经验，学习的过程就是经验的形成与获得的过程。在人本主义心理学的基础上，人本主义学习理论则从以下四个方面来解释学习的实质。

（1）学习即“形成”。人本主义学习理论重视学习方法的学习和掌握，强调在学习过程中获得知识和经验。在实际学习过程中，很多有意义的知识或经验不是从现成的知识中学到的，而是在做的过程中获得的。学生通过参加学习活动，进行自我发现、自我评价和自我创造，从而获得有价值的、有意义的经验，获得如何进行学习的方法或经验。所以，最有用的学习是学会如何进行学习。

（2）学习即理解。罗杰斯认为，个人的学习不是机械的刺激和反应之间的连接的总和，而是一个心理过程，是个人对知觉的解释。具有不同经验的两个人在知觉同一事物时，往往会出现不一样的反应，这是因为两个人对知觉的解释不同，所以他们所认识的世界及对这个世界的反应也各不同，而并非所谓的连接的不同所致。因此，要了解一个学生的学习过程，关键是要了解学生对外界情境或刺激的解释，而不是只了解外界情境或外界刺激。

（3）学习即潜能的发挥。人本主义心理学家认为，人类具有学习的自然倾向或学习的内在潜能，人类的学习是一种自发的、有目的、有选择的学习过程。人本主义的学习观将学生看作是一个有目的、能够选择和塑造自己行为并从中得到满足的人。因此，教学的任务就是创设一种能够有效激发学生学习潜能的情境，以使学生的潜能得以充分发挥。罗杰斯强调教学要以学生为中心，教师的任务是帮助学生增强对自我和变化的环境的理解。此外，人本主义学习理论还强调学习过程应该是一个愉快的过程，在教学中不应将强迫、惩罚及种种要求或约束作为促进学生学习的方法。

（4）学习是对学生有价值的学习。马斯洛和罗杰斯都强调，学习的内容应该是对学生有价值、有意义的知识或经验。罗杰斯认为，只有当学生真正了解所学内容的用处时，学习才能成为最好的、最有效的学习。通常来说，学生感兴趣并认为是有用处、有价值的经验或技能比较容易学习和保持；而那些学生认为是价值小且效用不大的经验或技能通常学习起来很困难，也容易使人遗忘。人本主义学习观提示教师要尊重学生的兴趣和爱好，尊重学生自我实现的需要，在课程内容的设置上给学生以充分的自由，允许学生根据自己的兴趣和爱好及自我需要来选择有关的学习内容。

（三）认知心理学

认知学习理论是通过研究人的认知过程来探索学习规律的学习理论。认知学习理论的倡导者认为学习就是面对当前的问题情境，在内心经过积极的组织，从而形成和发展认知结构的过程，强调刺激—反应之间的联系是以意识为中介的，强调认知过程的重要性。认知学习理论的代表人物有很多，其中皮亚杰是杰出的代表人物之一。皮亚杰创立了日内瓦学派和信息加工心理学，即运用信息加工的观点研究人的认知活动。

皮亚杰认为，无论一个人的知识多么高深、复杂，都可以追溯到他的童年，甚至是胚胎时期。皮亚杰的理论试图以认知的社会、历史根源及认知所依据的概念和运算的心理起源为依据来解释认知，尤其是科学认知。在皮亚杰看来，人出生以后如何形成认知、发展思维，受哪些因素制约，各种不同水平的智力及思维结构是如何先后出现的等问题都是值得研究的。因此，他的研究主要集中在两个方面：认知发展的阶段性问题和认知发展的机制。其中，认知发展的阶段理论具有广泛的影响意义。皮亚杰从认知图式的性质出发，将儿童的认知发展划分为以下四个阶段。

（1）感知运动阶段（0~2 岁）。在这一阶段，儿童处于智力与思维萌芽的阶段，儿童主要靠感觉和动作来认识周围的世界。

（2）前运算阶段（2~7 岁）。在这一阶段，儿童脑海里开始有事物的表象，并且能够用词代表头脑中的表象，认知开始具备符号功能。尽管他们能够进行初级的抽象，并且能够理解初级概念及期间概念，但是在他们的认知结构中，知觉表象仍然占有优势，他们的主要思维形式仍然是形象思维和直觉思维。

（3）具体运算阶段（7~11 岁）。在这一阶段，儿童的思维水平有了实质性的变化。他们的认知结构中有了抽象的概念，并具备了一定的逻辑推理能力。此时，借助具体事物和形象，儿童可以做出一定程度的推理。

（4）形式运算阶段（11~15 岁以后）。在这一阶段，儿童逐渐摆脱了具体实际经验对推理的控制，能够做到不借助具体事物，做出符号形式的推理假设。皮亚杰认为成熟、练习和经验、社会性经验、平衡化是影响人的心理发展的四个基本因素。

总之，认知心理学冲破了行为主义对心理学的禁锢，对原先无法探测的大脑活动过程进行科学的抽象，简化为可以直接观察的心理模型，通过客观方法研究更加高级和复杂的认知活动，使人类对自身的认识向前推进了一大步。

第二节　高校英语教学的构成因素

一、教师

教师是教学活动的组织者，也是影响教学效果的最重要的变量之一。教师的主导作用是在与学生的交往中得以实现的。教师在教学过程中，除了要充分发挥出自身的主导作用，更要注重自身素质的提高。一名合格的英语教师应该具备专业素养、师德素养、人格素养。

（一）专业素养

教师专业方面的素养包括如下几个方面。

1. 综合教学能力

综合教学能力是指在英语教学中所需要的语言本身之外的教学能力，主要包括书写、唱歌、绘画、制作、表演等。较强的综合教学能力要求如下：能写，即书写字迹工整规范；能唱，即能结合学生学习的进程编写、教学生唱喜爱的英文歌曲；会画，即会画简笔画，并能运用于教学之中；会制作，即能设计制作适用于教学的各种教具，包括幻灯片、录像、电脑软件等；善表演，即能充分利用体态语，以丰富的表情、协调的动作表达意义或情感，做到有声有色。

2. 系统的教学理论知识

系统的教学理论知识也是英语教师必须掌握的专业能力之一。所谓系统的教学理论知识，是指教师除了要具备教育学、心理学理论以外，还要掌握英语教学理论知识，这主要包括现代语言知识、英语习得理论知识和英语教学法知识等。

3. 较高的语言水平

较高的语言水平是一名英语教师进行教学的基础，主要包括扎实的语言专业知识和较高的语言技能。教师不仅要具备系统的英语语音、语法知识，还要具备较大的词汇量，同时要具有良好的听、说、读、写能力。较高的语言水平是开展教学活动的基本保障，教师只有具备较高的语言水平，才能全面地掌握教材，才能向学生传授英语语言知识，培养学生的英语语言技能。

4. 英语教学的组织能力

英语教学的组织能力主要指教师动员和组织学生集体进行学习的能力。这一能力主要表现在教师有效地掌握课堂、有效地动员学生积极参加学习等方面。在有效掌握课堂方面，教师要做到以下几点：注意教材内容、自己的言语和言语表达；注意学生理解和表达的正确性，包括语音、语法、词汇及思想表达等方面的内容；注意课堂氛围和纪律；注意掌握学生的注意力。做到以上几点，教师才可以使课堂教学井然有序。要想有效动员学生积极参与学习，教师需要具有一定的创造性。教师一进课堂就会进入一种创造性的境界，思维活跃，能够很容易地自由运用知识技能，从而使学生得到有力的感染，愿意全身心地投入教师引导的学习活动之中。教师流利的英语本身就是动员学生的一种力量，教师发音要清晰、准确、流利，内容易懂。教师还要能够根据学生的语言水平来组织自己的语言，使用学生学习过的词汇和语法结构。

5. 传授和培养英语知识技能的能力

（1）教师要善于讲解。讲解是所有教师必须具备的最主要、最基本的工作能力。一名合格的教师要善于将复杂的教学内容变得通俗易懂，能够深入浅出地进行讲解。为此，教师不仅要充分了解学生的心理特点、生理特点及学生的英语水平，还要认真细致地做好备课，并且要根据不同的内容选择适当的讲授方法，在讲解的过程中还要做到重点突出。

（2）教师要善于示范。英语教学既要传授知识，又要培养技能。学生语言技能的训练包括发音、书写、朗读、说话，这些都需要教师进行示范，然后学生对教师的示范进行模仿。教师要将示范和讲解相结合，用示范配合讲解，或者用讲解来突出示范中的重点，做到示范正确标准。由于示范是为了让学生进行模仿，因此还要与学生的实践相结合。

（3）教师要善于提问启发。向学生提问是英语教学的重要手段，教师要善于使用这一手段。例如在讲授新知识之前通过提问来复习旧知识，用提问检查与复习讲授过的内容。使用提问教学手段时，教师要注意两点：提出的问题要适合学生的实际水平；提问要注意调动全班学生的积极性。

（4）教师要善于引导学生进行练习。语言技能的培养需要大量的语言实践，如语音练习、语法练习、口语表达练习、听力培养练习、阅读练习、写作练习等。教师要熟悉各种练习形式的作用，并在英语课堂教学中引导学生进行各种练习活动，有效培养学生的语言技能。

（5）教师要善于纠正学生言语中的错误。学生学习英语是一个逐步进步的学习过程，在这个过程中难免会出现错误。有些错误是学生可以自行改正的，教师对此类错误不必纠正。而对于有些必须纠正的错误，教师也应该有策略、有技巧地进行纠正。哪些错误需要纠正，哪些错误不用纠正，在何时纠正，如何纠正，都反映着教师的教学实践素质。

6. 较强的科研能力

以往的英语教学只要求教师具备一定的语言水平和教学水平。但是随着时代的发展，对教师提出了新的要求，教师除了语言水平和教学水平外，还要具备较强的教育科研意识和科研能力。

一名优秀的英语教师不仅是教学的实践者，还应该是科研的参与者，是英语教学与学习规律的研究者。长期以来，我国的英语教学在很大程度上是照搬国外的英语教学理论和教学方法。这在一定程度上促进了我国英语教学的发展。但是，由于这些理论和方法大多是针对第二语言学习者提出的，而且我国的英语教学具有自己独特的语言文化背景，我国的学习者具有自己独特的生理与心理特点，因此，这些理论与方法并不一定适合我国的英语教学。为了提高我国英语教学的效果，我们不应满足于借鉴国外的教学理论与方法，还应充分考虑中国的特色，结合我国的教学实践，通过融合与创新，努力探索具有中国特色的英语教学之路。为此，教师应该结合自己的教学经验和教学实践，通过不断调查研究教学实践过程，分析总结经验，改进教学，并将其中成功的经验上升为新的理论，丰富我国的英语教学实践，促进我国英语教学的发展。

（二）师德素养

师德是教师最重要的素养，也是教师从事教育教学活动的动力源泉。师德决定着教师对学生的热爱、对事业的忠诚、对教学执着的追求和对人格的塑造。同时，师德还直接影响着学生的成长。因此，英语教师必须具有坚定的理想信念，科学的世界观、人生观、价值观，忠于人民的教育事业，具有爱岗敬业的奉献精神，热爱学生。教师只有自身真正懂得奉献、体现公正、具有责任感，才能言传身教。

（三）人格素养

人格素养是教师素养的综合体现。“学高为师，身正为范”概括了教师的职业特征和专业特征，同时也概括了对现代英语教师人格塑造的要求。一名优秀的英语教师应具有高尚的道德品行，令人愉快的个人性格，宽容、谦逊、好学的品质，正确的自我意识，良好的心理素质，幽默的语言表达，和谐的人际交往，端庄的仪表风度，崇高的审美素质，积极耐心的工作态度及丰富的知识经验等。这些方面并不是孤立的，而是相互联系、相互影响的。

二、学生

学生是英语课堂教学的主体和中心。每个学生都是独特的个体，他们之间存在着各种差异，这些差异尤其体现在语言潜能、认知风格、学习动机、学习态度及自身性格等方面，而且这些差异使得他们理解和掌握新知识的速度和程度不尽相同。这里重点分析一下学生在各方面存在的差异。

（一）语言潜能差异

语言潜能是学习英语所需要的认知素质，或是学习英语的能力倾向，它是一种固定的天资。努力提高学生的英语素质就是要培养学生的综合语言运用能力，而语言潜能正是就学生的认知素质来预测其学习英语的潜在能力。卡洛尔提出外语学习能力应包括以下几种。

第一，语音编码、解码能力，即关于输入处理的能力；

第二，归纳性语言学习能力，它是有关语言材料的组织和操作能力；

第三，语法敏感性，它是从语言材料中推断语言规则的能力；

第四，联想记忆能力，它是关于新材料的吸收和同化能力。

不同学生的语言潜能存在一定的差异。在教学过程中，教师应了解学生的语言潜能，做到因材施教，使之针对不同的学习任务在不同场合发挥各自的长处，以收到事半功倍的效果。

（二）认知风格差异

认知风格是指人在信息加工（包括接受、储存、转化、提取和使用）过程中表现出来的认知组织和认知功能方面的持久的、一贯的风格，它既包括个体知觉、记忆、思维等认知过程方面的差异，也包括个体的态度、动机等人格形成和认知功能与认知能力方面的差异。不同的学习个体有不同的认知风格。应该说，不同的认知风格各有其优势和劣势，但这并不代表学生的学习成绩有差别。学生之间可以有各自偏爱的信息加工方式，在学习不同材料时也会各有所长。当学生的认知风格与教师的教学风格、学习环境中的其他因素相吻合时，其学习成绩会更好。因此，教师应了解并尊重学生不同的认知风格类型，针对不同的学习任务和学习环境因材施教，妥善引导，使自己的教学特点与学生的需要有机联系，进而取得良好的教学效果。

（三）情感因素差异

情感因素方面的差异主要涉及以下几个方面。

1. 学习动机

学习动机是指激发个体进行学习活动，维持已发生的学习活动，并使行为朝向一定的学习目标的一种内在过程或内部心理状态，是直接推动学生进行英语学习的内部动力，是影响英语学习成绩的一个关键因素。学习动机来源于学习活动，也是学习活动得以发生、维持、完成的重要条件，并由此影响学习效果。

2. 性格

性格是指一个人对现实的态度和行为方式表现得比较稳定但又可变的心理特

征，是学生的重要情感因素，也是决定其英语学习成功与否的关键因素之一。人的性格大体可以分为外向型和内向型两种。埃利斯认为，外向型的学生有利于交际方面的学习，因其喜欢交际，不怕出错，能积极参与英语学习活动，并在活动中寻求更多的学习机会；而内向型的学生在发展认知型学术语言能力上更占优势，因其善于利用沉静的性格从事阅读和写作。对教师来说，研究学生性格差异的最终目的是充分了解学生的个体差异和不同的心理状态，发挥不同性格学生的优势，因材施教，以达到更理想的教学效果。

3. 态度

态度是指个体对待他人或事物的稳定的心理倾向或为达到某种目的而做出的一定努力，是影响英语学习的重要因素之一。态度包括三个方面：情感成分，即对某一个目标的好恶程度；认知成分，即对某一个目标的信念；意动成分，即对某一个目标的行动意向及实际行动。一般来说，对异质文化抱有好感，向往其生活方式，渴望了解其历史、文化和社会习俗的学生，对其文化与语言会持积极的态度，这样就可以获得良好的学习效果。反之，对某外族文化抱有轻蔑、厌恶甚至仇视态度的学生则很难认真了解该文化并学好语言。此外，学生对学习材料、教学活动的组织形式及对教师的态度都会影响到他们英语学习的效果。

对学生个体差异的分析对于教师根据学生的个体差异制订教学计划，选择合适的教学材料和教学方法，具有重要的实践意义。

三、教学内容

教学内容是连接学生和教师之间的桥梁，也是教学实践中不可或缺的一个重要构成因素。所谓教学内容，就是指在教学活动中为实现教学目标，师生共同作用的知识、技巧、技能、思想、观点、概念、事实、问题、行为习惯等的总和。教学内容是一种特殊的知识系统，既不同于语言知识本身，也不同于日常经历；既要考虑英语学科本身的知识体系，又要考虑学生的年龄特点和实际需求等。一般来说，教学内容包括以下几个方面。

（一）语言知识

基础英语语言知识是综合英语运用能力的有机组成部分，是语言学习和语言运用的重要内容之一。没有扎实的语言知识，就不可能具有较强的语言能力。

（二）语言技能

听、说、读、写是学习和运用语言必备的四项语言基本技能，是形成综合语言运用能力的重要基础和手段。听是分辨和理解话语的能力；说是运用口语表达思想、输出信息的能力；读是辨认和理解书面语言的能力；写是运用书面语表达思想、输出信息的能力。学生通过大量听、说、读、写的专项和综合性语言实践活动，形成这四种技能的综合运用能力，为进行真实的语言交际奠定基础。

（三）情感态度

所谓情感态度，是指兴趣、动机、自信、意志和合作精神等影响学生学习过程和学习效果的相关因素，以及在学习过程中逐渐形成的祖国意识和国际视野。在教学中，教师应不断激发并强化学生的学习兴趣，引导他们逐渐将兴趣转化为稳定的学习动机，树立自信心，锻炼克服困难的意志，认识学习的优势与不足，乐于与他人合作，养成健康向上的品格。

（四）文化意识

在英语教学中，文化指所学语言国家的历史地理、风土人情、传统习俗、生活方式、文学艺术、行为规范、价值观念等。对学生来说，接触和了解英语国家文化有益于学生对英语的理解和使用，加深对本国文化的理解与认识，有利于提高人文素养，培养世界意识。因此，教师在教学中要主动向学生渗透文化意识，根据学生的年龄特点和认知能力，传授文化知识，培养文化意识和世界意识。

（五）学习策略

学习策略是指学生为有效地学习和发展而采取的各种行动和步骤。英语学习的策略包括认知策略、调控策略、交际策略和资源策略等。培养学习策略有助于学生有效学习英语，为终身学习奠定基础。使用有效的英语学习策略，可以改进英语学习方式，提升学习效果，还可以让学生学会如何学习，从而培养学生自主的终身学习能力。因此，教师要有意识地帮助学生形成适合自己的学习策略，对自己的学习过程和效果进行监控和反思，培养学生根据学习风格不断调整学习策略的能力，引导学生观察他人的学习策略，与他人交流学习体会，尝试不同的学习策略。

教材是教学内容的重要载体。在新课程改革中，教材是重要的教育教学因素。教材是教师用来教学的材料，也是学生用来学习的材料。简单地说，教材是为教师的教和学生的学服务的，是进行教学的必备要素。然而，教材是死的，学生是不断变化的，而且任何教材的编写都受编者水平和资料的限制，不可避免地会存在某些缺点和不足。如果教师一味地以完成教学任务为目的，忽略学生的反应，按部就班地使用教材，恐怕很难起到促进学习的作用。因此，在教学过程中，教师应灵活处理不同的教材，在课上或课下询问学生的感受，及时调整教学的方法和进度。

四、教学环境

任何教学活动都是在一定的教学环境中进行的，教学环境是教学活动的基本要素之一，是开展教学活动的依托。同样，英语教学也必须在现实的英语教育环境中进行，所以英语教育受制于环境这一因素。

（一）教学环境的构成要素

英语教学环境是指英语教学赖以进行的实际条件，即能稳定教学结构、制约教学运作、促进个体发展的教育条件和环境因素。环境因素是制约和影响英语教学活动和效果的外部条件。教学环境主要有以下几个构成要素。

1. 学校环境

学校是为学生提供学习场所和学习手段的最佳环境，它对英语教学的影响更为重要和直接，决定着绝大多数学生英语学习的成败。学校环境主要包括课堂教学、接触英语时间的频率、班级的大小、教学设施、教学资料、英语课外活动、英语教师及其他教职工对英语的态度及其英语水平、校风班风和师生人际关系等。

2. 社会环境

社会环境是影响和制约英语教学过程的重要因素，它主要指社会制度、国家的教育方针、英语教育政策、经济发展状况、科学技术水平、人文精神、社会群体对英语学习的态度及社会对英语的需求程度等。社会环境因素是英语教学向前发展的动力，对英语教学具有重要的导向作用。

3. 个人环境

个人环境主要包括学生的家庭成员、同学、朋友的社会地位，物质生活条件，文化水平，职业特点和对英语学习的态度、经验、水平及学习方式，成员之间的关系及感情，学生的经济状况，拥有的英语学习设备和用具等。个人环境也会对学生的英语学习产生一定程度的影响。

（二）教学环境对英语教学的意义

成功的英语语言学习活动离不开其得以存在、发展、交流、应用的各种环境因素。教学环境潜在地影响着教学活动的效果，是学生学习活动赖以进行的主要环境。教学环境对英语教学的意义主要表现在以下几个方面。

第一，促进教师在教学中更加努力地营造良好的英语课堂教学环境，充分利用现代化教学手段与教学资源，优化教学环境，提高学生对英语的运用能力；第二，可以帮助教师正确认识环境对学生英语学习的客观影响，结合中国的英语教学实际，理性地分析、判断和选择外国的英语教学理论和教学方法；第三，可以帮助教师有效地加工语言输入材料，科学地设计语言练习，创设良好的课堂英语使用环境；第四，有利于教师在不断学习和实践优化课堂教学环境的策略、创设良好的英语教学环境的过程中，提高其自身的教学素质。

五、教学方法

语言教学教无定法，贵在有法。在英语教学历史上，有多种教学方法都曾经发挥过重要作用，有效地促进了英语教学的发展。例如翻译法、直接法、自觉对比法、听说法、视听法、认知法、功能法，以及由此派生出来的口语法、全身反应法、自然法、沉默法、暗示法、交际法等。但是，实践证明，没有哪一种教学方法是最好的、最有效的，也没有哪一种方法适用于所有时期、所有地区、所有教学内容。如果一个教师在英语教学中采用一成不变的教学方法，必然会使学生感到厌烦。而且，不同的教学方法对不同的语言知识、语言技能各有侧重，综合、灵活地运用各种教学方法才能有效促进学生英语能力的提高，才有利于学生英语水平的全面发展。

在英语教学中，教师应该注意无论使用什么样的教学方法，都必须以提高学生的语言交际能力作为教学的出发点，尽量将教学与日常实际生活结合起来，鼓励学生有创造性地、有目的地运用已学语言材料，在新的生活场景中重新组织语句，表达自己的感情。同时，教师应力求使教学过程交际化，教材内容选自真实生活中的自然交际，适合学生的年龄，对处于不同阶段的学生采取不同的教学方法。

第三节　高校英语教学开展的原则

一、以学生为中心原则

学生是教学活动的主体与内在因素，英语教学要以学生为中心，充分发挥学生的主观能动性，提高教学效率。在英语教学中，实施以学生为中心原则要求教师从以下两个方面着手进行：教材分析要以学生为中心、教学方法与手段的选择要以学生为中心。

（一）教材分析要以学生为中心

教材分析时，教师应充分理解并把握教学内容，了解学生所处的不同阶段的实际情况及学生的学习能力状况，以此作为调整教学目标与任务的依据；教师还要根据学生的需要对教材内容和活动进行心理化处理和最优化处理，使教材与学生的经验与体验结合起来，将教材内容变成问题的链接和师生对话的中介，使教材更好地服务于教学。

（二）教学方法和手段的选择要以学生为中心

在英语教学过程中，教师应选取多样化的教学方法和手段，做到以学生为中心。直观的教学方法可以使学生直接感受和理解语言，通过视、听、说可以激发学生参与的兴趣，强化记忆。形象化教学手段可以适应学生的直觉思维特点，因此教师可以选择一些利于激发学生兴趣和好奇心的媒体，如幻灯、投影、模型、录音、图片等，使他们积极地参与课堂学习，自然地感知语言，满足个人需求。

二、循序渐进原则

英语教学的循序渐进原则主要包括以下三层含义。

第一，语言的学习应从口语开始，然后逐渐过渡到书面语。英语包括口语和书面语两种形式，且口语早于书面语出现。与书面语相比，口语词汇通常较为常用，句子结构简单，学习起来比较容易。学生通过口语的学习可以尽快获得交际技能，满足日常交际的需要，这样就达到了学用结合的目的。

第二，就听、说、读、写等语言技能的培养而言，教师应该首先侧重培养学生的听说能力，逐渐过渡到读写技能的培养上。听、说、读、写是英语的四项基本技能，应该全面发展，但是在不同的阶段，侧重点应有所不同。听说教学能使学生掌握基础的语言知识，包括语音、词汇、句子结构等，这为读写能力的培养奠定了基础。因此，在英语学习的初级阶段，教师应加强听和说的教学，然后再逐步向读和写教学过渡。

第三，英语语言知识、语言技能及使用语言的能力的完成与提高是一个循序渐进的过程。学习英语是一个螺旋式发展的过程，需要反复的循环，但这种循环并非单一的重复，每一次重复在难度和深度上都有所提高。此外，循环往复要求教学中要做到以旧带新，从已知到未知。因此，教师应以学生已有的语言知识和已熟悉的语言技能为出发点，传授新知识，培养新技能。

三、输入优先原则

英语教学要坚持输入优先原则。所谓输入和输出，是指学生通过听和读接触英语语言材料及学生通过说和写来进行表达。语言输入的量越大、质量越好，语言输出的能力就越强。可见，输入是输出的基础。

输入优先原则的主要依据是埃利斯在其著作《理解第二语言习得》一书中对外语学习中对待语言输入的三个方面特点的总结和归纳。

第一，可理解性，是对所输入语言材料的理解。

第二，趣味性和恰当性，指学习者对所输入的语言材料要感兴趣。

第三，足够的输入量。足够的输入量在英语教学中也至关重要，但目前英语教学对此点有所忽视。

基于埃利斯对语言输入三方面特点的总结，在英语教学中坚持输入优先原则要注意以下几个方面。

第一，注重输入内容和输入形式的多样化。输入形式可以包括声音、图像、文字等，语言题材和体裁要内容广泛、来源多样。例如利用在日常生活中每天都会接触的文具、衣服、道路标志、电器等就可以帮助学生从潜意识中学到许多英语。

第二，教师可以通过视听、听和读等多种手段，尽可能多地让学生接触英语，多给学生可理解的语言输入，教师应该打破课内外的界限，利用声像材料的示范、贴近学生的日常生活和学习、适合学生的英语水平、具有时代特色的读物等，扩大学生的语言接触面，增加学生的语言输入，以有利于学生更好地学习英语。

第三，着重强调学生的理解能力，为学生提供的语言材料要切合学生的实际情况，具有可理解性与趣味性。向学生输入的材料要符合学生的现有水平，只要求学生理解，不必刻意要求学生即刻输出。从教学方法而言，这也坚持了先输入、后输出的原则。然而仅仅依靠语言的输入不可能掌握英语并形成综合运用英语的能力，还需要适当的口头和笔头的表达来检验和促进语言的输入。

第四，鼓励学生进行模仿。有效的模仿是模拟生活中的真实情景，注意语言结构所表达的内容。换句话说，模仿最好是让学生身临其境去使用所要模仿的语言。例如在结对练习、小组练习的时候，让学生根据实际情况使用所学习的语言，才能把声音和语言的意义结合起来，学生才会在课外准确运用所学语言。模仿是在优先输入语言的基础上对语言进行的有效练习和输出实践。

四、兴趣性原则

在英语教学中，教师应意识到兴趣的巨大作用，尽可能调动学生的内在动机，激发学生对英语学习的主观愿望，以获得更好的教学效果和学习效果。在英语教学中，教师可从以下几个方面入手来调动学生的学习兴趣。

第一，尊重学生的主体性，充分了解学生的特点。教师必须清楚地认识到学生是英语课堂的主体，学生通过积极主动的尝试与创造，才能获得认知和语言能力的发展，教学活动也才能达到预期效果。教师要根据学生的心理和生理特点，遵循语言学习规律，采用多种教学方式，让学生通过体验和实践进行学习，从而形成语感，提高交流能力。

第二，改变强调死记硬背、机械操练的教学方式及传统的英语测试方式。英语学习需要一定的死记硬背和机械操练的活动，但是如果机械性操练太多太滥则很容易使学生降低甚至失去学习英语的兴趣。为此，教师应该以学生感兴趣的方式帮助学生获取知识，使他们在获得交际能力的同时，综合素质也得到相应提高。

第三，对教材进行深度挖掘。教师在备课过程中，应认真研究教材，挖掘教材中学生感兴趣的内容与话题，使每节课都有让学生感兴趣的内容和活动，最大程度地调动学生的积极性。

五、系统性原则

在英语教学过程中要遵循系统性原则，目的是使学生对所学内容能有比较系统、完整的概念，在各部分知识之间和新旧知识之间建立有机的联系，在消化所学内容时思路清晰而有层次。具体来说，系统性原则主要涉及以下几点。

（一）系统安排教学工作

英语教学工作的安排要有计划性，计划性要求做到以下几点。

第一，教师要有计划地备课。例如一篇课文要上八课时，在备课时要一下子备完，不能今天上两节课就备两节课的内容，要一次备好。

第二，教师的讲解要逐步深入、条理分明、前后连贯、新旧联系、突出重点，一环套一环，一课套一课，形成一个有机而系统的体系。

第三，教学的步骤和培养技能的方法应该符合掌握语言的过程。要根据课程的最终教学目的，由易到难，逐步提高要求。

第四，练习布置要具有计划性。要先进行训练性练习，然后再进行检查性练习。此外，练习的形式要具有体系性，相同的练习形式也要有不同的要求。

第五，布置家庭作业和讲课的重点应当密切结合。每次作业要有明确的目的，课内课外要通盘考虑。

第六，要经常检查学生掌握知识和技能的情况，每堂课要有一定的提问并做相应的记录，这可以对学生起到督促的作用。对于学生平时的成绩不能仅凭教师的印象来评定，因此平时对学生所做的口头、书面作业要有记录。

（二）系统安排教学内容

英语教学内容的安排要有严密的计划和顺序。例如低年级英语教材教学内容的安排基本上是圆周式的，对系统不要机械地去理解，切忌搬用科学的系统。教师应该按教科书的安排特点和班级的情况合理组织讲课的内容，确定讲课的重点。当出现一个生词时，不要急于一次把这个生词的所有意义、用法全部教给学生。当教授一条新的语法规则时，不要一次向学生交代有关这条规则的全部知识，要将知识分步教给学生。教学内容的安排应该服从教学的系统，这样才能由浅入深，由易到难，由分散到系统。

（三）系统安排学生学习

教师要指导学生进行连贯的学习。学习要循序渐进，要经常、持久连贯地学习。因此，教师在教育学生时要有恒心，经常及时地带领学生进行复习和做好功课。此外，教师还要指导学生正确处理好平时和期末的关系。必须让学生将学习重点放在平时，平时训练要从难从严。坚决反对那种平时学习不努力，期末考试临时抱佛脚、突击开夜车的做法。此外，教师还要经常关心和指导学生的学习方法，并针对学生的个人特点因材施教。

六、真实性原则

鲁子问指出：“在英语教学中，坚持真实性原则就是要在教学各个环节上做到真实，以培养学生综合语言运用能力为总目标，以交际法和任务型教学为策略，在真实环境中获得真实语言能力。”语用真实是真实性原则的重要内涵。

在英语教学中，教师要实现语用真实，应做到以下几个方面：把握真实语言运用的目的、采用语用真实的教学内容、设计组织语用真实的教学活动、设计语用真实的教学检测评估方案。

（一）把握真实语言运用的目的

英语教学的最终目的是培养学生的综合语言运用能力，这种能力实际上就是一种语用能力。这里的语用目的是指教学内容体现在语用能力方面的教学目的，主要表现在：语句的语用功能目的；对话语篇的语用功能目的；短文语篇的语用功能目的。

（二）采用语用真实的教学内容

在教学开始之前，教师应从语用的角度对课文进行详细全面的分析，研究语句使用的真实语境，准确把握课文中所有语句的真实语用内涵，选用语用真实的例句与练习，这样就可以在教学前就指向语用教学，从而保证学生能够获得语用真实的英语运用能力。

（三）设计组织语用真实的教学活动

对学生语用能力的培养应贯穿于整个英语教学过程。因此，教师应基于语用真实的指导思想来设计教学活动，将语用能力的培养与呈现、讲解、例释、训练、巩固等课堂教学活动紧密结合起来。

（四）设计语用真实的教学检测评估方案

教学检测评估对教与学都具有重要的反拨作用。设计语用真实的教学检测评估方案，可以找出学生的语用能力存在的不足之处，从而对教学进行有针对性的调整与改进。此外，语用真实会引导学生在学习中更加自觉地把握学习内容的真实语用内涵，强化学生运用英语的自我意识。

七、课内外活动相结合原则

在教学实践中，要遵循课内与课外活动相结合的原则，主要是因为二者之间存在互补性。课内活动一般是非自愿的，也是无法自由选择的。课内活动必须按照规定的教学大纲有序进行，一般具有统一的课程和课时，这样可以保证全班同学在相同的教育过程中保持相同的步调，既有利于培养学生个性的共同点，又有利于学生系统地习得语言知识。课外活动具有自愿性和选择性，学生可以根据自己的兴趣爱好自愿选择参加感兴趣的活动。课外活动是真正以学生为中心，由学生独立进行和完成的教学活动，教师只是在有需要的情况下提供适当的帮助，因此，课外活动更能发挥学生的主动性和独立性，更能培养学生自主学习的能力。

相对而言，课堂教学活动则具有一定的局限性，尽管我们一直提倡课堂教学要以学生为中心，但实践起来并非易事，往往会遇到各种各样的困难。

根据我国目前高校的英语教学现状，为了更好地将课堂教学与课外活动相结合，发挥它们的互补作用，我们就要在优化课堂教学的同时，加强课外活动，具体可以从两个方面着手：首先，激发学生在课堂活动中的主体积极性。课堂教学实际上是教师与学生以教学影响为中介的交互作用过程，这个过程能否发挥交互作用效果很大程度上取决于学生的主体积极性。因此，如何激发学生的主体积极性成为贯穿英语课堂教学始终的问题。其次，减少课堂教学时间，提高课堂教学效益。就目前我国的高校教学来看，课堂时间总量太大，课外活动时间过少是普遍现象。在苏霍姆林斯基管理的帕夫雷什学校里，只有上午是课内教学，整个下午均为课外活动，但在我国，学校教学基本上等同于课堂教学，课外活动少之又少，这对于学生的个性发展，培养学生的兴趣、爱好非常不利。学生的潜能和优势得不到发挥，学生的创造性得不到锻炼，学生的综合素质又怎能有效提高呢？因此，我们提倡高校应减少课堂教学时间，增加课外活动时间总量。与此同时，要提高课堂教学的效益，即师生以最少的时间和体脑耗费取得最大的教学效果，只有在减少教学时间的同时提高教学效益才能保证整体的教学质量。

八、合理使用母语原则

在英语教学中，教师应当提倡学生多说英语、多用英语，但这并不意味着不能使用母语。在英语课堂上可以合理使用母语，利用母语优势帮助学生理解学习过程中的难点，这对提高教学效果有利无害。合理使用母语原则包括在英语教学中利用母语的优势和避免母语的干扰两个方面。

（一）利用母语的优势

教师在英语教学中要学会利用母语的优势，借助汉语对一些词义抽象的单词和复杂的句子加以解释。英语学习是在学生已经熟练掌握母语之后进行的学习实践，学生在英语学习之前对时间、地点及空间等概念已经形成，已学会了表达这些概念的语言手段，况且英汉两种语言在结构和使用方面也存在许多差异，这些语言文化差异往往会造成学习英语的障碍。因此，利用母语的解释可以帮助学生更快、更好地学习和掌握英语的某些概念。适当地使用母语进行教学，有助于学生理解母语和英语之间的差异，了解英语结构和规则的特点，有助于师生之间的顺利沟通和深化对语言差异的理解和消化，从而提高学习效果。

（二）避免母语的干扰

母语交际先于英语第二语言的学习且已经基本上被学生熟练掌握。英语的学习是个相当复杂的过程，母语的使用习惯可能会给英语学习带来障碍。在学习英语的过程中适当使用母语，用母语简单讲授英、汉两种语言在某一结构、某一用法上的差异和特点是可以的。但对母语优势的利用一定要掌握好度，避免将母语的使用规则迁移到英语的使用上。如果过多地或一味地使用母语，会在很大程度上给英语的学习带来不利。在英语教学里利用和控制使用母语，要注意以下几个方面。

第一，目前，科学的发展、教学方法的改进和现代教学手段的运用，多用母语作为教学手段的效果日益减弱且劣势日益明显。英语教师结合现代化教学设备运用更加直观的教学手段有更大的创造空间。

第二，在英语教学中，学生对所学英语词句的理解是相对的。理解包括知道这些语言现象及其隐藏在现象后的本质。在初始阶段，没有必要引导学生过分追求本质，这主要是由于英语的很多用法是习惯问题，很多情况用逻辑推理不通，例如“看电影”用 to see a film，而“看电视”则说 to watch television。

第三，在英语教学中，教师应控制使用母语，尽量用英语教学。要充分考虑教师运用英语的能力、学生的理解能力和接受效果，教师尽量用教过的英语讲话，也可以借助图画、实物、表情、手势等直观手段，也可以将关键词写在黑板上，使师生的交际能力在课堂教学中得到有效提高。

总之，英语教学的过程要成为有意识地控制使用母语和有目的地以英语作为语言交际工具和媒介的过程，坚持合理使用母语原则才能更有效地优化教学效果。

九、最优化原则

在英语教学中，最优化原则体现在某一方面知识内容的教学中：在几种教学媒体都可用的情况下，选用教学效果最好的媒体；教法选择最优化；结构安排最优化；角色搭配最优化；具体运用最优化。针对在非母语环境下进行英语教学的现状，要努力营造轻松自然的语言氛围，促进语言习得。因此，多媒体软件和课件要便于学习者操作和控制。具体来说，课件的画面内容、布局、导航图标性能、菜单功能设计及学习者的自由度，是影响学习者操作和控制课件的主要因素。为了提高学习效率，减少学习者的焦虑感，增强他们的学习兴趣和信心，课件应该从学习者的需要出发，尽可能地使课件使用起来更方便。

十、精讲多练原则

精讲多练原则既肯定了讲和练的作用，又明确了讲和练的地位。讲涉及的是语言知识，练涉及的是语言技能。下面进行具体分析。

（一）语言知识促进语言技能的培养

既然英语教学将交际能力作为培养目标，那么实践性就是英语教学的特点之一。在英语课上必须以语言实践为主，课堂上绝大部分时间要用于实践。但是适当地传授语言知识，可以帮助学生更好地进行实践，提高学习的效果。语言知识讲授的范围、深度、方法和时机要由语言实践和教学的需要来决定。例如大家都知道游泳的本领是在水里练出来的，不下水是学不会游泳的，但是在下水之前，教师讲一讲游泳的要领，分解一下游泳的动作，学生在水里练习时就可以进步更快。

在初级阶段的英语教学中，教材简单并且每课只包含有限的句型和单词，通过反复直接练习就能熟练掌握。本阶段的教学重点是引导学生养成运用英语的习惯和正确的学习方法。语言材料的有限性，使得语言知识的讲授对学生的学习没有多大帮助。当英语教学向高级阶段推进，学生需要学习更多的句型和单词时，教师就需要使学生利用单词或句子间的关联来进行学习，并且从一些语言材料里总结出语法规则。在这一阶段，语言知识的讲授对学生才能发挥出应有的作用。然而，此时还是要注意精讲多练。

在英语教学的后期，语言知识的讲授有助于培养学生的自学能力。不是所有一切都在规则的统领之下，有时候最常用、最简单的单词往往具有不合常规的词形变化和发音规则。这就要求学生多模仿教师，教师不要急于引导学生过多地追问为什么。精讲多练是学习英语稳妥而有效的方法，但随着学习进程的推进和学习内容的复杂化，就很有必要通过适当地讲授一些语言知识来发挥思维理解的作用。

（二）语言操练交际化

语言操练并不等于语言交际，前者关注的是语言形式，使学生在语言操练里掌握语言形式，后者关注的是语言内容，使双方相互了解。例如教师在课堂上举着书问“What's this?”学生回答“It's a book.”这不是语言交际而是语言操练。当教师介绍了Abraham Lincoln的故事后，问学生“What do you think about Lincoln? Why do you think so?”这不只是语言操练，还是语言交际。

1. 语言操练是交际能力培养的手段

英语教学中的语言操练包括以下三种练习形式：机械练习，如句型操练等；有意义的操练，如围绕课文或情境所进行的模仿、问答、复述等；交际性操练，如联系自己的生活实际，利用课文里的词句叙述自己的思想、表达课文学习后的体会等。这三种练习形式在难度、与语言交际的接近程度都在递进，体现出由操练到交际的进程。英语教学的目的是培养学生的英语交际能力，而不是使学生掌握语言形式，但是培养学生的交际能力必须借助语言操练这个手段，二者对于英语教学目的的实现都非常重要，缺一不可。语言操练和语言交际相互联系、相互区别，有时没有明显的分界线。教师每次讲授新材料时，都要先进行机械练习，再进行有意义的练习和交际性练习，使学生最后能运用所学的新材料进行交际。不能把语言操练和语言交际对立起来，而是要看到它们之间的联系，一步一步地将语言操练推向语言交际。

2. 将交际场合迁入课堂练习

教师应尽量将交际场合迁入课堂练习，使课堂练习接近语言交际。教师应该创造一定的情境，多给学生一些用英语进行交际的机会，鼓励学生带着表情和肢体动作进行英语交际，要像演戏一样将生活中的交际场合搬进课堂练习。在这个过程的开始阶段，性格严肃的教师和学生可能会觉得不好意思，但是随着练习的增多，他们会逐渐习惯这种情况。教师借助适当的表情、肢体动作进行英语交际，不仅能增加说话的力量，还能激发学生的兴趣，帮助学生记忆，从而提高教学效果。

3. 将交际形式迁入课堂练习

教师应尽量将交际形式迁入课堂练习，使英语课堂教学模拟日常生活中的交际形式，为学生在日常生活中使用课堂上所学的英语创造条件。日常交际形式包括以下方面：问候、打招呼；会话；自言自语；讲故事；对人、物、画面的介绍；请求、命令；解释或说明事物或问题；演说、作报告；作文、写信。英语教学可以采用这些形式的课堂练习，课堂上将生活里常见的交际形式训练到自然的程度，学生的交际能力就会逐渐提高。

英语课堂的活动包括教师组织教学，讲解单词、课文和语法，布置作业，对学生进行奖评和考核，学生请教师解答疑难问题，等等，所以教师和学生不缺乏用英语进行交际的机会。教师要努力将所学英语用到师生间的交际中去，积极扩大使用英语的阵地，这样才能培养学生运用英语的能力，并养成运用英语的习惯。在课堂上用英语进行操练的同时，教师还要注意引导学生在课外活动和生活里使用英语。操练服务于使用，使用是对操练的检查和扩展。只有将操练和使用相结合，英语教学的目的才有可能实现。

第二章　高校英语教学模式概述

第一节　什么是教学模式

教学模式就是由教学系统的各要素在教学活动进程中相互联系、相互作用而形成的稳定结构形式，是教学系统整体性的表现。教学模式不仅反映出教学活动进行的主要步骤和程序，从而形成一个完整的流程，同时也反映出教师、学生、教材和媒体这四种空间要素及其他时间要素的相互关系与联系，包括指导思想、目标任务、活动程序、方式方法、媒体选用及内容评价等。教学模式对理论有强烈的依附性，总是自觉或不自觉地处于某种理论的指导下，同时又具有特定性，适用于特定的教学内容、环境和对象。教学模式有不同层次，有概括性较高且普遍适用的总教学模式，也有适用具体学科、具体内容和环境的各层次子教学模式。

目前我国大学英语教学中普遍存在着“费时低效”的问题，用人单位对大学毕业生的英语实际运用能力普遍感到不满意。要改变这一现状，就必须改革现行的英语教学方法，改变以教师为中心的传统教学模式，建立基于传统方式和借助多媒体网络辅助教学的整合教学模式，强化对大学生英语基本技能的训练，以满足我国改革开放和现代化建设对高素质专门人才和拔尖人才的需求。

现行的大学英语教学模式已经无法适应高等教育快速发展的需求。传统的大学英语教学模式最适应比较小的班级规模，但是自从大学实行扩招以来，学生人数正在急剧增加，班级规模的扩大带来了一系列的负面作用，教学效率不断下降。在一个几十人的大班里教师根本无法把学生的水平差异控制在他们能够控制的范围里，他们只能按照事先设计好的教案授课。相对水平较差的学生由于跟不上教学进度则索性缺课，而相对水平较高的学生则觉得教学节奏太慢无法集中注意力。而且在传统教学模式下，语言交际活动几乎等于零。班级越大，师生交流机会越少。教师无法组织有效的课堂活动，无法让一个学生发言而让整个班级等候，结果教师唯一能够做的就是不停地讲，这就更加重了“一言堂”和“满堂灌”的倾向。外语师资严重不足的问题越来越突出，已经成了束缚高等教育规模的进一步发展、影响大学英语教学质量提高的主要因素。而要解决这个问题最有可能的一个突破口就是实施新的大学英语教学模式。“整合教学模式：大学英语创新型课堂教学模式研究”这个选题正是基于现阶段改革大学英语教学模式的迫切需要而设计的。

第二节　教学模式的研究和发展

在现阶段，“整合教学模式：大学英语创新型课堂教学模式”这个课题的研究现状可以归纳为三个方面。

一、剖析传统教学理论和教学模式的弊端与缺陷

纵观我国英语教学，总体来说是健康发展的，成效也是显著的，但也存在诸多弊端，如教学模式单一、刻板等。虽然 1999 年修订的《大学英语教学大纲》提出了“外语学习归根结底是学生自身的学习，课堂教学不仅要扩大学生的语言应用能力，还要帮助学生养成良好的学习习惯，培养自学能力”的要求。但由于大学英语教学任务比较繁重，并且过分注重语言的准确，突出强调“正确的语音、扎实的语法、一定的词汇量和熟练的词汇运用能力的提高”，尽管提出了“提高语言应用能力”的要求，大学英语教学的现状却大多是教师“讲英语”，黑板、课本加粉笔构成了课堂教学的主体，三尺讲台成为教师工作环境的代名词。老师在讲台上面讲，学生在台下被动地接受。老师是讲课主体，学生是课堂上的听众，师生之间很少有信息上的交流和反馈。许多教师甚至不了解学生的身心发展情况及各个年龄阶段学生学习外语的特征。在教学的过程中，只重视自己教的感受，忽视了学生学的心理及自我体验。知、情严重脱节也是大学英语教学中存在的一大问题。

二、介绍和评论国外有关第二语言习得的新理论和教育学新理念，并对我国大学英语课堂教学模式提出自己的新见解

建构主义认为，学习是获取知识的过程，而知识不是通过教师传授得到的，而是学习者在一定的情境（社会文化背景）下，借助他人的帮助，利用必要的学习资源，通过意义建构方式获得的。王海玲、何林格《建构主义理论下教师角色的定位》一文研究指出，教师的作用将不再仅仅局限于将一套组织得很好的知识集合清楚、明晰地讲解或呈现出来，更主要的在于激发学生的学习兴趣，努力促使学生将当前学习内容所反映的事物尽量和自己已经知道的事物相联系，通过创设符合教学内容要求的情境和提示新旧知识之间联系的线索，帮助学生建构当前所学知识的意

义，并且尽可能地组织协作学习，并对协作学习过程进行引导，使之朝着有利于意义建构的方向发展。

建构主义是学习理论由行为主义到认知主义以后的进一步发展。它从认识论的高度揭示了认识的建构性原则，强调了认识的能动性。建构主义学习理论提倡以教师为指导、以学生为中心，主张以学生主动探索、研究为主，强调问题解决。随着多媒体和网络技术的发展，建构主义学习理论得到了强有力的支持，为这一理论的实际应用提供了广阔的舞台。文章介绍了建构主义学习理论的主要观点，并就以建构主义学习理论为指导的大学英语教学实践进行了探讨。

《建构主义学习理论及其倡导的教学模式》一文简要分析了建构主义全新的学习理论以及受其理论影响而形成的教学模式，并结合其基本理论阐述了对大学英语教学的启示。文章认为，教学模式和教学方法的改革离不开现代外语教学理论的指导。建构主义学习理论对传统的教学理论和观念提出了挑战，为大学英语教学模式的转变提供了理论依据。

三、研究基于多媒体网络技术手段的辅助英语教学模式，提出若干创新型课堂教学构想

“基于网络的外语教学中的互动—理论与实践”研究指出，网络为我国大学英语教学从大班讲授转变为小组辅导学习以及师生间更多的面对面的互动提供了机会，其新的互动方式对外语教学也是有力的补充。然而，实证研究却发现在实际应用中，学校、教师对如何利用网络进行外语教学还缺乏认识，教学中缺乏互动。基于网络的外语教学是个系统工程，要使网络真正发挥其交互优势还需要从课程设计、教师培训、教学模式等方面全面考虑。教师也应充分利用网络资源及各种交互方式设计适合自己学生的活动，引导他们进行有意义的互动交流。网络技术在教育中的应用日益广泛和深入，为大学英语教学提供了丰富的资源，使英语网络教学真正成为现实。明珠《网络环境下的大学英语教学模式探索》一文从目前大学英语教学模式中存在的问题出发，探讨如何利用网络资源进行大学英语教学，以及目前网络英语教学中存在的问题和解决方法。楼建丽《基于信息技术环境下的英语教学模式探析》一文总结了目前大学英语教学中存在的主要问题，同时分析了新形式对英语教学提出的要求，探讨了信息技术环境下的英语教学的几种主要教学模式，最后分析了运用新的教学模式的一些条件。

第三节　研究教学模式的意义

进行大学英语教学模式改革能够保证大学英语教学的高质量发展。随着近几年我国计算机网络技术的发展和教学软件的开发，使一个成熟的基于网络的多媒体教学模式成为可能。新的教学模式不仅可以大量替代教师的重复劳动，解决高校扩招所带来的外语师资不足这一普遍问题，而且为大学英语教学闯出新路子创造了条件。重要的是新的教学模式改变了传统的保姆式学习方式，在没有教师的情况下，学生必须学会自主安排学习时间，学会独立使用多种媒体网络教学资源，学会选择适合于自己的学习材料，制订适合自己水平的学习计划，从而激发自己的学习潜能，提高发现问题和解决问题的能力，并形成有效的学习方法，提高自主学习的能力。概括而言，研究“整合教学模式：大学英语创新型课堂教学模式”这个课题具有重大的理论价值和现实意义。

一、改变目前普遍存在的教师唱独角戏的大学英语教学模式，革除传统教学模式的弊端，积极建立以学生为中的教学模式

长期以来，大学英语教学一直都是教师唱主角，教师的讲解占用了课堂的主要时间，没有给学生的实践提供足够的机会，学生成为知识的被动接受者。这种单一的课堂教学模式难以达到令人满意的教学效果。英语不是教会的，而是学会的、练会的。它的掌握需要学生主动参与、积极实践。因此，课堂教学必须以学生为中心。教师要充分了解作为教学主体的学生的个性特征和学习需求，组织各项语言实践活动，调动学生参与课堂活动的主动性和积极性。在以学生为中心的课堂教学中，教师必须转变自己的角色，即从语言知识和技能的单纯传授者转变为课堂活动的组织者和管理者，成为学生交际能力的促进者和学习兴趣的激励者，同时也是学生学习活动的合作者。以“学生为中心”的课堂教学必须充分体现以学生为主体，着重培养学生的语言实践能力。此教学模式的特点是教师在课堂上用较少的时间讲解学习材料中的重点、难点，传授基本的语言知识，留出较多的时间指导学生结合教学内容进行练习，实现学中练、练中学，从而把课堂上获取的语言知识尽快转变为技能和能力。在具体教学操作过程中，教师可坚持检查学生课前预习的情况，可以采用听写单词短语、朗读课文、提出问题、找出难点等方式，并将检查结果记入学生的综合学习评价中。在讲解课文之前，教师宜采用“热身”提问方式促使学生积极思考，训练学生分析问题和解决问题的能力。教师可将学生分成小组进行讨

论，不但训练学生的听说能力，提高他们的阅读能力，而且还可以加深他们对课文的理解。通常学生在讨论中还会向教师提出一些难以理解的句子结构和语言点，对此，教师可以分别给予解答，对共性问题，集中解答，对个别问题，则单独指点，以此充分发挥学生的潜力，促使学生有效地掌握语言技能。

二、汲取建构主义理论的精髓，促进大学英语课堂教学质量的提升

研究“整合教学模式：大学英语创新型课堂教学模式”这个课题需要汲取建构主义理论的精髓，及时更新教育教学理念，进行科学的课堂教学内容设计，真正重视学生的学习主体意识的开发，建立和谐的师生关系，促进大学英语课堂教学质量的提升。建构主义学习理论认为，学生学习是一个积极主动的建构过程，重视以学习者为中心来组织学习。学生是自己知识的建构者，不是被动接受外在信息的存储器，而是经过主动地选择和加工，建构信息的意义。在这个过程中，每个学习者都要对新旧知识经验进行反复发现。每个人都以自己原有的经验系统为基础对新的信息进行编码，建构自己的理解，而原有知识又为新经验的进入而发生调整和改变。因此，学习不是简单的信息量积累。学生学习的过程就是学生认知结构和知识结构不断改变和创新的过程。同时，由于学生本身的特点各异，建构活动的方式也就不尽相同，对意义的理解也就不同。教学过程不再是同步的，不同学生可以沿着不同的学习途径，建构出相同的结果。基于建构主义理论的教学模式，要求大学英语教师采取措施激发学生学习的兴趣和持久学习英语的动机，依据每个学生已有的认知结构、经验、心理结构，以及信念差异来进行教学，不能只向学生提供脱离现实生活的纯理论语法知识，让他们机械地记忆和背诵，而应对教材文章和训练内容有所取舍，从而引起学生共鸣，使他们积极参加到课堂教学中。教师要给学生一个学习的机会，给学生更多的支持，帮助他们克服学习第二语言的心理障碍，让学生有更多的时间把已经学到的英语说出来，提高应用英语的实践能力，而不是将所有的注意力都放在语法、词汇及应试方法上。同时应注意到每个学生作为独特的个体，在学习英语时存在自身的优势和劣势，所以不应强求每个学生都遵守一种学习策略，允许他们采取适合自己的方法。

三、充分挖掘传统教学模式的优势和现代科学技术完美结合的潜力，提升大学英语教学质量和实际效果

研究“整合教学模式：大学英语创新型课堂教学模式”这个课题可以充分挖掘

传统教学模式的优势和现代科学技术的完美结合的潜力，使之在大学英语教学中普及，提升大学英语教学质量和实际效果。外语教学应当充分发挥现有多媒体和网络技术的作用，重视语言学习者人工智能的开发，使大学英语教学活动从单一的平面向立体化发展，使学生的语言能力、语言知识与文化素质、专业素质、创业能力呈立体交叉发展。

语言学习的核心和最终目的是培养交际能力，而语言交际能力的培养要求首先要有大量真实语言材料的输入，再通过反复操练和实际运用，逐渐转化成学习者内在的语言能力。因此，教师在课堂上应尽量创造自然、真实的语言情境。心理学研究表明，环境中一定的感官刺激能引起人们的定向反应，从而引起人们的注意，使人产生兴趣。网络教育技术将文本、图形、色彩、声音、视频、图像等信息运载媒体结合在一起，图文声并茂。这样可以激活学生的感知器官和注意力，充分调动学生的学习兴趣。教师可以从网上英语词典、英语语料库、英语广播、电影等媒体搜集英语国家人们使用某一词汇或短语的真实例句。这些例句更能体现词汇短语在现实生活中的真实用法，句型的操练也不再那么单一枯燥。播放反映英美人现实生活的影像材料，可创造真实的语言情境，有利于课堂交际活动的开展。其纯正地道的语音语调也有助于纠正学生发音，在潜移默化中培养学生的语感。而传统英语教学中，教师往往无法顾及每个学生的个体差异和个人需要。这与教育个性化这一大方向不相适应。同时，课堂教学活动仅在有限的时间和空间里进行。学生在思考时间、交际范围和内容方面都受到限制，无法达到预期的效果。使用多媒体网络教育技术，学生在课下可以根据自己的时间、学习水平和兴趣爱好，制订学习计划，选择学习内容。

教师可以以咨询者和监督者的身份帮助学生找出适合自己的学习方法，从而使学生的学习潜能得到更好的发展。通过互联网，学生与学生、学生与教师、学生与英语国家学生之间可以进行聊天、讨论，这些交际实践活动也有助于学生阅读、写作等语言实际运用能力的提高。

第四节　高校英语教学模式的现状

一、传统大学英语教学缺乏真实情境设计

以教师为中心的课堂英语教学模式注重语言形式的传授，强调对语言规则的解释、理解和操练，忽视了让学生自己到语言实践中通过听、说、读、写等渠道去大

量接触、运用和归纳语言规则。这就使得课堂教学给学生提供的可理解性语言输入量不仅十分有限，而且质量也不高。由于教师在课堂上过于强调有意识的学习，从不或极少创造出为了真正的交际目的而使用英语的机会，学生的注意力集中在语言结构（即语言形式）而非信息的沟通上，学生缺乏潜意识习得语言的机会，其语言能力的发展受到极大的阻遏。正如埃利斯所说，“没能给学习者提供自然交际机会的教学活动，将会使学习者失去接触语言材料的主要来源，进而阻止习得的进行”。

二、传统大学英语教学模式忽视了语言的交际与表达功能

（一）传统大学英语教学模式忽视语言的交际功能

2004 年 1 月 30 日，教育部以文件形式下发了《大学英语课程教学要求（试行）》（以下简称《课程要求》）。根据《课程要求》，大学英语教学的目标之一是：“培养学生的英语综合应用能力，特别是听说能力，使他们在今后工作和社会交往中能用英语有效地进行口头和书面的信息交流。”显而易见，大学英语教学的终极目标是培养学生的交际能力。根据大多数学者的看法，交际能力应包括如下四种能力：①语言能力，即内化语言规则所形成的能力；②社会语言能力，即某种说法是否，以及在多大程度上在语境上得体；③话语能力，即口语和书面语使用时语言连贯、合乎逻辑的能力；④交际策略，即根据情况应变的能力，如解释、重复、停顿、迂回、猜测、转换等能力。

传统大学英语课堂教学模式根本不能培养学生英语交际能力。根据“交际能力”的内涵，语言知识并不等于语言能力。语言知识只有转化为英语技能才可以说具有了英语语言能力。同理，语言能力也不等于交际能力。交际能力是通过运用语言形式规则和使用规则来实现的。掌握语言形式规则主要通过技能训练来完成，而掌握语言的使用规则则主要通过真实情景或模拟真实情景创造性地运用外语进行交际来实现。语用学认为，语言形式和语言功能之间存在着多重性的关系。换句话说，在语言交际中，同一语言形式因交际环境的不同可以有不同的语言功能，同一语言功能在不同的交际环境中也可以用不同的语言形式来表达。因此，要培养学生具有能在何时、何地、对谁恰当地使用语言形式的交际能力，教师就必须在课堂上创设或模拟真实的交际情景，使学生在建立“信息差”基础上的言语交际语境中建立语言形式与功能表达的联系，逐渐积累语言的使用规则。

（二）传统大学英语教学模式忽视语言的表达功能

语言具有表达形式与表达功能两套系统。传统教学过分地注重语言表达形式而

忽视了语言表达功能。传统大学英语教学一般遵循“生词—课文—语法—练习”这一教学程序。教师与学生过多地注重形式。教师大多是逐词、逐句讲解词语句子的含意，过多地讲授词法、句法、语法，而学生主要课堂活动是听、记。这种程序是可以帮助学生打下比较扎实的语言基础的。但是我们的学生背了许多规则，记了许多单词，却不知道怎么用，甚至有很多学生学了七八年的英语，连几句简单的对话都无法表达清楚。这道理其实就跟光是修完一门“运动生理学”而不足以成为运动员一样。世界著名英语语言专家亚历山大曾被问到这样一个问题：“定语从句与同位语从句有何区别?”他竟劈头答道：“知道这种区别并不能提高你的英语。”这个否定判断道出了语言表达功能的重要性。前段时间的一份资料上说，中国留学生的英语水平在52个国家中排名第48位。还有我国的一些援外学生非常怕接电话，怕参加讨论会。这些例子说明了我们采用这种培养“语法专家”的传统教学存在严重弊端。培养出来的不仅是“哑巴英语”，而且时间长，效益低。而文化背景相同或相近的新加坡和港、澳、台学生学英语，虽然语音、语法、词汇和大陆学生相比逊色很多，可他们反复地说，反复地练，一不怕犯错误，二不怕别人笑话，也不过多地去追问为什么。这种寓形式于功能之中的“说一句、算一句”使得他们很快尝到了学以致用的甜头。《翁文恭公日记》记述：“诣总理衙门，群公皆集，未初，各国拜年。曾侯与作夷语，‘啁啾’不已。”“曾侯”者，乃曾国藩之子曾纪泽是也。能与“各国”使者周旋，且“啁啾不已”，那“夷语”之熟巧，想必是无懈可击的了。但英语教师对他的评价竟是：“流利但不会文法。”这实在令人三思。试想，若使曾侯参加今日打勾划圈的标准化测试，或者把考试上“会文法”的佼佼者放到他那实际场合中去，将会出现什么样的结果，那是可想而知的。综上所述，传统英语教学严重忽视了语言的表达功能。《英语教学大纲》规定：“语言教学的最终目标是培养学生的书面或口头方式进行交际的能力。”特别是目前的社会是信息社会，而作为获取外部信息的主要语言工具——英语，我们尤须注意它的主要功能。

三、传统大学英语教学模式忽视了学生的主体作用

(一) 第二语言习得理论的解释

根据第二语言习得理论，语言学习是一个主动的过程。学习者仅仅具有必要的知识去理解事物是不够的，他们必须会主动运用原有知识。所谓“主动”，并非完全指看得见的行为（如发音器官或四肢在动），而是指学习者主动把信息组织成有意义的知识网络。因而，“主动”与否，判断的标准不是学习者说了多少，而是学

习者开动脑筋思考了多少，用他们的认知能力和认识世界的知识来理解新的信息，现代语言学、心理学和教育学无不从不同的角度揭示出人的主体意识在认识过程中的重要作用。语言学家乔姆斯基科学地论证了人有学习语言的先天机制，对确立学习者的主体地位和推动外语教学起到了巨大的作用。以罗杰斯、马斯洛为代表的人本主义心理学强调人的意识所具有的主动性和自由选择性，重视人的尊重需要和创造性需要。为此教师必须相信学生能发展自己的潜能，真诚地对待学生，尊重学生的个人经验和重视他们的感情和意见，以及深入理解学生，多多地为他们着想。第二语言习得论者坚信，学生不会按教师的设想去接受他们提供的语言输入，学生学会什么只能为学生自己所控制。皮亚杰的发展认识论相信“智力的本质是适应，而适应依赖于主体对客体所产生的动作，知识是主客体相互作用的产物。主体积极作用于客体，从而导致自身的认识和智力的发展”。

（二）建构主义学习理论的解析

近十年来对教育实践影响最大的学习理论之一建构主义也指出，知识是学习者通过与外界的相互作用，在自己已有经验的基础上主动建构新的意义。建构的过程要引导学生去发现原有认知结构与新知识之间的不协调性，然后主动去改变；知识学习的认知建构发生于具体的情景之中，因为在具体的情景中，能够使学生感受到知识的意义；认知建构还产生于集体的积极商讨过程，这一过程能够使学生加深对自身经验的理解，发现认知的不协调，通过形成集体对于知识的共同理解来获得认知与知识之间的协调。然而，以教师为中心的教学模式把学生看作是灌输知识的容器，学生只是被动消极地接受知识。这一教学模式极少关注学生的社会文化背景、知识水平、认知方式、学习需求和能力的差异，加之教学方法呆板，课堂气氛沉闷，学生的学习兴趣和动机等非智力因素得不到有效激发。由于缺乏非智力因素——学习的动力系统的支持，学生难以积极主动地运用大脑获取、加工和编码教师输入的语言知识。这一教学模式也忽视师生互动和学生之间合作性学习活动的作用。学生无从根据自己的认知特点和大脑中形成的“形式图式”“内容图式”和“语言图式”，通过积极主动的思考，对所交流的思想、信息进行分析、综合、概括、推理的内部心理活动，创造性地选择和组织语言材料表述意义，从而达到相互协调理解、表达思想和传递、吸收信息的目的。久而久之，学生的主体意识受到了极大的摧残，学习的积极性、主动性和创造性消失殆尽。

（三）传统大学英语教学忽视学生的主体意识

长期以来，我们的大学英语教学所沿用的是“以教师为主”的原则，忽视了学生的主体作用。由于把教师认真备课，讲课内容丰富有条理作为教学好坏的衡量标准，因此教师讲解占去了课堂的主要时间，无法给学生的实践提供足够的机会，使学生成为语言知识的消极接受者。实际上，外语学习的首要任务是“学”而不是“教”。教师可以提供帮助，提出建议和进行教学，但只有学习者能决定是否学习。科德（Corder）也曾说过：“有效的语言教学不应违背自然过程，而应适应自然过程；不应阻碍学习，而应有助于学习并促进学习；不能令学生去适应教师和教材，而应让教师和教材去适应学生。”这个“自然过程”就是让学生成为英语语言知识主动积极的接受者。

英语不同于其他基础学科。它是一门实践课，其语言技能是需要通过学生个人的实践才能培养和提高的。因此，它的教学效果应以学生的学习效果为依据，而学习效果在很大程度上取决于学生的主观能动性和参与性。认知理论认为，英语学习的过程也就是新的语言知识不断结合的过程，也是语言能力从理论知识转换为自动应用的过程。而这种结合与转换都必须通过学生的自身活动才能予以实现。因此，课堂教学必须以学生为中心。但这并不意味着抹杀教师的作用。相反，教师的作用更重要，因为教师必须充分调动学生的积极性，有效地组织起以学生为中心的生动活泼的课堂活动，及时发现他们的困难，为他们排忧解难，成为他们学习的引路人。换句话说，教师起着组织者、管理者、鼓励者、合作者和解惑者的作用。这样就克服了传统的以教师为中心的教学所培养出来的学生的被动性、依赖性、盲目性和机械性等弊端，使学生成为学习的真正主人。

四、传统大学英语教学模式忽视了对学生英语学习兴趣的培养

（一）传统大学英语教学模式扼杀学生兴趣

乐趣不仅是添加剂，而且是吸引学生注意力的最简单的办法。妙趣横生的课堂气氛让学生学得轻松，学得开心，学得好，记得牢。相反，无论学习材料有多好，教学理论有多先进，缺少乐趣的课堂只会让人感到沉闷、厌学。趣味教学在儿童课堂屡见不鲜，在成人课堂则直截了当遭人遗忘。如果课堂教学让学生感到乏味、令人生厌，那么，课堂教学就彻底失败了。

传统英语教学还忽视了对学生学习语言兴趣的培养。乏味的填鸭式教学，成千上万个单词，繁杂的语法规则无不让学生望而生畏，更无兴趣可言。而且现在的学生被英语四级、六级压得喘不过气来，疲于应付，成天埋首于题海中无法脱身。殊不知，正是这种一不张嘴说，二不动笔写的“洋八股”把有血有肉、活生生的语言

肢解成一个个彼此毫无关联，现实生活中根本不存在的“可考因素”。学生把学习语言当作任务和沉重的burden（负担）而不是需要和enjoyment（享受），英语变成了面目可憎、难以亲近的怪物。这样，想把语言学好就无从说起了。

（二）大学英语课堂教学模式的趣味性设计

如何把苦学变为乐学，学中求乐，乐而好学呢？我们可以以一篇课文“A Valentine's Story”（爱情故事）的教学为例。教师可以一开始就让学生听英文歌曲《泰坦尼克号》主题曲《My Heart Will Go On》，然后再听《Love Story》里的主题曲。这两首歌曲都是关于爱情的经典曲目。优美的旋律，脍炙人口的歌词一下子就可以把学生的热情和兴趣调动起来，不少学生甚至会跟着唱起来。然后以爱为主题将学生分组讨论，每组选派代表用英文把本组的讨论结果向全班同学汇报。教师则不断地提出问题。整个课堂笑声不断，气氛非常活跃。学生表现出了浓厚的学习兴趣，且在不知不觉中学会了表达、思考，知识面也变宽了。

更重要的是学生对外语学习产生了浓厚的兴趣，自己想学、爱学、巧学。这只是如何调动学生兴趣的一个例子。当然，我们还可以通过其他方式，如通过为学生介绍文化背景知识、跨文化交际、英文名著、名篇、名人、英文谚语、俚语翻译等，来激发学生的学习兴趣。只要学生感兴趣，就为学好英语语言提供了前提。

21世纪国际竞争的特点之一是在交际中竞争，在竞争中交际。作为人类交往工具的外语和文化传播者的外语人才势必成为这场竞争的核心。外语人才的需要将继续呈上升趋势，而外语人才的知识能力和表达、交际素质将直接影响文化传播和信息交流。所以我们迫切需要对目前大学的英语教学进行改革，改变我们目前这种“耗时低效”和“哑巴英语”状况，提高我们大学生的整体外语水平。适合学校实际和学生需要的大学英语课堂教学模式是提高大学英语教学质量的重要法宝。普通高校的大学英语教师必须正视传统教学模式的不足，在继承传统教学模式合理成分的基础上，探索出新的教学模式。在今后的教学实践中，我们要在借鉴现代外语教学基本理论的基础上，不断完善新的教学模式，使之更为适合普通高校学生学习英语。

第三章　高校英语学科教学模式

第一节　结构和认知取向的英语教学模式

结构和认知取向的英语教学模式是分别依据结构语言学教学观和认知心理学理论而建构的。结构主义语言学认为，语言的结构是内部各个层次有意义的对立体系。掌握语言就是掌握语音、语法、词汇的各种有意义的对立体系。比如，语音中的开、闭音节与长、短元音，语法中的过去、现在、将来时态，所以，掌握语言的过程，充满了对比这种对立关系的活动。同时，由于不同语言的对立体系并不相同，要明确所学外语中的那些对立体系对学生具有特别困难，必须通过与本族语的对比。这类教学模式具有理性主义教学观点，重视语言知识和利用学生的本族语等特征。认知心理学和认知语言学认为，语言能力是个体一般认知能力的一部分。因此，语言不是一个自足的系统，其描写必须参照认知过程。认知法在教学过程中提倡发挥学生的智力作用，重视对语言规则的理解，而忽视语言学习中的情感因素。两种取向的教学模式中较为典型的教学法包括直接法、听说法、翻译法和认知法。下面的讨论是在第三章对它们的初步介绍基础上增加一些背景知识，把教学原则和教学过程作为讨论中心。

一、直接法

直接法的诞生是 19 世纪末和 20 世纪初，欧洲和北美等地加速了工业化的进程，国际交往日益频繁，各国对外语人才的需求量迅速增长。人们发现外语人才的口头表达能力特别重要，而语法翻译法恰恰就不注重学生的口头能力培养，因此，在语言学领域内出现了改革运动，其中以英国语言学家斯威特（H. Sweet）为代表的改革派强调口语和语音训练的重要性，推动了外语教学改革。直接法由法国人古因（Gouin）提出，后由他的弟子索斯（de Sauze）在美国倡导，并由教育家伯利兹（Berlitz）在教学中实施。由于他们的推广，20 世纪初直接法流传颇广。

直接法的许多教学理念是与语法翻译法相对的，如：前者重视口语训练、用演绎法传授语法规则、采用母语解释难点等；而后者却重视阅读和写作能力培养，用归纳法传授语法规则、课堂上拒绝使用母语等。从第三章中提到的直接法所遵循的五项原则（直接联系原则、句本位原则、模仿为主原则、用归纳法教语法的原则、以口语为基础原则）可以看出，直接法的教学内容基本上是关注语言的句法结构，即以句型作为教学的基本单位，并且以模仿为主要手段，基于这两个原则，直接法也是以语言的结构为基础的。

二、听说法

听说法被认为是结构取向的模式之一，它比前面两种方法都更加成熟，因为从英语名称来看，听说法（the Audio-lingual Approach）选了 Approach（路子）而不是语法翻译法和直接法中的 Method（方法）。这说明“无论在理论基础、体系还是方法方面，听说法都较语法翻译法和直接法更系统和全面，内涵也比后者丰富得多”。

听说法继承了直接法的四个特点：口语第一，听说领先；变换操练；严格控制，养成语言习惯；限制使用本族语，课堂教学运用目的语内对比。它本身的创新只有两点：以句型为教材和操练的核心；用对比作为以所学外语进行类推和回避学习难点的基本方法。一般来说，听说具有三个特点：听说领先、句型操练和对比。

听说法的发展促进了布龙菲尔德教学法的教学过程不断完善，使之逐渐演化成为相对规范的五段教学：①认知（recognition）；②模仿（imitation）；③重复（repetition）；④变换（variation）；⑤选择（selection）。认知是指对所学句型耳听会意，一般采用外语本身相同或不同的对比，使学生从对比中了解新句型或话语；模仿可以通过跟读、齐读、抽读、纠错、改正；重复环节包括检查，让学生重复模仿的材料，做各种记忆性练习；同时教师要进行检查，当确信学生已能正确理解朗诵所学句型之后，才能进行下一段的变换活动；变换即替换操练，应按替换、转换、扩展三步逐渐加大难度，同时要注意学生的理解情况；替换分单项替换和多项替换，转换包括含义转换、结构转换和增减句子要素，比如主动句变为被动句，陈述句变为疑问句等，扩展包括前置修饰扩展和后置修饰扩展；选择是指在实际交际和模拟情景中对所学语言材料进行活用。

早期的听说法注重机械操练。可是到了 20 世纪 60 年代后，机械操练受到了批评，一些应用语言学家开始改进听说法，使操练朝着有意义和有利于实际交际的方向发展。其中最具代表性的是波尔斯顿（C. B. Paulston）提出的“MMC”法，第一个 M 是指机械操练（mechanical drills），第二个 M 是指有意义操练（meaningful exercise），C 是指交际性活动（communicative activities）。这三个步骤为递进式的，早期先进行机械操练，然后进行有意义的练习，要求教师给出结合学生生活的情景，让学生在规定的情景中做语言操练；在第三步骤的交际活动中，可请以英语为本族语的人来交谈，要求学生在交谈中尽量用所学语言结构等。

三、翻译法

翻译法的形成与发展直接与语言认知有关，它起源于中世纪，经过了语法翻译法、词汇翻译法和自觉对比法，再发展到认知法，在历史上历时最长，所产生的影响较为深刻。翻译法中最有影响的是语法翻译法，下面我们对它进行简单分析。19 世纪盛行的历史比较语言学为语法翻译法提供了理论基础：通过翻译的手段，比较母语与外语语音、词汇和语法的异同达到掌握外语和欣赏外国文学作品的目的。张正东把语法翻译法的发展分为三个时期：第一阶段为 18 世纪上半叶，具体教学方法是以外语译成本族语，内容偏重于机械背诵语法规则，其教学目的是了解外语服务；第二阶段是 18 世纪下半叶至 19 世纪末，以本族语翻译成外语为主要方法，内容注意到了阅读，其教学目的是用外语表达本族语的内容；第三阶段是 20 世纪以来，在众多教学流派的影响下，在教学方法上吸收了许多其他学派的方式方法，但是其核心教学思想如重视系统语法的教学，依靠本族语进行翻译，侧重语言形式和采用演绎方式等都没有改变。

语法翻译法主要有以下几项教学原则：①关注语言知识的学习；②采取单向传授式教学法；③重视读写能力的培养；④依靠母语进行教学。语言知识包括语音、词汇、语法等，在传授语言知识时，教师常常运用母语，通过对比法和演绎法等方法讲解和分析句子成分，同义词和反义词之间的差异以及语音、词汇和语法规则。教师的讲解是课堂教学的唯一活动，学生学习比较被动。

在我国 20 世纪 90 年代之前，中学英语课堂教学基本上都采用语法翻译法，英语语言知识传授是课堂的主要活动。随着 1993 年人民教育出版社和英国朗文出版社联合出版的新教材的发行，我国中学英语教学开始关注学生口头交际能力的培养。到 21 世纪初新课程标准（实验稿）的实施，中学英语教学的目标进一步提高，学生的综合语言运用能力的培养成为教学的最终目的。新的教学理念日益深入人心，学生的语言运用能力，尤其是口语水平得到了前所未有的提高。尽管如此，因为语法翻译法对教学条件和教师的要求较松，故国内外仍有不少人乐于使用。

四、认知法

认知法是在语法翻译法的基础上形成和发展起来的。它是以转换生成语法为理论基础。该理论认为，语言的深层结构体现语言能力的特点，表层结构表现语言行为的特点。人有天赋的语言习得装置以习得深层结构而获得语言能力，有了语言能力就能生成语言行为，运用话语。把这一语言学说与认知心理学的理论联系起来，语言能力就是核心结构。认知法的首倡者卡鲁尔主张学习外语应先掌握以句子结构为重点的语言知识，要理解所学内容；理解、信息加工和逻辑记忆对于学会外语极为重要。在理解的基础上，再让学生在生活实际和交际情景中进行操练，操练中发展逻辑记忆能力。因为学习外语不是形成习惯，而是先天习得能力的发展过程。这些过程落实到教学活动上主要是语法先行并用演绎法教语法，故卡氏又称认知法为经过改造的现代语法翻译法。而左焕琪却认为认知法重视语法，必要时用母语进行教学，要求通过有意义的练习而不是大量使用演绎法。

认知法被认为是当代外语教学法，它的一些教学原则已被当代各个学派所接受。如学生中心原则，容忍错误的原则，听说读写并进，视听兼用的原则，情景原则等。认知法的教学过程可概括为“理解（句子结构和所学内容）→形成（语言能力）→运用（语法，即语言行为）”三大阶段。

五、认知法教学案例（45 分钟）

（一）讲授新词

教师在黑板上挂上一幅图画，内有男、女孩各两名，每人在进行一种活动。学生根据已经学过的语言知识谈论这幅画。遇到学生使用与新词接近的词时，教师引出要求学生学习的新词。当学生提到动词时，教师引出动词现在分词的形式与意义。在理解的基础上，学生跟教师朗读新词。了解新词意义后，教师要求学生根据图画内容，尽量运用所学单词讲故事。学生讲完后，教师讲他的故事（即课文）。(7 分钟)

（二）讲解语法

要求学生根据教师已使用的动词现在分词，小结该语法现象的形式与意义，然后教师进行总结。适当使用汉语解释难点。(8 分钟)

（三）语法练习

引导学生由近及远谈论现在正在做的事情：①教室里发生的事；②学生家庭中发生的事；③回到图画，鼓励学生创造性地使用外语，谈论图画中 4 个孩子的活

动。教师在学生用到现在进行时时，加以重复和强调。(10 分钟)

(四) 传授新课

学生打开书，开展小组活动，逐句讨论课文内容与意义。然后根据课文互相提问。小组讨论结束后，教师先要求学生提出不能在小组内解决的疑难问题。全班就这些问题进行讨论后，教师总结，给出问题的正确答案。教师再一次小结动词现在进行时的形式和意义。(15 分钟)

(五) 巩固课文

回到课文——听两遍录音后，学生就课文内容提问。

(六) 布置作业

听课文录音，改进语音语调；拼写单词并回答书面练习；动词现在进行时问答与填空。(1 分钟)

第二节 功能取向的英语教学模式

斯特恩认为功能派与结构派最大的差异是它更加关注语言使用者的社会和环境因素，在语言研究方面体现这些改变的是语义学、话语分析、社会语言学、交往人类学以及语用学的诞生。把交际视为教学内容本身的功能派有两种不同观点：一种是分析性的，被称为“功能分析”（function analysis）；另一种是整体性的和非分析性的，被称为“功能大纲”（function syllabus）。近年来，功能分析已经对语言大纲的制定、教材的开发以及教学方法的选用等方面都产生了影响。下面举几个典型的例子来说明功能分析对语言教学产生的影响，如威尔金斯（Wilkins）提出意念大纲的概念；欧洲委员会现代语言项目的开展；威多森（Widdowson）提出的交际语言教学法重视语言的“使用”（use）而不是“用法”（usage）；蒙比（Munby）提出特殊目的语言教学项目内容鉴定模式；Canalc（卡纳勒）和 Swain（斯温），Canale（卡纳勒）分析了交际能力的内涵，为语言测试的发展和语言水平研究奠定了基础。

从 20 个世纪 60 年代开始，语言研究的重点逐渐由语言形式、句法关系转向语言使用、语义和语言的社会功能。社会语言学对语言教学乃至整个语言学界所作的重大贡献之一是提出了交际能力的概念。1972 年社会语言学家海姆斯（D. Hymes）在著名的《论交际能力》一文中指出，离开了使用语言的准则，语法规则是毫无意义的。海姆斯认为，交际能力是由语法、心理、社会文化和实际运用语言等能力系统互相作用的结果。1980 年，加拿大的卡内尔（M. Canale）与斯温（M. Swain）系统总结了关于交际教学法理论的探讨与研究成果，并提出交际能力应由以下三方面能力构成：①掌握语法（grammatical competence），包括词汇、词法、句法、词义与语音等方面的知识；②掌握语言的社会功能（social linguistic competence），指使用语言的社会文化规则与语篇规则；③使用策略（strategic competence），即为使交际顺利进行而采取的语言与非语言交际策略，后经不断充实，已具体到怎样开始会话、维持对话、要求重复、澄清事实、打断对方、结束对话等。后来，卡内尔对交际能力的构成框架进行简单调整，把语篇能力从掌握语言的社会功能中分离出来，构成了第四方面的能力。同时拓宽了使用策略的能力，包括提高交际有效性的所有努力。功能取向的英语教学模式的诞生与当时的哲学、语言学、心理学、人类学和社会学发展息息相关。以“语言的社会交际功能是最本质的功能”为核心思想的社会语言学的诞生为该模式提供了语言学基础。以功能取向的英语教学模式包括交际法教学模式和自然法教学模式，本章将重点介绍前者。

交际法兴起于 20 世纪 70 年代的欧洲，它是一个典型的以语言的功能项目为纲的一种教学方法。但是，实际上交际法不是一个一般意义上的教学模式，它已形成了一场国际性的交际运动（communicative movement），并出现了 communicative approaches 的多元化局面。交际教学（communicative language teaching）是一个多种理论的联合体，至今似乎没有一种定义能对其内涵做出界定。Yalden 在 1983 年就曾把交际教学归纳为六类。在总体上，胡春洞认为交际法有两个基本观点：①外语学习者都有他特定的对外语的需要；②语言是表情达意的体系，而不是生成句子的体系，社会交际能力是语言的主要功能。因此，交际法的教学目标在于培养学生在特定的社会环境中使用外语进行交际的能力。为了提高学生的交际能力，交际法教学过程可以从以下三方面展开。

（1）分析学生对英语的需要：在制定教学大纲时，首先分析学生对外语的需要。通过对学生需要的分析，就能知道这个学生需要掌握什么样的语言功能、什么样的文体和什么样的语言形式，并以此制定出相应的教学大纲。由于交际法对学生需要的重视，“需要分析”已成为一个独立的研究课题。

（2）以意念/功能为纲：交际法认为以语法或情景为线索组织教学内容忽视学生的特殊需要，难以培养交际能力。交际法在其形成之初主张以学习者所要表达的内容即意念为线索。这种以语言使用者通过使用语言来实现的交际功能为线索的意念大纲，也被称为功能大纲。交际法第一份具体的教学大纲《入门阶段》正是以语言的交际功能为线索组织教学内容的大纲。以意念/功能为纲的思想是交际法的核心思想。

(3) 教学过程交际化：大纲的制定和教材的编写不是一个完整的教学体系的全部内容，交际能力的培养最后必须在课堂教学中实现，教学过程的交际化也是交际法的一个重要组成部分。它可以体现在以下几个方面：以话语为教学的基本单位，语言材料的选择力求真实和自然；以学生为中心，教师是活动的组织者，学生在各种活动中学习外语；教学活动以内容为中心，大量使用信息转换、模拟情景、扮演角色、游戏等活动形式；对学生的语言错误采取容忍的态度，不以频繁的纠错打断学生连续的语言表达活动。

以上三个环节表明交际法在教学过程中以学生的需求为教学的出发点，学生需求是制定教学大纲即学习内容的依据；同时所使用的材料尽可能真实，如可以把目标语的人士带进课堂或进入使用目标语社区，或引入各种书籍与报刊节选的文章或电影、电视和电台报道片段等。鼓励学生在实际生活中使用语言，他们的错误被认为是学习过程中出现的自然现象而无须指责。

斯特恩认为如果在语言课堂上开展标准的交际活动必须包括四个条件：①与本族语人士接触；②有机会融入目标语环境；③创造真实使用语言的机会；④需要学习者个体参与。这些条件在我国较难做到，尽管在一些比较发达的地区，目标语人士可以进入课堂，也有项目支持中学生融入目标语环境。但是，英语教学可以吸收这些条件的精神，利用以下一些活动来优化课堂教学：①充分利用语言课堂的教学行为；②讨论话题尽可能源自学生的个人生活或至少与之相关联；③挑选尽可能多的与对学生具有教育意义和职业发展有利的话题；④设置交际课堂练习，如设置小型活动让学生练习并熟悉目标语的一些表述特征。有关文献对第四种方式讨论较多，针对前三种尽管有人研究过，但是文献非常有限。总之，交际课堂教学的具体教学方法十分多样，其基本精神是开展师生之间、生生之间有意义的对话或讨论，也称“语言意义的谈判”（negotiation of meaning）。上课经常采取两人结成对子进行对话，4~6 人为一组的小组活动和全班讨论的形式。交际法教学虽然提出在语言使用过程中（use）学会语言的用法（usage），但是它并不排斥有关语言形式的教学。

王才仁在参照国外一些模式的基础上，提出了一个在我国进行英语教学的综合模式：英语教学交际模式。该模式的命名是出于这样一个教学理念：整个英语教学过程是交际过程，而且把每一步也看成是交际；整个教学是师生之间交际的反复循环。下面将对该模式的几个核心环节进行简单介绍：①“教师”和“学生”成为教学的双主体，师生之间的交际构成教学全过程；②社会环境提出教学要求，体现在教学大纲中，对教师有制约作用；③教学大纲由国家制定，是教师执教的依据，对教材的编写和使用起指导作用；④教材要通过听说读写等渠道和一定的情境活化为交际行为，成为信息的源泉；⑤输入是学生接受语言材料三方面的信息：语言信息（包括操作性、观念性），语用信息和文化信息；⑥加工指信息加工，外部加工表现为课堂活动，内部加工指大脑内的活动，互相作用，互相促进；⑦输出指学生运用英语的能力。每一项输出达到正确、得体、流利的程度都会反馈给教师，以便了解教学效果，整个过程达到的程度则最终反馈给社会。

该模式认为教学的实质是交际，而交际是通过活动得到体现的。如：教学中师生二主体作用是通过活动来体现的；英语物质操作和观念操作二重性，是通过活动体现的；信息的输入和输出，也是通过活动实现的。所以，活动是更新教学观念，开创英语教学新局面的一个重要哲学支撑点。另外，该模式还强调运用英语时要遵循四个原则：意义性（meaningfulness）、功能性（function）、得体性（appropriateness）和移情性（empathy）。此处前两个原则容易明白。所谓得体性是指所说的每一句话要根据不同的对象、场合和时机选择合适的表达方式；而移情性是指在表达意思时要考虑目标语国家的文化风俗习惯。最后，该模式把我国的英语教学目标定位在培养学生的交际能力上。

交际教学的理念正不断地深入我国的英语课堂教学实践。彭那祺通过多年的教学探索，把交际教学融入自己的日常教学，不断提升自己的教学理念，2000 年出版了专著。她总结道：“和谐”是交际性教学最重要的艺术特色。她认为，“在英语课中最为重要的是要从交际的高度出发，去帮助学生打下坚实的英语基础和培养运用英语的交际能力，并在习得英语的过程中掌握一套成功的英语学习方法和良好的语言习惯。这些将构成他们可持续发展的英语潜能。”

第三节　任务取向的英语教学模式

一、任务型英语教学模式的定义

任务型教学是指一种以任务为核心单位计划、组织语言教学的途径。它是诸多交际教学途径中的一种，其教学思想仍然在交际语言教学思想的理论框架之内。在国外，任务型语言教学已有二十多年的实践，最先进行任务型第二语言教学实践的是印度学者帕布（Prabhu）。针对任务型教学的研究已经取得可喜的成果，很多学者从不同的侧面对任务型语言教学进行了研究，赋予其新的内涵。其中努南（Nunan）根据英语课堂教学中的任务与真实生活中的任务的相似程度把任务分为“真实世界的任务”或“目标任务”（real-world tasks or target tasks）和“教学任务”（pedagogical tasks）。前者是指那些在生活中有类比对象或原型，即通过客观分析考查后，根据实际需要设计的，旨在赋予学习者完成真实生活中类似任务的语言能力；后者包括基于第二语言学习者习得的理论和相关研究，未必直接反映客观实际的任务，只限于在一定的教育环境中运用。

龚亚夫和罗少茜根据目前的有关文献，把主张任务型教学的专家和学者分为“广义任务派”和“狭义任务派”。狭义任务派认为，只有为了某种交际的目的使用语言的活动才可以称为任务。该任务定义与努南所提出的“真实世界的任务”或“目标任务”的概念比较吻合。而广义任务派认为，任务可分为“交际任务”（communicative tasks）和“学习任务”（enabling tasks），此处的学习任务与努南提出的教学任务意义比较接近。学习任务概念的提出对当前中学英语课堂教学活动的设计有更大的推动意义，因为中学课堂的英语学习非常关注课本内容的理解和运用，如在阅读课上，教师根据课文的相关信息设计出一个部分信息缺失的表格，让学生快速阅读后把信息填满。这种围绕课文内容设计的学习任务容易被中学教师所接受。但是，我们的教育要真正意义上提高学生的语言运用能力，并提升学生的素质，那么任务的定义最好能满足斯基汉（Skehan）对任务提出的五方面要求：①意义是首要的；②有某个交际问题要解决；③与真实世界中类似的活动有一定的关系；④完成任务是首要的考虑；⑤根据任务的结果评估任务的执行情况。换言之，任务关注的是学生如何沟通信息，通过交流互动解决交际问题，而不是强调学生使用何种语言形式；任务具有在现实生活中发生的可能性，而不是“假交际”；学生应把学习的重点放在如何完成任务上，对任务进行评估的标准是任务是否成功完成。

在外语教学中，目前教育部制定的柡英语课程标准枠的实施建议明确指出：倡导“任务型”教学途径，培养学生综合运用语言的能力。任务型英语教学提倡以教师为主导，以学生为主体的教学活动，它提倡体验、实践、参与、交流和合作的学习方式。学生在活动中认识语言，运用语言，发现问题，找出规律，归纳知识和感受成功，真正让学生掌握讲英语、用英语的本领，从而培养兴趣，树立信心，发展自主学习的能力和合作精神，为终身学习和发展打下基础。

二、任务型英语教学模式的理论基础

任务型教学概念被提出后，二十多年来，它的发展、演化和内涵的不断丰富得益于理论的支撑。言语行为理论是任务型教学与研究一个十分重要的理论来源。言语行为理论旨在回答语言是怎样用于“行”，而不是用于“指”这样一个问题。奥斯汀（Austin）认为言有所为的话语是被用于实施某一种行为的。根据个体说话时所实施的三种行为，奥斯汀（Austin）提出了三种模式行为，即言内行为、言外行为和言后行为。言内行为是指传统意义上的“意指”，即指发出语音、音节、说出单词、短语和句子等。言外行为是指通过“说话”这一动作所实施的一种行为。人们通过说话可以做许多事情，达到各种目的。言后行为是指说话带来的后果。Searle 在 Austin 研究的基础上，把言语行为理论提高为一种解释人类语言交际的理论。Searle 认为，语言交际单位不是单词或句子等语言单位，而是言语行为。于是，语言交际过程实际上是由一个接一个的言语行为构成的。每个言语行为都体现了说话人的意图。他把一句话所实施的言外行为与内容联系起来，即话语行为与命题行为之间的关系。

随着任务型英语教学研究的不断深入，国内学者从不同的视角来探讨和建构它的理论基础。龚亚夫和罗少茜认为该教学模式的理论依据来自许多方面，有心理学、社会语言学、语言习得研究、课程理论等等。从语言习得的角度可以解释任务型英语教学的必要性；而社会建构理论和课程理论可以阐释任务型语言教学的教学理念。魏永红认为系统功能语言学的诞生对 20 世纪 80 年代以后的语言教学的发展产生了重大影响，包括任务型教学。同时她又从学习论的一些视角，如皮亚杰的认知发展论、布鲁纳的发现学习论、奥苏贝尔的意义学习论和社会建构主义学习理论，以及教学论的活动教学来分析任务型教学的教学理念。下面我们重点从语言习得理论、课程理论和活动教学三个视角来理解任务型教学的必要性和意义。

语言习得是指一个人语言的学习和发展。此处的学习与课堂上教师的语言知识的传授式的学习意义相对。我们通常说：“Language is not taught but acquired.”（语言不是教会的而是习得的。）语言习得理论告诉我们，在语言课堂上仅仅学一些语言规则和词汇意义并不等于就能自如地运用该语言了。Willis 通过研究语言习得发现，当学生做机械性语言练习时，他们的注意力有意识地集中在语法形式上，可能看起来暂时掌握了所学习的语法结构。而一旦让他们用语言去交流，注意力集中到语言的意义上时，语言错误就会很多。另外，蒙哥马利（Montgomery）和爱森斯坦（Eisenstein）做过一个实验，他们把一个班分成两组，实验组教语法，但同时也有实践的机会，对照组只讲语法。结果表明，虽然实验组用于语法学习的时间少，但是实验组不仅交际能力强，而且语法测试的成绩也比单讲语法的班级好。因此，语法加交际比单纯讲解语法知识更能提高语言的流利程度和语法的准确程度。

语言习得理论并非反对教语法，而是提倡在学习了该语法项目后，能有实践和运用的机会，如在不同的情景或语境中反复接触含有该语法规则的实践机会，并在不同的情景中使用这些固定表达方式。只有不断地在真实情景中使用语言，才能逐渐发展自己的语言系统，这正是任务型英语教学所要追求的效果。语言使用在任务型教学模式中是指用语言来做事情，即完成各种任务。当学生积极地参与用目的语进行交际的尝试时，语言也就被掌握了。当学习者所进行的任务使他们当前的语言能力发挥至极点时，习得也扩展到最佳程度。课程理论是指人们对课程与社会、知识、学生等关系的规律性认识。英语学科课程理论是从学习者的角度，将学习理论、课程理论和教学实践综合的一种课程理念。它具体为由意识（awareness）、自主（autonomy）和真实（authenticity）三要素组成的3A课程观。课程理论有助于我们对任务型教学模式的教学理念作更深入的理解。

在3A课程框架中，万利尔（Vanlier）首先提出意识的重要性。意识是指在课程学习时教师要让学生知道自己在做什么和为什么做，只有当学生明白自己学习的内容与他的生活或发展是有价值时，他才会投入注意力，对某物开始关注，有意识地参与，用心去感受过程，用心去反思效果。这份意识给普通教师的启示是教学不能只给学生灌输知识点，而是首先要在思想上让学生明白学习的目的和意义。任务型教学模拟人们在生活中使用语言的情景，通过各种有明确目标的活动，使学生能有意识地参与语言的交流，从而掌握语言。学生一旦找到了学习的价值，内动机被激活后，学习就进入第二阶段——自主阶段。

此处的“自主”指的是学习者可以根据自己的兴趣对要求完成的任务具有一定程度的选择权利，如可以自主确定总任务下的次任务内容，以何种方式完成任务，以及小组成员的分工等等。学习者被赋予了选择权，同时也被赋予了责任。学习者带着这份责任会尽力做事，这份发自内心的动力有助于对信息进行深度加工，提高学习效果。同样这份对自己学习负责的责任感有利于学生成为富有责任感的公民，达到民主教育的目的。学生通过参与任务型教学，不仅学会了语言，更重要的是学会了做人，因为学习过程就是人生磨炼的过程，这就自然要求学习过程的真实性。

万利尔的“真实”包括教材的语言材料没有被加工，课堂中使用的语言与生活相一致，更重要的是人的“真实行动”。所谓真实行动是指该行动是发自内心的，自愿的行动。在任务型教学中，学生想做的事情是他们自己想做的，他们的行为是自己选择的，他们表达的是他们的真实感受，他们所说的语言是他们想表达的，这才是真实。相反，不真实的行为是由外部因素引起的，是那些因为大家都这样做，或是被要求这样做，自己才这么做的事情。任务型教学鼓励学生表达自己的真实感受，传递真实信息，讲述生活中真实的经历，而不是背诵和转述课文。

活动教学主要是指以在教学过程中建构具有教育性、创造性、实践性、操作性的学生主体活动为主要形式，以鼓励学生主动参与、主动探索、主动思考、主动实践为基本特征，以实现学生多方面能力综合发展为核心，以促进学生整体素质全面提高为目的的一种新型教学观和教学形式。该教学方式有以下四方面基本主张：①坚持“以活动促发展”为基本指导思想；②倡导以主动学习为基本习得方式；③侧重以问题性、策略性、情感性、技能性等程序性知识为基本学习内容；④强调以能力培养为核心，以素质整体发展为取向。

以上有关活动教学的基本主张表明，它与任务型教学的理念非常吻合。首先，任务型教学中以任务即“用语言做事的活动”为其基本教学组织形式。这样做的理论假设是有效的语言学习不是传授性的，而是经历性的，让学习者参与有目的的交际活动，在交际中认识、掌握、学会使用目的语是习得第二语言的最有效途径。其次，从学习方式来看，任务型教学积极倡导合作学习、交往学习、探索发现学习、体验学习等学习方式。通过用目的语交流、沟通、协商，完成任务的过程，促进交际各方在目的语的掌握使用上相互取长补短，促进各方中介语系统的扩展、修订、重构，从而使语言的输入也在语言的使用过程，即输出过程中得到落实，语言的输出“能激发学习者从以语义为基础的认知处理转向以句法为基础的认知处理。前者是开放式的、策略性的、非规定性的，在理解中普遍存在；后者在语言的准确表达乃至最终的习得中十分重要。因此，输出在句法和词法习得中具有潜在的重要作用”。最后，从发展能力、提高素质的角度看，人作为社会个体，交际能力是最基本的生存能力之一。通过任务型教学，不仅语言水平得到提高，学生的沟通能力、合作能力也得到了锻炼提高，因此，提倡任务型教学是一种有效的素质教育途径。

三、任务型英语教学模式的特点和原则

在任务的定义部分已经提及斯基汉（Skehan）对任务型教学的五个构成因素，在此不再重复。下面将介绍努南提出的任务型语言教学的五个特点：①强调通过交流来学会交际；②将真实的材料引入学习环境；③学习者不仅注重语言的学习，而且关注学习过程本身；④把学习者个人的生活经历作为课堂学习的重要资源；⑤试图将课堂内的语言学习与课堂外的语言活动结合起来。这五个特点针对我国的中学英语教学来说，要特别注意以下几点。

（1）尽可能把英语课设计成各项语言活动，如回答问题、填信息表、设计课文

提纲等，提供给学生进行真实情景下的、基于信息差的、有意义的交流活动。

（2）注重语言知识的教学，但是不要单向的灌输，而是在任务布置后，让学生感受到我要完成任务必须得到必要的语言输入，先创造需求后以交互方式、在完成任务的情景中提供。

（3）要充分体现真实性原则，即语言材料的真实，问题设置尽量以学生的实际为出发点，同时要求学生提供真实的感受和想法，教师也要以真实的思想与学生交流，达到心灵的沟通。师生之间和生生之间通过这样的真诚沟通，加深相互的理解，使课堂上共同度过的时间更加美好。

随着对任务型教学的研究逐步深入，努南在提出任务型教学的五个特点之后，又于 1999 年提出了五条教学原则：①言语、情景真实性原则；②形式—功能性原则；③任务相依性原则；④在做中学原则；⑤脚手架原则。这五项原则相比他提出的五个特点，在理论上进行了高度概括，对教学实践具有更强的指导意义。第一项“言语、情景真实性原则”在上文已经分析过。第二项“形式—功能性原则”中的形式是指语言形式，即有关语言知识本身，功能是指语言知识在真实情景中的运用。该原则要求教师和学生对语言形式和语言功能有清晰的认识；任务设计要注重语言形式和语言功能的结合，旨在使学生掌握语言形式的同时，培养其使用语言的能力。总之，在进行任务型语言教学时，语言的形式与语言的意义是紧密结合的。第三项“任务相依性原则”是指任务设计既要遵循由易到难的原则，又要体现任务之间的关联性，如总任务涵盖许多小任务，小任务环环相连、层层铺垫，随着小任务的完成，最后达到高潮，完成一个总任务。第四项“在做中学原则”可以说是任务型教学最核心的原则，“做”可以指我们前文中的“活动”“交互”等概念，在此不展开讨论。最后一个原则是“脚手架原则”。该原则可以从两方面进行理解：一方面，教师设计任务，一定要适合学生的实际，让学生通过努力能够顺利完成，从而获得安全感和成就感。另一方面，在具体完成任务过程中，任务如何完成，任务的成果会是什么样的，教师都能在教学的初级阶段提供给学生一些可以借鉴的思路或样品。

第四节　社会文化互动取向的英语教学模式

课程作为一种社会文化，教学活动作为一种社会文化的传承与发展的现象，教育社会学流派对学校课程与教学的影响已经显而易见了。其中的解释理论（也有人称为“互动理论”）成为我们本节讨论的社会文化互动取向的英语教学模式的理论基础。该理论由现象学、知识社会学、符号互动论、俗民方法论、拟剧论等社会学术思潮共同构成。在课程与教学方面，其基本要点有3个。①关注教学活动中教师与学生如何构建、解释并控制其日常生活过程中的问题，关注师生人际互动过程。②强调师生共同创造课堂生活，解释师生各自的角色和各种行为所表达的意义。注重师生在课堂中对话，认为要通过理解、解释去剖析师生的观念与行为。③分析课堂教学情景时，认为语言是最基本的符号，课堂教学是通过语言进行有效沟通的；在教学过程中，师生对课堂情景的不同理解是影响课堂教学效果的重要原因之一；社会互动是指人与人或群体与群体之间发生的交互活动或反应的过程。此外，英国新教育社会学家扬（M. Young）于1971年出版的《知识与控制：教育社会学的新方向》一书，发展了知识社会学理论。其基本观点是：把教育现象看成是一种创造性的事实而非一种既定的事实，师生互动是一种解释的过程而非一种由教师要学生被动接受的过程，教育知识和内容并非肯定是“客观的、公正的、有效的”，而是受制于社会、政治的权利影响。

以上观点表明课程是一种社会文化，课堂教学是社会文化的传承，所以社会文化互动取向的英语教学模式，可以简称为互动教学模式，或“交互（式）”英语教学模式。张森和蔡泽俊认为交互式教学模式是指在主体间的交往中（包括师生交往、生生交往），师生共同参与教学活动，相互承认与尊重，通过多种方式相互作用、相互沟通，促进学生全面和谐发展。它是开放的、建构性的，是一种全新的教学模式。该模式最早由林克萨（Palincsar）于1982年提出，它是一种以支架式教学思想为基础来训练学生的阅读策略的教学模式。该模式具有两个特点：重点放在培养学生以特定的、具体的用以促进理解的策略；这种教学以教师和学生之间的对话为背景。那么对于语言课堂，交互意味着什么？里韦尔斯认为“交互”是学生通过使用语言而获得语用能力，在使用过程中学生的注意力集中在传达和接受真实的语言信息上（即在关系到交互双方利益的情景中交换信息）。Wells为交流是话语的基本单位，语言交互是合作活动，不管交流是口头的还是书面的，都包括在信息发送者、接受者和情景环境三者之间关系的建立中。交互不仅是自我观点的表达，而且是对别人观点的理解。

交互对语言学习为何如此重要呢？首先，通过交互学生可以增加他们的语言储备。因为在交互过程中他们倾听或者阅读真实语言材料，通过倾听同学们在讨论时的语言输出，或完成共同参与的解决问题的任务，或撰写对话日记等途径。其次，在交互时，学生能够使用他们所有的语言知识进行真实的交互，而这种表达真实意思的交流对他们来说是很重要的。就这样，他们能从所听的内容中提取信息，因为理解是一个创造过程，此外，他们也能通过创设语篇去表达意图。最后，在二语语境下，交互对在新语言和文化中生存是必不可少的，所以学生需要接受在新语境中交互方式的训练。

交互有利于语言学习，那么在语言课堂上如何进行有效交互呢？里韦尔斯等学者对此展开了研究，并总结了以下一些有效措施。

（1）教师给学生创设大量的倾听真实语言材料的机会。此处的真实语言材料包括教师流利的课堂英语，录音或录像带，报刊、卡通书、书信、产品说明书、菜单、地图等。如有可能，可把英语为母语的人士带入课堂与学生进行非正式的交互。真实材料不一定都很难，它们可以在一些有意义的活动中加以使用。

（2）学生从开始就必须在课堂情景中听说英语。例如，学生可以面对挂图和实物听和说英语；可以通过角色扮演、演戏和讨论听说英语；可以编制电台口头秀或在教室建立一个二手货市场，或举办鸡尾酒晚会或求职面试等活动。

（3）学生参与一些联营任务：指学生一起做一些有意义的活动，诸如，制作某物、娱乐别人、为跨文化口头报告准备材料等。

（4）学生观赏一些原版电影或录像带，观赏以英语为母语的人士如何交互，如观察非言语行为——如何感慨，如何开始、维持对话交流，如何进行意义协商以及如何结束交流等。

（5）语音可以通过交互来提高，不仅通过对话式的听说活动，而且可以通过诗歌朗诵与创编对话或剧本等过程来锤炼语音和语调。

（6）跨文化交互对现实世界语言运用来说是很重要的。首先，学生们通常拥有相同的观点和价值观，相同的行为方式和言语方式。他们能辨别自己对目标语人士以及相互文化的思维定式。这种学习经历可以直接进行观点交流或介入另一种文化的活动。这种有指导地引领学生进行成功的跨文化交际活动或项目可以帮助学生建立自信。其次，观察来自不同文化的人士进行交互，清晰自己如何应对不同民族人士，监视自己的言语风格，以及操练不同的交互技巧，这些都能促进学生将来在不同文化环境中生存。最后，在英语作为外语教学的国家，学生可以把那些有可能因为文化差异而导致交流失败的片段表演出来。如有可能，还可以与以英语为母语人士从他们本民族的文化视角来谈谈他们所做决定是否合适。歌曲、音乐和舞蹈也能让学生欣赏对方民族的文化底蕴。

（7）在阅读活动中，在读者与文本之间应该有精彩的交互，如解释、拓展、讨论其他的可能性或其他结论。通常阅读可以让学生进行有效的口、笔头输出。

（8）针对写作活动，要注意写好的东西应该有人来阅读，如在班级报纸上刊登或抄写在通知栏上。对话日记是交互性写作的典型例子。

（9）交互并不排除语法学习。语法知识有利于交互水平的提高，但是要把语法学习过程交际化，让学生通过有效的意思表达的经历来内化语法规则。

（10）测试也应该是交互性的水平测试。多项选择和填空题是语言知识的测试，不是正常语言使用活动。测试应该尽可能地转回到语言的正常使用上来，使测试成为一个在理解和表达方面意义建构的有机过程，因为测试本来就是学习过程的一个部分。

近年来，我国的学者和教师也越来越关注英语课堂教学的互动性。李秀英和王义静认为“互动”英语教学模式是高校英语教学的必然趋势。作为教师，我们不能把自己看作是不断向学生传递信息的源泉，而应是组织学生大量参与使用语言的学习活动的组织者和参与者，从而为学生学习使用语言创造机会，提供指导，使学生通过自己的语言实践来掌握这些知识和能力，并为取得富有成效的结果提供监督，帮助学生负责自己的学习，并在学习过程中逐渐掌握最适合自己情况的学习方法。李秀英和王义静提出“互动”英语教学模式设计的根本原则必须符合创造性的有意义的语言操练。具体地说，互动活动的内容应有助于激发学生的兴趣、学业目标和事业目标等；在互动教学过程中新导入的内容必须要与学生已有的知识、背景等相关；互动活动的内容还必须要能够激发学生参与活动的内在动机。这样的活动可以包括以学习者为中心的、合作性的教学，以内容为中心的活动，语言、文化相结合的活动，以语言表达能力培养为基调的活动，以技能培养为基础设计的测试。此外，李秀英和王义静在具体课堂教学过程中，把“互动”英语教学模式设计成以下种类：以问题为中心的操练活动；以词语使用为方式的词汇学习过程；以人称替换、原文内容为主线的故事“重组”活动；以翻译为检测手段的巩固方式；听说结合的听力教学方式；形式多样的趣味英语活动。

这些有关高校英语教学的“互动”理念和根据这些理念设计的教学活动在2000年前后显得比较新颖，其实这些操作方式就是课堂教学交际化的具体体现，把学生的主体性充分挖掘出来，试图通过语言运用来学习语言。从“互动”英语教学模式设计的种类看，该模式把各个教学环节都变成了互动过程，这点做得非常好。但是，互动活动在很大程度上仍然是在关注语言本身，如，操练活动，词汇学习方式，巩固活动，听力教学方式等，这表明“交互”只是在教学技巧上的一种改变，在总体上没有形成比较完整的新的课堂教学体系。这里的“交互”与前面提到的“交际教学”区别何在？根据本节最前面提到的“解释理论”的主要观点，课堂上通过师生的平等交互，其主要的任务是应该加深双方之间的理解以及双方对事物的理解。在交流过程中不断地使用目标语，从而掌握该语言。

随着英语课程改革的不断深入，对互动英语教学模式的研究也在不断深入。例如，张森和蔡泽俊总结了“交互式”课堂教学基本模式的流程为：目标导入—小组讨论—组际发言—成果评价。在课堂上可采用同桌互学、小组讨论、大组辩论、自由发言等形式，营造“生—生”“师—生”间自由平等的氛围，通过学生之间的互相提问、互相帮助，让学生学会思考、解决问题、发展思维，从而实现学习的目的。

张森和蔡泽俊提出的交互概念与上文提及的里韦尔斯等提出的概念不完全一样。前者仅仅把交互定位在语言符号的使用上，而后者可以包括语言、活动和非言语性的理解活动（如读者与文本的交互）等。

总之，社会文化互动取向的英语教学是一种面向未来的新事物，它的内涵与形式需要不断完善和丰富，它的教学组织方法也将朝着多样化的方向发展。

第五节　全语教学模式

全语教学模式也称整体语言教学模式，该模式的理论首先由肯·古德曼（Ken Goodman）提出，其核心理念是：语言是整体的，不能被分割成听、说、读、写等技能。同样，语言中的词、短语、句子和段落好比是一件东西内部的原子和分子，我们可以研究原子和分子的特性，但是其整体意义总是超过各部分加起来的总和。此外，该理论还把语言教学的范畴推广到与学生生活有关的其他各个方面。学习语言的目的是满足学生现实生活中的真实需要，能够进行有意义的人际交流，解决生活中的实际问题。它的优势是能够使一个主题概念多角度、多层次地反复重现，使学生有机会把过去的知识和经验与今天的学习任务结合起来，使新旧知识在头脑中形成网状记忆、网状联想，使英语学习的质量发生飞跃。我国学者王才仁把上面第二层意思进行了拓展，认为“整体语言法”（Whole Language Program）就是把学语言与学习其他文化课结合起来，实行综合推进，既学语言，又长知识，互促互动。一个学英语的人，如果汉语水平不高、知识面狭窄，很难在英语上有很高的造诣，即便能流利地说英语，也无法充分发挥英语的交际工具作用。

语言是一个整体，知识学习也是一个整体，学习者的生活和学习也应该得到统整。对此，左焕琪认为整体教学法的最大特点是：“它一反自古以来由教师决定从部分到整体进行教学的传统，强调由学生主动参与并遵循内容从整体到部分的教学过程。”这种反传统的教学方式是受到了语言习得和学习的科研成果启发，该成果表明只有当学生认识到语言整体时，他们才能认识语言的本质。在外语教学中，要注意以下几点：①应先让学生在教师的启发下看到整体，然后逐步掌握教学内容；②每一部分的学习应该是有意义的，而不是无意义的机械操练；③可先用母语讲清概念，然后采取师生与学生之间互相交流的形式练习；④口语与书面语并重，以达到理解透彻与掌握的目的。

整体教学法可用于宏观与微观外语教学中。宏观是指每个单元开始时，先与学生一起讨论该单元的主题的概况，然后学习具体内容和词汇、语法结构等；微观是指如教授某一语法现象，可先讨论同一大类的特点，再学小项。在每次上课时，整体教学把每节课作为一个整体来处理，而每节课又都有侧重。这种教学法的心理基础是格式塔心理学。该理论认为为了培养创造性思维，教师也应把学习情景作为一个整体呈现给学生，人对语言刺激的反应是综合的，而不是通过对语句的分析来理解其内容的。王静认为该整体教学模式可以体现在以下方面：①课堂教学的整体设想；②课堂教学内容的整体处理；③在设计整体教学过程中，教师必须遵循语言学习的规律；④注重发挥教师的主导作用；⑤注意整体教学的适应性。针对课堂教学的整体设想，要注意面向大多数学生，课堂教学要以多数学生的听说读写活动为主，以完成教材内容为主。

第四章　高校英语课堂教学模式的创新

第一节　生态化教学模式

一、生态学理论

21 世纪被认为是生态世纪，生态学思想渐入人心，成为人们生活、工作和解决实际问题的新思路和新方法。越来越多的教育工作者也将视线转向生态学的最新理论成果，并将其运用于教学实践。谈到生态学，首先需要辨析生态系统、生态位等基本概念，了解生态学的基本观点。为了更好地运用生态学的观点解释和分析大学英语课堂教学中的现象和问题，本节将对生态学的发展、生态学的基本概念和理论以及生态学的研究方法进行回顾。

（一）生态学的发展

生态学是研究生物与环境之间相互关系及其作用机理的一门学科。朴素的生态学思想古已有之。古希腊神话中蕴含的生态整体意识，如万物一体的认识、对人类中心主义的谴责以及对理想生态的追慕。亚里士多德的朋友、植物学家提奥弗拉斯（Theophrastus）所描述的有机体之间及有机体与所处环境之间的关系，我国荀子所说的“树成荫而众鸟息焉，醯（xī）酸而蜹（ruì）聚焉”“积土成山，风雨兴焉，积水成渊，蛟龙生焉”，孔子所说的“鱼失水则死”“鸟能择木，木岂能择鸟乎”，都体现了古人对生态的朴素认识。孟母三迁的故事，更说明了当时人们已注意到教育与自然环境、社会环境的关系。

然而，“生态”这一科学术语出现得比较晚。据考证，“生态”（ecology）一词最早由美国作家、博物学家亨利·索瑞于 1858 年首先使用，德国动物学家雷特尔（Reiter）于 1865 年对该词做出解释，认为它是希腊文词根“Oikos”（“住所”的意思）和“Logos”（“研究”的意思）结合而成“Oekologie”（德语，表示“对住所的研究”）。1866 年，德国生物学家海格尔（Haeckel）首次给出了生态学的定义，即“生态学是研究有机体同周围环境之间相互关系的科学”，这个定义奠定了生态科学研究的基础。1895年，日本植物学的奠基人三好学将“ecology”一词译为“生态学”，后经武汉大学张挺教授介绍到中国。

20世纪上半叶，一些有价值的生态学概念纷纷出现，如生物群落、生态位、食物链、生态系统等。1935年，英国生态学家坦斯利（Tansley）首次提出了生态学界迄今为止最具创造性的“生态系统”概念，得到了广泛的接受，这一概念的应用和发展将生态学推向了系统研究的新高度。到20世纪中叶，生态学日趋成熟，从描述、解释向机制研究转变，生态学已基本成为具有特定研究对象、研究方法和理论体系的独立学科。

20世纪50年代以来，生态学逐渐从生物科学中的一门描述性分支学科发展成为一门崭新的、结构完整的、具有高度综合性的学科，生态学发展进入到注重与其他学科结合、与技术手段结合、面向实际问题的现代生态学时期。在研究规模和尺度上，逐渐由“个体—群落—生态系统”向“区域—国家—全球规模”转变；在研究对象上，由传统的以自然生态系统为主逐渐向“自然—社会—经济复合生态系统”转变；在研究目的上，从“象牙塔”走向社会，直接为社会服务；在研究方法和手段上，由传统的收集、观测、描述、统计到现代的全球生态网络的建设等。

“生态学”一词在教育研究中正式使用可能始于美国教育学者沃勒（Waller）于1932年提出的“课堂生态”（ecology of classroom）的概念。由此可见，“课堂生态”概念的提出（1932年）要早于“生态系统”的概念（1935年），因此可以推测，早期对课堂生态的研究并没有上升到系统分析的层面。1966年，美国教育学家阿什比（Ashby）运用生态学的原理和方法研究高等教育，提出了“高等教育生态学”（ecology of higher education）的概念。1976年，美国哥伦比亚师范学院院长劳伦斯·克雷鸣（Lawrence Cremin）在《公共教育》一书中最早提出“教育生态学”（Ecology of Education）的概念，并用了一章的篇幅进行论述，重点阐明了教育配置中各因素的相互作用和相互影响，该概念的提出对发展跨学科研究、开拓教育科学新领域是一个重要的贡献。我国教育生态学研究始于20世纪六七十年代，较早论著有台湾学者方炳林的《生态环境与教育》、李聪明的《教育生态学导论》、吴鼎福的《教育生态学》。

（二）生态学基本概念

本小节将对生态、生态系统、生态因子、生态平衡、生态环境这五个基本概念分别做简要阐述。

1. 生态

日常生活中使用的“生态”一词，无论是在汉语中，还是在英文中，都有两种词性用法：名词和形容词。作为名词使用的“生态”在汉语中多作为中心词出现在一些偏正词组中，如自然生态、社会生态、政治生态、教育生态、课堂生态等，意思是“生存的状态”或“生态系统”，词意属中性，所对应的英文应该是名词“ecology”。作为形容词使用的“生态”通常作为定语成分出现在一些偏正词组中，如生态农业、生态旅游、生态公园、生态课堂、生态鸡蛋等，意思是“生态的”或“生态化的”，词语的感情色彩趋于褒义，是用来修饰那些符合现代生态理念的、健康和谐的、能促进可持续发展的事物或系统，所对应的英文应该是形容词“ecological”。第三种情况是“生态”作为名词出现在偏正词组的定语位置，但不表达“生态的”“和谐的”等褒义，而是属于中性，表达“生态类别的”，如生态系统、生态环境、生态因子等，对应的英文是“ecological”或“eco-”。

英文中的“生态”（ecology）一词最初来自希腊文，表示“对住所的研究”，关注的是生物与环境的关系，后发展为“生态学”（Ecology）的概念。如何给作为学术概念的“生态”下定义？大多数研究者都认同以下表述：生态是生物体的生存状态以及生物体之间、生物体与环境之间的关系。在这个定义中，我们可以解析出关于生态的四个关键词：生物体、生存状态、环境、关系。这四个关键词体现了两个构成要件（生物体和环境）和两组关系（生物体之间及生物与环境之间）。可见，对生态的研究主要是研究在环境的作用下生物体处于什么样的生存状态，同时还要研究生物体之间以及生物体与环境之间存在什么样的关系。既然是状态，就有平衡和失衡的问题；既然是关系，就存在和谐与失谐的问题。

本节的聚焦点是大学英语课堂生态，需要关注的也是系统的“状态”和“关系”。这里所说的“课堂生态”主要包含两层含义，第一层含义基本等同于“课堂生态系统”，是将课堂看做一个生态系统来加以研究，第二层含义是指“课堂生态系统的状况”。因此，本节所关注的问题主要包括：课堂生态系统是否存在失衡现象？如有，有哪些体现？为什么会失衡？课堂生态中的“生物体”（教师和学生）之间，以及师生与教学环境之间的关系怎样，是否有失谐现象？如有，是哪些？为什么会有失谐问题？怎么重构平衡态？本节旨在回答好这些问题。

2. 生态系统

什么是系统？系统是指由部分组成整体的意思。整体论和系统论认为，系统是由若干相互作用、相互依赖的要素组成的具有一定结构和特定功能的有机整体。谭璐等认为，具有以下共同点的，都可以看作是系统。

(1) 由两个或两个以上的要素构成，其构成要素可以是单个事物，也可以是一群事物的集合体。

(2) 其内部与外部要有一定的秩序。也就是说，它的各要素之间、要素与整体之间、整体与环境之间都存在着一定的有机联系。

(3) 其整体要具有不同于各个组成要素的结构和功能。如果只是一些元素的简单堆积或重叠，我们则认为它们不构成系统。

生态系统（ecosystem）是指由生物群落与无机环境构成的统一整体，如果用一个简单明了的公式表示，就是：生态系统=生物群落+非生物环境。生物群落并不是孤立存在的，而是和环境密切相关、相互作用。有关生态系统的定义有很多。表述一：生态系统是在一定的时间和空间范围内，生物与生物之间、生物与非生物（如温度、湿度、土壤等）之间，通过不断地物质循环和能量流动而形成的相互作用、相互依存的一个生态学功能单位。表述二：生态系统是指生物群落与它的无机环境相互作用而形成的统一整体，它存在于一定的空间和时间界限之内，包括各种生物和它们生活的无机环境，具有能量流动和物质循环的基本功能。表述三：生态系统是指在一定空间内生物与环境构成的自然、开放的生态学基本单位，在这个单位中各种生命现象之间在生存过程中相互竞争、相互作用、相互依存，形成健康有序的状态。基本特征是结构的多样性、系统的复杂性、能量的流动性、物质的循环性、系统的动态性和自我调节性。这些定义虽表述略有不同，但总体内涵相似。结合起来看，任何一个生态系统都具有以下共同特性。

(1) 是一个系统，结构上由群落和环境构成，功能上相互作用；

(2) 具有能量流动、物质循环和信息传递三大功能；

(3) 是一个动态系统，内部具有自调节、自组织、自更新能力。

从结构上说，每个生态系统都是由生物群落和无机环境构成的。群落是指一定区域内彼此相互联系的各种生物种群的总和。在生态系统中，生物群落从功能上又可分为三类：生产者、消费者和分解者。生产者通过光合作用转化太阳能，输入系统为消费者和分解者提供能源，能量通过食物链在各级消费者间实现流动（energy flow），物质在各个营养级间传递（nutrient cycle），信息在生态系统的各个组分间传递（information transmission），生态系统在此过程中不断进化和演替。在一个生态系统中，每一个生物都在与其他生物及环境的相互联系和相互作用的共生、合作中存在，最终形成活的生命共同体。生态系统的原理就是联系、共生的原理。

随着现代生态学的发展，生态系统的概念开始应用于教育科学领域。教育生态系统是教育系统内部诸要素之间的交互作用及其与外部环境之间的物质、能量和信息交换系统，准确地说，是一个由“人—教育—环境”构成的充满适应与发展、平衡与失衡、共生与竞争的矛盾运动的社会生态系统。课堂生态作为一个微观生态系统，也具有上述结构、功能和特征，这些将在后文进行分析。

3. 生态因子

生态因子（ecological factor）也称环境因子（environmental factor），是指对生物个体或群体的生长、发育、生殖和分布等生命活动起着直接或间接影响的各个环境因素。各个生态因子不仅对生物产生着影响，而且相互之间也发生作用，既受周围其他因子的影响，又影响其他因子。其中一个因子如果发生了变化，其他因子也会产生一系列的连锁反应。影响生物生活和分布的各种生态因子的总和就构成了生物的生存条件。

生态因子有各种不同的分类。根据生态因子的性质，通常可以分为气候因子、土壤因子、地形因子、生物因子和人为因子，共五类；根据生态因子的稳定性，可以分为稳定因子和变动因子；最常用的一种是将生态因子分为非生物因子（abiotic factor）和生物因子（biotic factor）两大类，前者包括气候、土壤、地形等，后者包括生物种内和种间的相互关系。生物因子之间、非生物因子之间，以及生物与非生物因子之间的关系是错综复杂的，它们通过能量的流动、物质的循环和信息的交换，在自然界中构成一个相对稳定的自然综合体。

4. 生态平衡

生态平衡（ecological balance）是指一个生态系统在较长时间内输入和输出趋于相等，其结构和功能长期处于稳定状态，即使在轻度干扰下也依然具有自我修复力的一种稳定状态。当生态系统处于平衡状态时，系统具有一定的自我控制、自我调节和自我发展的能力，能够通过内部和外部的物质、能量、信息的传递和交换，使系统内部生物之间、生物与环境之间达到相互适应、协调统一的状态。陈坚林认为，生态平衡是一种相对的动态平衡，是在生态系统的演替发展中，依靠其内部各组成部分之间及系统与外部环境之间的相互联系和相互作用，通过不断调节系统内部的结构和功能而得以实现的。

生态平衡也称自然平衡。在自然界中，一个正常运转的生态系统，如果给以足够时间和环境的稳定性，总是能向着较大的复杂性发展，最终进入成熟、稳定的相对平衡阶段，物种达到最高和最适量，物种之间彼此适应、相互制约，各自在系统中进行正常的生长发育、繁衍后代，并保持一定数量的种群，能够排斥其他生物的入侵。生物多样性丰富、结构复杂、生物量最大、环境的生产潜力充分地发挥出来，是衡量生态平衡的指标。

生态平衡意味着生物与环境之间必须达到平衡，反映了环境与生物之间的主动与被动关系。如果难以适应所赖以生存的环境，生物就不可能生存，也就不存在平衡。要维护生态平衡，并不意味着永远保持最初的稳定状态。生态平衡是动态的、相对的，是一个运动着的平衡状态。当一个生态系统发展到成熟的、稳定的阶段，它的生产者、消费者和分解者之间，即物质和能量输入和输出之间，接近于平衡状态。此时，物种组成及数量比例没有明显变动，达到平衡状态。

生态平衡是靠生态系统的自动调节来实现的，自动调节又依赖于系统的反馈机制（feedback mechanism）。生态系统是一种控制系统和反馈系统，它具有一种反馈机制。当一个生态系统被破坏时，系统就会自动启动对抗破坏的反馈机制，通过自调节、自修复达到自维持、自发展。但是，生态系统的自动调节能力具有一定的限度，即使调节能力很强的生态系统对外来冲击的耐受力也是有限度的，这个限度就是“生态阈限”。超越了生态阈限，自动调节就会降低甚至消失，生态平衡就会失调。系统中有机体的数量就会减少，生物量下降，能量流动和物质循环发生障碍，这一系列连锁反应甚至会导致整个系统慢性崩溃。

不同的生态系统在其发育的不同阶段和不同季节具有不同的阈限，这在很大程度上决定于该系统组分的多样性和能量流、物质流的复杂性。因此，在开发和改造生态系统之前，必须深入研究生态平衡规律，掌握影响生态平衡的因素，确定生态阈限，这样才能保证开发和改造措施有助于生态系统的结构和功能保持在相对平衡的状态下。

5. 生态环境

环境（environment）通常泛指生物有机体周围各种条件的总和，是某一特定生物体或生物群体以外的空间及直接或间接影响该生物群体生活与发展的各种因素。环境有各种不同的类别，我们经常见到的就有自然环境、社会环境、人文环境、物理环境、学习环境、工作环境、学术环境、生态环境等。

生态环境（ecological environment），简称生境，是各种生态因子综合起来，影响某种生物（包括人类）的个体、种群或某个群落的周围环境。对生态环境这个概念，国内还存在几种不同的解读：一是认为生态不能修饰环境，通常说的生态环境应该理解为生态与环境；二是认为当某事物、某问题与生态、环境都有关，或分不太清是生态还是环境问题时，就用生态环境，即理解为生态或环境；三是把生态作为褒义词修饰环境，把生态环境理解为不包括污染和其他问题的、较符合人类理念的环境；四是生态环境就是环境，污染和其他的环境问题都应该包括在内，不应该分开。本书不太赞成上述四种解读，而是倾向于将“生态环境”理解为一个偏正词组，其中“生态”是作为名词而不是形容词来修饰“环境”的，表示环境的一种类别，是生态视角下的环境，是指影响生态系统和各生态因子的环境因子。

所谓教育的生态环境，是以教育为中心，对教育的产生、存在和发展起着制约和调控作用的多维空间和多元环境系统。从生态环境因子的分析中，探究各种生态环境与教育的相互关系及其作用机制。教育的客观环境，往往是自然因素和社会因素相互渗透交织、物质因素和精神因素相互结合融通的复合生态环境。只有具有一定生态关系构成的系统整体才能称为生态环境。

（三）生态学主要理论

生态学理论建立在种群、生态系统、生态因子、生态位、生态平衡等概念的基础之上，在生态学的发展进程中，逐渐形成了由一系列原理构成的理论体系。20世纪七八十年代，生态学原理的影响逐步扩大，向人文社会科学领域渗透，同时也促进了教育生态学的发展。本小节主要阐述生态学和教育生态学的主要理论。

1. 限制因子理论

限制因子理论主要涉及限制因子、生态幅等概念和最小因子定律、耐受性定律和最适度原则。

1840年，德国农业化学家利比希（J. Liebig）在研究各种化学物质对植物的影响时发现，作物的产量往往不是受大量需要的营养物质的限制，而是受那些作物需要而土壤中又极为稀少的营养元素的限制，如果及时施以这种稀少的营养元素，在其他条件不变的情况下，作物产量会有明显的提高。经过进一步的研究，利比希得出了一个结论：植物的生长取决于环境中那些处于最小量状态的营养物质。利比希对这种规律的认识被称为最小因子定律，处于最小量状态的物质就是影响植物生长的限制因子。

1954年，奥登（Odum）发展了限制因子的概念，将其外延扩展到“达到或超过生物耐受限度的因子”。1965年，赖特（Knight）又指出：当生态因素缺乏时，在低于临界线或超过最大忍受度的情况下，都会起限制因子的作用。在这些认识的基础上，1913年，美国生态学家谢尔福德提出了耐受性定律，任何一个生态因子在数量上或质量上的不足或过多，即当其接近或达到某种生物的耐受限度时，都会影响该种生物的生存和分布。每一种生物对任何一种生态因子都有一个能够耐受的范围，即有一个最低点（耐受下限）和一个最高点（耐受上限），最低点和最高点之间的耐受范围就称为该生物的生态幅；生态幅当中包含着一个最适区和两个耐受区。在最适区内，该物种具有最佳的生理或繁殖状态，而在接近耐受下限和上限的两个耐受区，生物的生长往往不太理想。

结合最小因子定律和耐受性定律，限制因子（limiting factor）的概念可以表述为：当生态因子（一个或相关的几个）接近或超过某种生物的耐受性极限而影响甚至阻止生物生存、生长、繁殖、扩散和分布时，这些因子就成为限制因子。

随着教育生态学研究的开展，限制因子、最小因子定律和耐受性定律已被运用到对教育生态的研究中。耐受性定律从某个环境因子的度和量的角度分析其对生物体的影响，这对探析教学问题背后的原因，以及科学合理地配置教育资源都具有指导意义。在原理的具体运用过程中，要解决好以下几个问题：①如何确定限制因子？②如何从环境因素和个体因素两个方面分析限制因子产生影响的原因？③如何从度和量的维度减少特定因子的限制作用，扩大发展最适区？等等。

2. 生态位理论

生态位理论主要涉及生态位、生态位宽度、生态位重叠等概念和竞争排斥原理。生态位（ecologicalniche）是指群落中种群或物种个体占据的一定空间和具有的一定功能。通俗地说，一个物种的生态位就是指它生长在什么地方，起着什么作用。在生态系统中，每一物种都有自己的生态位，并以此保持系统的正常运行。对于生态位的研究也是逐渐深入的，随着不同学者对生态位做出各有侧重的解释，空间生态位、营养生态位、多维生态位、基础生态位、实际生态位等概念也涌现出来。空间生态位主要关注物种所占用的空间问题；营养生态位主要关注物种在其群落中的地位和功能作用，强调物种之间的营养关系；多维生态位主要关注物种在多维空间中的位置；基础生态位是指物种在没有种间竞争情况下潜在的可占领的空间；受竞争影响的、现实的生态位称为实际生态位。

生态位宽度（niche breath）是指一个物种所利用的各种资源的总和的幅度。当资源可利用性减少时，生态位的宽度就增加，生态位就会泛化（generalization）。以习惯摄食箭竹生存的熊猫为例，当箭竹大片死亡时，它就不得不摄食其他植物、甚至小动物来充饥。相反，在资源多的情况下，生物就会选食最习惯摄食的猎物，因此生态位的宽度就减少，生态位就会特化（specilization）。当两个或更多的物种共同分享一定的生态位空间时，就会出现生态位重叠（Niche overlap）。

生态位重叠现象产生后，不同物种就不得不共同利用资源，这就涉及资源数量的分享、共存程度及竞争的稳定度问题。由于每种生物生存都有一个生境最小阈值，在激烈的竞争下就只能适者生存了。也就是说，一个物种会被另一个物种完全排挤掉，或是一个物种被迫与另一个物种占据不同的空间位置和利用不同的食物资源等，即发生生态位分离，这在生态学上称作高斯的竞争排斥原理，即生态位相同的两个物种不可能在同一地区内共存。如果生活在同一地区内，由于剧烈竞争，它们之间一定会出现栖息地、食性、活动时间或其他特性上的分化。

一种生物能够在生存竞争的生态系统中拥有一个最能适合其生存的时空位置时，这就说明它有合适的动态生态位，就能与环境达成和谐。经过长时间的竞争排斥，生态系统中的每一个物种都会有不同于其他物种的时间、空间位置，也包括在生物群落中的功能地位。竞争排斥原理（principle of competitive exclusion）由苏联生物学家高斯（Gause）在20世纪30年代研究种间竞争的基础上提出的，又称高斯法则，其内容可概括如下：在一个稳定的环境内，两个以上受资源限制的、但具有相同资源利用方式的物种，不能长期共存在一起。竞争排斥原理说明，物种之间的生态位越接近，相互之间的竞争就越激烈，完全的竞争者不能共存。

教育生态学引进生态位理论，就是为了明确教育的生态个体、生态群体、教育生态系统各自的生态位及其相互竞争和排斥关系。根据生态位理论，教育工作者应该思考几个问题。①如何让每个老师和学生在教学中找到各自生存和发展的空间？更准确地说，就是如何在空间和功能上找准各自的生态位？②在发现生态位重叠时，如何对个人生态位做出调整和改变？如何认清自我，错位发展？③从管理角度讲，如何营造多维教学环境，避免严重的生态位重叠和竞争排斥现象？④鉴于在同一生态位下适度的竞争有其积极意义，体现了主动进取、不甘落后的精神，能起到鼓舞斗志、奋发向上的作用和效果，如何适切地运用竞争排斥原理增强学生的学习动机和学习自主性？等等。

3. 生态链法则

自然界的生态链主要是指基于能量流的传递摄取而形成的生物体之间的关系。通俗地讲，生态系统中各种生物通过一系列吃与被吃的关系，把这种生物与那种生物紧密地联系起来，这种基于营养关系的联系一环扣一环，就像一条链子一样，在生态学上被称为食物链（food chain）。食物链的概念是美国科学家林德曼（R. Lindeman）经过三年的生态学研究于1942年提出来的。他认为，能量在各营养级中转化会有大约10%的降衰，这就是著名的林德曼“百分之十率”。食物链通常具备以下特点：①一条食物链一般包括3~5个环节（由于食物链传递效率为10%~20%，因而无法无限延伸，存在极限）。②食物链的开始通常是绿色植物（生产者），第二个环节通常是植食性动物，第三个或其他环节的生物一般都是肉食性动物。③在生态系统中，生物之间的营养关系，常常不是那么简单的直线关系，很多生物不止捕食一种猎物，因此形成一种复杂的网络，称为食物网（food web）。

据文字记载，最早揭示生物链的是中国西汉时的文学家刘向，在他写的《说苑》中有这样一段描述："园中有树，其上有蝉，蝉高居悲鸣饮露，不知螳螂在其后也；螳螂委身曲附，欲取蝉，而不知黄雀在其旁也；黄雀延颈欲啄螳螂，而不知弹丸在其下也。"这就是我们常说的"螳螂捕蝉，黄雀在后"。日常生活中常说的"大鱼吃小鱼，小鱼吃小虾，小虾吃泥巴"也是说的这种道理。

教育生态链和自然界的食物链具有相似之处，信息流通过程会出现降衰现象。根据生态链法则，物质、能量和信息在生态系统中也可能产生富集过程，即聚集放大效应，就像一条受某种有害物质污染的河流，通过食物链，这种有害物质在人体富集一样。生态系统中营养的富集和降衰，对教育生态也具有启发意义。作为外语教育工作者，我们可以利用生态链法则加以考虑。①英语听、说、读、写、译五种语言技巧之间的相互作用机理是什么样的？②大学英语不同课程之间的网状关系是怎样的？③课堂教学中的信息如何合理流动？知能流如何富集？等等。

4. 最适密度原则

俗话说："物以类聚，人以群分"，这句话揭示了自然界的群聚现象。自然界中任何物种的个体都难以单一地生存于地球上，生物个体基本都会在某一时期与同种及其他种类的许多个体联系成一个相互依赖、相互制约的群体才能生存，这是基于适应性特征的集群。不同种群群聚的原因可能有所不同，有的是生殖需求，有的是遗传的本能，有的是趋光性、趋湿性等习性使然，有的是被动运送的结果，如风吹、水冲等。种群群聚的时间也各有不同，有的是临时性集群，有的是季节性集群，有的是永久性集群。

集群的生态学意义包括：①有利于提高捕食效率；②可以共同防御敌害；③有利于改变小生境；④有利于提高学习效率；⑤能够促进繁殖。集群效应只有在足够数量的个体参与群聚时才能产生，如果数量太少，低于集群的临界下限，则该动物就难以正常生活和生存，此所谓"最小种群原则"。是否是数量越多越好？生态学观察发现，如果密度过高，由于食物和空间等资源缺少，排泄物的毒害及心理和生理反应，则会对群体带来不利的影响，导致拥挤效应（crowding effect）和死亡率上升。生态学家阿里在大量实验的基础上，概括了种群密度与存活率之间的相互关系，提出了最适密度原则（Optimum Density），又称阿里氏原则（Allee's Principle）。他认为，种群密度太低或太高都会对种群的增长起着限制作用，只有在一定的条件下，当种群密度（数量）处于适度大小时，种群的增长最快。

每种生物都有自己的最适密度，教育生态群体也不例外。教育工作者应该运用最适密度原则思考一些问题。①教育群体有哪些？各有什么不同的特性？②如何探究各种不同教育群体的最适密度？研究结果对教学工作有何启发？对现阶段大学英语教学来说，最需要考虑的问题就是：①如何合理开设大学英语课程群？②如何确定不同课程班级的合理人数？③如何确定分级教学中各级别的人数比例？等等。

（四）生态效应相关理论

生态效应（ecological effect）是指生物因子或非生物因子在其存在或活动过程中，对其所在生态系统中的结构、功能所产生的影响。广义的生态效应还包括各生态因子之间相互产生的影响。近年来我们日常生活中经常提到的温室效应和生态平衡等都属于生态效应的范畴。本小节重点介绍和教育生态紧密相关的花盆效应、边缘效应、整体效应和活水效应。

花盆效应在生态学上称为局部生境效应，是奥地利地质学家修斯于 1875 年在他的地质学论著中首先提出的。

众所周知，花盆是一个半人工半自然的小生境，虽然离开了自然的生存环境，只要人为地创造非常适宜的环境条件，人工控制好花盆内的湿度和温度，在一段时间内，作物和花卉依然可以长得好。但是，它们对生态因子的适应阈值在下降、生态幅变窄、生态位下降。换句话说，就是生存空间变窄、环境适应力和竞争力下降、个体功能减退。所以，花盆里的作物或花卉一旦离开人的精心照料，就会经不起温度、湿度的较大变化，更经不起风吹雨打，它们的生命就会很快枯萎。这种现象就叫花盆效应。

花盆效应留给教育工作者的思考是：①如何为学生创造适宜的学习和成长环境？②如何锻炼他们的环境适应力和竞争力？③如何在牵手和放手之间求得平衡？④如何在学生培养中将学校教育和社会实践结合起来？等等。

边缘效应（edge effect）是 1942 年由生态学家比切尔（Beecher）提出来的。他发现在两个或多个不同的生物群落交界处，往往会出现不同种类的生物共同生长的现象，而且种群密度变化很大，有些物种生长明显更加旺盛，生产力更强。比如，在田间试验时，即使土壤条件是相同的，但由于每一植物个体所占空间的不同和相连试验区的影响，以及小气候的差异等，周边部分与中央部分的作物在株高、粒数和病虫害的危害等方面也会出现差异，这种现象称为边缘效应。中国生态学家王如松和马世俊 1985 年对边缘效应进行了定义。

在两个或多个不同性质的生态系统交互作用处，由于某些生态因子（可能是物质、能量、信息、时机或地域）或系统属性的差异和协同作用，引起系统某些组分及行为（如种群密度、生产力、多样性等）的较大变化，这种现象称为边缘效应。

边缘效应以强烈的竞争开始，以和谐的共栖结束。边缘效应按性质可分为动态边缘效应和静态边缘效应。动态边缘是移动型生态系统边缘，外界有持久的物质、能量输入，边缘效应相对稳定，能长期维持其高生产力；静态边缘是相对静止型生态边缘，外界无稳定的物质、能量输入，边缘效应是暂时的、不稳定的。

边缘效应在教育生态系统中也有独特的应用价值。在基于信息化的大学英语教学改革过程中，全国高校广泛推行分级分类个性化教学改革，我们应该根据边缘效应思考一些问题。①如何在教育中确定一些边缘区？②如何通过持久的物质、能量输入，提高边缘区学生的学习竞争力？③就大学英语教学来说，如何利用边缘效应指导分级教学？④学生在靠近教师的前排落座是否成绩更好（生产力更强）？在课堂参与上是否具有临近效应？等等。

整体效应是指生态系统各组分在质和量上的变化，以及相互作用的过程中对本系统或更高层级系统所产生的放大效应。最典型的整体效应就是食物链的断裂所引起的生态连锁反应，所谓“牵一发而动全身”说的就是这种效应。欧洲历史上曾发生过严重的鼠疫，死了上百万人，究其原因，是因为某段时间内人大量的抓猫导致的。从这件事情可以看出，大量杀猫所造成的更大后果是很多人死于鼠疫。又如近年来因为保护野生动物，很多地方野猪大量增加，曾造成庄稼严重受损和个别人员伤亡事件。整体效应还包括另外一种，那就是“1+1>2”的现象。具体地说，生态系统具有不同的层级，下一层的两个或多个系统作为生态因子组成更高一层的生态系统，但新系统的结构功能会大于那些生态因子的简单叠加。

教育生态系统也具有整体效应，需要我们去认真思考和利用。在不断深化大学英语信息化教学改革的进程中，主要需要我们去认真思考以下问题。①如何利用“1+1>2”的效应，做好学生的分类指导问题？②如何从细节入手，抓好每个环节，提高大学英语教学的整体成效？③如何加强教师团队建设，增强师资的整体实力？④如何理解教学和科研的良性互动对教学的整体推动作用？等等。

活水效应是指生态因子的不断优化或物质能量的不断输入而使生态系统保持动态平衡的现象。常言道：“流水不腐，户枢不蠹”“问渠哪得清如许，为有源头活水来”，说的都是这个道理。一潭水也是一个生态系统，由鱼、虾、水藻等物种和水、泥沙、气候等非生物环境构成。生活观察发现，如果这潭水没有活水不断注入，可能过不了多久水质会变差，水草会枯死，鱼虾难存活。从生物学角度说，这个生态系统就会严重失衡，甚至崩溃。生态学认为，要维持生态系统的健康和可持续发展，必须要有能量的流动和生态因子的优化。在教育领域，活水效应也能给我们很多启发。就大学英语教学而言，活水效应至少可以激发我们去思考以下问题。

①为什么以及怎样让师生树立终身学习的理念？②如何不断优化教学环境？③如何科学合理地更新教学方法？④就大学英语信息化教学改革而言，如何提高师生的信息素养？等等。

二、高校英语生态性模式研究

从生态学的视角研究大学英语课堂，就是将大学英语课堂看作一个微观生态系统加以研究，因此，有必要首先对大学英语课堂进行身份认证。本章将依据生态学和系统科学相关理论，对大学英语课堂的生态属性予以考察，并对课堂生态的国内外相关研究进行文献综述，以阐明本书的历史渊源和价值创新。

（一）大学英语课堂的生态性论证

从生态学和系统科学的角度研究大学英语课堂生态，属于跨学科研究。要实现跨学科研究，根本的办法就是进行类比论证。类比论证是一种通过已知事物（或事例）与跟它有某些相同特点的事物（或事例）进行比较类推从而证明论点的论证方法。其中，“相同特点”是这种论证方法能够成立的前提，没有它就无法进行类推。对于本书来说，只有首先证明大学英语课堂具有生态性，是一种“生态系统”，然后才能根据这个“相同特点”，在研究大学英语课堂时适用生态学和系统科学的相关理论。

如果视“大学英语课堂具有生态性，可以看作一种生态系统加以研究”为一种类比假设，则该假设可以得到以下三点支撑：①生态学的包容性和系统科学的横断性支持从生态的视角将课堂视为系统予以研究；②前人已经从生态的视角对课堂教学做了大量研究，并取得了比较丰富的成果；③大学英语课堂具有生态系统的基本结构和功能。下面分别对这三点予以阐述。

1. 生态学的包容性和系统科学的横断性

生态学具有很大的包容性，有很多可以移植的概念、理论和方法，对解决各门学科所面临的问题均有帮助。现代生态学已经突破了原有经典或传统生态学的自然科学界限，发展成为一个研究内容广泛、分支学科众多、横跨自然科学和社会科学、综合性很强的学科，具有明显的方法论特征。生态学和教育学的相互渗透和融合形成了教育生态学，其主要内容就是运用生态学的理论和方法研究教育问题，课堂教学作为教学活动中的重要一环，自然进入了教育生态学的研究范畴。事实上，教育生态可以分成宏观生态系统和微观生态系统，而课堂教学生态就属于微观教学生态。

系统科学属于横断科学，是在概括和综合多门学科的基础上形成的一类学科，其覆盖面广，对许多具体学科都能起到方法论的作用。系统科学不是以客观世界的某种物质结构及其运动形式为研究对象，而是从许多物质结构及其运动形式中抽出某一特定的共同方面作为研究对象，其研究对象横贯多个领域甚至一切领域，小至一个原子、分子，大到国家、地球乃至整个太阳系，都可以分别作为系统来研究处理。在这个意义上，课堂完全可以成为系统科学的研究对象。事实上，课堂就是通过师生与环境的互动而构成的基本系统，具有系统的结构和功能，这一点将在下一小节予以具体说明。

2. 国内外对课堂生态的研究

课堂生态研究，是一种生态方法在课堂领域的应用研究。随着人类对生态问题的日益关注及生态学自身的快速发展，生态学与教育学加快融合，教育生态学发展成为指导教学活动和开展教学研究的新兴学科，国内外对课堂生态的研究也日益丰富。

国外正式从生态学的视角研究课堂教学，可以追溯到 1932 年。当时，生态学经过几十年的发展渐趋成熟，并开始应用于其他学科领域。美国社会学家沃勒在其代表性著作《教学社会学》中正式提出“课堂生态学”（ecology of classroom）的概念，并探讨了课堂教学的社会性和生态性。20 世纪 60 年代，国外开始联系课堂的多种因素：教师、学生和课堂环境等，比较系统地研究课堂生态，并取得了比较丰富的研究成果。教育学与生态学继续融合，一些新的概念如“高等教育生态学”“教育生态学”相继提出，这也标志着教育生态学作为一门独立的学科正式诞生。

20 世纪 60 年代开始，有一些学者开始用生态的眼光研究课堂要素之间的关系，比如教室里师生距离与课堂表现之间的关系。其实早在 1921 年，格里菲斯就通过观察发现，坐在前排和后排的学生成绩低于坐在中间的学生（第四排最佳），但他并没有借助生态学的概念加以描述和解释。1967 年，索莫在《应用行为科学》杂志上发表了名为《课堂生态学》的论文，探讨了课堂座位布置与学生课堂参与之间的关系。他发现，在讨论式座位布局中，直接面对老师的学生比坐在两边的学生课堂参与度高，在座位横排的传统型教室里，坐在前排的学生比坐在后排的学生课堂参与度高，坐在每排中间的学生比两边的学生课堂参与度高，由此得出“视觉接触会增加课堂互动”的结论。贝克、索莫等对大学课堂生态做了三个现场研究，旨在探究不同教室环境下的学生参与情况。第一个研究是在传统布局的教室里进行，结果发现教室大小和学生课堂参与率有关，但和学生参与时长无关；第二个研究是在各种实验室里进行，教师的主要职责就是看看评评，结果发现学员之间互动更加频繁；第三个研究是在一个大礼堂里进行问卷调查，结果发现学生参与情况和座位、对调查的兴趣、与老师的熟识程度等有关。莱文等分两阶段探讨了学生落座位置对成绩及课堂参与的影响。研究发现，第一阶段主动落座前排的同学考试成绩明显更好，但在课堂参与上没有明显的临近效应；在第二阶段由老师随机指派落座，结果发现，落座前排的学生在成绩上并没有明显差异，但在课堂参与上更加积极，这表明落座位置和成绩受自我选择的愿望影响，参与度受落座位置影响。

类似的研究还有斯泰尔斯于 1980 年的研究，证明了远处落座的学生缺勤率更高；霍利曼和安德森于 1986 年做的研究，进一步发现了落座位置与成绩之间的关联；布鲁克斯所做的历时 6 年的研究发现，女生比男生坐在前排的频率更高、成绩更好、缺课更少，而男生座位逐渐后移，缺课增多、成绩下降。以上研究都是从生态学的视角对课堂进行考察，很明显，早期对“课堂生态”的研究更多地聚焦于课堂环境及其影响，这可能源于“生态”概念在教育科学领域的借用还属于初期阶段，还保留了很多“自然环境”的影子。针对 20 世纪 60—80 年代一批研究者们热衷于研究座位排列方式及落座位置对学习影响的现象，娄赖斯专门撰文对这些研究的部分结果提出了质疑，认为之所以很多研究结果与 60 年前格里菲斯的发现相矛盾，是因为没有考虑到一些细节问题，如座位的空缺与否对学生选择的影响等因素。他还对这种研究的意义提出了质疑，认为没有致力于教学效果的提升研究，没有重点研究如何改进座位布局来提高成绩和课堂参与度。

20 世纪 70 年代末，更多的研究者开始从生态的视角开展对教师行为的研究，尤其是特殊教育领域。多勒和庞德在 1975 年撰文指出，对教师行为的研究几乎 60 年未变，教师行为模式也没能达到公认的教育目标。他们指出，如果从课堂生态的角度分析教师行为，将会对教学研究起到很大的推动作用。1977 年，多勒再次撰文，从生态的视角分析了课堂环境的复杂性及教师减少复杂性的策略，同时指出了课堂环境对教师行为的影响。沃滕博格从实际教育工作者的角度，以生态学的视角研究了如何针对学生的越轨行为来采取合适的教师应对行为策略。沃克认为教师社会行为标准和期望是课堂生态的决定因素，并探讨了教师对学生的期望反过来对教师本身行为、课堂环境和学习产生的影响。奥尔古热恩通过对分类的特殊教育课堂中教师教学行为的观察，认为教师没有根据课堂类型不同而采取不同的教学行为。里斯等人的研究发现，如果教师能在大范围的空间进行教育，学生将会有更高的学习参与度。杜克斯和索代尔盖斯提出教师对学习能力低下学生的评估偏见会减弱课堂生态的效果。沃尔瑞等提出了课堂活动和规则的生态和谐评估，以此来确定学习能力低下学生的功能性目标。这些研究大多在特殊教育领域开展，应该和问题催生研究有关。

对课堂生态中的学生因素进行研究，主要集中在学生行为生态方面，而且常见于儿童研究。1974 年，达米科和沃顿对小学课堂中的同伴帮助关系进行生态学视角的研究。结果发现学生同同伴一起学习的能力因人而异，而且相差很大。同时，研究也显示进行同伴帮助对学校的态度、同伴接受和自尊有一定的积极影响。1975 年，泰利研究发现，环境支持能够为社会行为的发生提供机会，加大社会行为发生的可能性。1979 年，惠伦通过在准自然的课堂环境中的观察，对多动症男孩的社会生态特点进行了研究，并探讨了如何介入问题的解决。佩莱格里尼对课堂生态与儿童语言的关系进行了研究。通过实验证明了研究的两个假设：①不同的学习中心产生不同的语言功能；②能促进想象性游戏的情境比其他情境更能促进多功能的语言表达。雅各布斯于 1989 年通过研究发现，其实非传统学生很勤奋、很智慧、很独立，他们之所以非传统，主要和他们的态度相关。莱昂内通过对行为失常儿童的社会生态研究，发现在特殊学校中行为失调的学生比传统学校正常的学生表现出更低的纪律与更高的教师控制。1990—1993 年，鲍尔斯等连续出版了 3 本著作，其内容包含对微观的课堂生态的研究。麦斯肯斯和伊塞尔代克于 1998 年对 10 所学校 122 名学生的最佳学习时间进行了研究，结果发现学习高效时刻并不是与每天的某个具体时间紧密相关，而是与课堂生态相关联，由此说明了课堂生态对学生行为效果存在影响。

20 世纪末，生态学与系统科学的融合更加深入，开阔了研究者们探究课堂生态的视野，一些研究开始关注课堂生态系统内的信息流转。美国计算机专家古兹迪阿尔教授从信息生态的视角探究了在计算机支持下的合作学习中信息的流转与认知。巴罗威和史密斯运用生态心理学等理论对课堂中的意义生成与交互进行了系统功能分析。博伊兰提出了“参与生态”的概念，他认为“参与”是学习的关键，并探讨了正式或非正式学习环境中参与的复杂性和多维性。课堂生态的研究开始关注系统的复杂性。

孙芙蓉、谢利民对国外课堂生态的研究进行文献回顾之后发现，国外对课堂生态存在两种理解。第一种观点认为，课堂生态等同于课堂环境，把课堂生态理解为课堂中教与学行为发生所依赖的环境。这种理解在已有研究中占有一定比例，这些研究把课堂行为生态理解为促进学生课堂内学习行为的课堂环境，包括物理的、空间的和建筑的变量。本书认为，这种理解出现在生态学与教育学相融合的早期时候是可以理解的，在生态学这个原本属于自然科学领域的理论应用于社会科学研究，保留了原来自然生态的意象。但是随着现代生态学的发展，早期的理解就显得有些狭隘了，因为生态学不仅关注系统的各个组分，更关注系统的各种关联。本书更倾向于西方研究中的第二种理解，即“课堂生态”>“课堂环境”。课堂环境只是课堂生态的一部分，应该把课堂生态理解为包括课堂环境在内的由课堂生命体和课堂环境互相作用而形成的综合体。

3. 大学英语课堂的生态系统属性

生态系统是由生物和非生物环境构成的统一整体。任何一个生态系统都具有三个特征：①是一个系统，结构上由群落和环境构成，功能上相互作用；②具有能量流动、物质循环和信息传递三大功能；③具有一定的自调节、自组织能力。大学英语课堂生态和一般课堂生态一样，具有这些基本特征。

陈坚林认为，外语教学是一个系统，因为外语教学是由许多相互联系和相互作用的部分（要素）按照一定层次和结构所组成并具有特定功能的有机整体。外语教学系统本身是一个完整的大系统，含有外语课程的方方面面。外语课堂是一个微观生态系统，具有生态系统的结构和功能特征。首先，外语课堂具有所有课堂的一般特征，它是一个由教师、学生、教学环境等要素构成的一个整体，整体内部各组分都有自己的功能，各组分之间、各组分与整体之间相互作用、相互依赖，构成一个功能更为强大的整体，这个整体就是一个典型的系统，具备系统的基本属性。其次，外语课堂具有生态系统的能量流动特征。自然生态系统内有生物群落和无机环境，课堂生态中有教师和学生（生物成分）和课堂教学环境（非生物环境），这些组分之间有能量的流动。有所不同的是，课堂生态属于社会系统而不是完全的自然生态系统，因此能量的流动并不是始于绿色植物的光合作用和化能细菌的合成作用。社会系统是靠人的大脑生产和输出的智能信息流来维持和推动的，课堂生态系统里的教师和学生是系统能量的来源，能量通过教与学的活动产生并实现流动，在这个意义上，教师和学生都是这个生态系统中的生产者。当教师或学生从课堂系统或其他组分中吸收能量实现自我发展时，他们又相当于异养生物，是作为消费者存在的。当教师或学生把吸收的能量经过自身的内在作用输出时，他们又是相当于异养生物的分解者。所以，在课堂生态中，教师和学生兼具生态系统中生产者、消费者和分解者三种身份特征。第三点，外语课堂生态在长时间无外部力量介入时，各生态因子之间的相互关系会逐渐趋于稳定和相对固定，进入相对的平衡态。换句话说，外语课堂生态具有一定的自组织能力，能够实现自然平衡。

（二）大学英语课堂生态的结构和功能

本节所谈的大学英语课堂生态，是指从大量实际课堂生态中抽象出来的一般性课堂生态，而不是在广泛应用现代信息技术以后发生突变的远离平衡区的大学英语课堂生态。探讨所有学科共有的课堂生态结构和功能具有普适性，可以帮助我们了解“大学英语”这门具体课程的课堂生态。

1. 大学英语课堂的结构分析

结构的“结”表示结合、联系之意，“构”表示构造、框架之意，结合起来，结构就是指若干组成部分按照一定的关系结合而成的一种架构，常用来表示事物的存在状态。结构主要包括两层含义：组分和关系，即由什么构成，以什么关系存在。

一个生态系统，有了组分还不够，还需要有一定的结构才可以运转，才可以实现其功能。生态系统结构包括两种：形态结构和营养结构。形态结构是指生态系统在内部和外部的配置、质地与色彩，营养结构是指以营养为纽带，把生物和非生物紧密结合起来，构成以生产者、消费者、分解者为中心的抽象结构。形态结构包括内部基本构造和外部呈现形态。一个生态系统的基本构造是比较清楚的，由生物（按功能可细分为生产者、消费者和分解者）和非生物环境（可分为无机物质、有机化合物和气候因素）构成，它们之间相互作用。如果具体到特定的生态系统，则生物的类别和个体、环境的构成等均有所不同，而且会受到营养结构的影响而出现不同的外部呈现形态，因此不便用统一的图形表示，但内部的基本构造仍然可以抽象出来。营养结构中的生产者、消费者、分解者是依据它们在生态系统中的功能划分的，而与分类类群无关，所以又称为生态系统的三大功能类群。

课堂的基本构造可以简化为人（课堂生态主体）和环境（课堂生态环境）两个维度，人相当于自然生态系统中的生物，课堂环境相当于自然生态系统中的非生物环境。其中人可以细分为教师和学生，课堂环境可以细分为教材、教学手段、课堂布置、教学氛围、师生关系、规章制度等，课堂生态系统中的这些生态因子相互作用、相互影响、相互依赖、共同构成一个生态整体。课堂生态中的基本营养结构是：教师是生态系统里的生产者，将来自外部世界和自我经历的信息（知识）消化转换，以学生能够吸收的方式通过课堂环境传授给学生，学生消化分解这些信息（知识），再通过课堂环境给老师一定的反馈。

但是，课堂生态作为一种社会生态，又有与自然生态不同的地方。随着教育生态学的不断发展，人们对课堂教学本质的认识不断生态化，对课堂生态系统中的各生态因子以及这些组分之间的关系也有了更深的认识，促进了课堂生态的形态结构和营养结构不断进化。

李森等认为，对课堂生态结构的研究需要确立两个方法论的前提，一是运用结构观点，以关系思维而非实体思维把握课堂生态要素之间的关系；二是运用过程观点揭示课堂生态要素的互动，以动态的观点来把握课堂生态。

传统的课堂结构观认为，课堂教学就是教师将知识通过一定的方式和手段传授给学生的过程，这个过程涉及很多教学要素，如教师、教材、教学观念、教学方法、教学手段、学生、环境等，传授知识的过程基本是单线流动，方式以教师讲授为主，教学的目的是帮助学生成长。现代生态学的核心思想是追求和谐与共生，和谐是指关系维度的和谐，共生是指生物的共同生长。生态教学观认为，课堂是一个复杂的生态系统，系统各组分（教师、学生、课堂环境）之间相互作用、相互依赖，甚至相互交融和转换，形成各种关系，这种关系需要和谐，以实现师生的共同成长。在课堂生态系统中，教师是系统内部信息（知识）的主要生产者，但不再是唯一的生产者，课堂环境中的某些因素（如计算机网络多媒体等）也可以成为信息之源。同样，某些学生也可以成为信息之源、知识之源，此所谓“三人行，必有吾师”。学生主要是学习者，是信息的消费者和分解者，但部分学生在一定情况下也可以成为系统中的生产者，提供知识，在一定意义上履行教师的职责。在现代课堂生态中，教师也不再是单纯的生产者，他们同时也是系统里的消费者和分解者，在一定程度上吸收着来自学生、同事及环境的知识。这样，教师和学生都同时具备三种功能身份，是系统里信息的生产者、消费者和分解者，不过有主次之分，教师主要是生产者，学生主要是消费者。教师、学生、环境之间通过课堂交互活动，实现能量流动和信息流通。

传统结构观认为课堂环境主要是指课堂气氛和教室环境。现代生态教学观还没有形成统一的观点。瓦伯格和安德森把课堂环境分为结构维度和情感维度，穆斯把课堂环境分为关系维度、个人发展维度和系统保持与系统改变维度，艾礼逊、博伊金等人把课堂环境分为社会或心理关系、教学的核心技术、物理结构及组织程序、纪律和课堂管理、态度观念及期望等五个维度，李森等学者将课堂环境划分为自然物质环境、制度文化环境及心理精神环境。以上分类方法视角不同，各有侧重。还有一种分类方法比较流行，就是将课堂生态环境分为客体性课堂生态环境、派生性课堂生态环境和客体性课堂生态主体三类。客体性课堂生态环境是指那些独立于课堂生态主体的主观意识而客观存在的课堂生态环境因素，主要是物理因素，如教室的布置、仪器设备等；派生性课堂生态环境是指那些由课堂生态主体派生而形成的课堂生态环境因素，如教材、教学方法与手段、班级学风、管理制度等，是社会环境和规范环境的组合；客体性课堂生态主体是指作为客体性环境因素而存在的课堂生态主体，主要是就教师个人因素和学生个人因素而言的，包括教师专业素质、师生个性倾向等。这种分类方法也有难以理解之处，首先是“客体性课堂生态主体”作为一种课堂环境的名称容易引起歧义；另外，派生性课堂生态环境中的教学方法似乎也应该属于客体性课堂生态主体的范畴。

本书认为，课堂环境应该考虑三个维度。①结构维度，即课堂环境由哪些生态因子构成。心理学认为，环境泛指生物有机体周围各种条件的总和，是某一特定生物体或生物群体以外的空间，以及直接或间接影响该生物群体生活与发展的各种因素。在这个意义上，课堂环境应包括课堂设施和布局、现代信息技术和教材等教学媒介、教师的教学理念和方法、学生的学习态度等。需要特别指出的是，社会生态中的环境也包括人，因此教师、学生在一定的条件和情况下也起着课堂环境的作用。②关系维度，即课堂生态系统中各生态因子之间的交互关系，主要是教师的情感态度、学生的情感态度、师生之间的关系、师生与环境的关系等。③文化维度，即维持和改进课堂生态系统运行的各种课堂文化（荣誉班级、学习氛围等）和规章制度。以上三个维度的看法，为了理解上的便利，可以从时空维度进一步理解，第一个维度是课堂教学之前就确定了的客观情况，不妨称之为课前生成的环境；第二个维度是通过课堂教学中的交互现场形成的情况，不妨称之为课中生成的环境；第三个维度是通过课堂上的各种反馈而形成的学风或相应制定的制度等，不妨称之为课后生成的环境。这三种环境是一种动态的概念，它们之间会随着时间的推移而相互转换。也就是说，这一次课堂过程中的交互关系语境，比如学生对老师的看法和态度，如果固化下来，就成了下一次课的课前生成环境；比如这一次课堂上形成了一个良好的互动氛围，如果固化下来，形成了班风，则成了下一次课的课后生成环境。

生态课堂的内涵包括课堂中和谐平衡的环境生态、文化生态、行为生态、心理生态、关系生态等。生态课堂本质上是内外关系和谐的、利于师生共同成长的课堂生态。课堂生态和生态课堂的联系在于，前者是后者的内容和基础，后者是前者的方向和目标。构建生态课堂，可以立足于对现有课堂的生态进行考察、分析，使低层次、欠和谐的课堂生态系统发展为高层次、和谐的课堂生态系统。

回到课堂生态的结构上来。上文运用结构的观点探讨了课堂生态要素之间的关系，下面运用过程的观点揭示课堂生态要素的动态结构。课堂生态结构不是一成不变的，它是动态的，会随着各个生态因子的变化而发生演变，甚至突变。教师的责任心、学生的学习态度、信息技术的应用、教室环境的布置等都会影响系统内能量流动和信息流通的方式和路径，形成不同的教学模式。英国教育专家查理斯·华特金把复杂的课堂系统活动提炼为六个要素——目标、任务、社会结构、角色、资源时间和步调，并推演出三种教学方法，体现了三种不同的教学关系和课堂生态：讲授式课堂生态、建构式课堂生态和共建式课堂生态。讲授式是以教师为中心的传统教学法，课堂生态的能量流动和信息流通主要由教师控制；建构式是基于建构主义理论的、以学生为中心的新型教学法，课堂生态的能量流动和信息流通主要由学生控制，教师的角色转变为助学者；共建式是一种理想的课堂生态，是基于生态理论中的共生原则，摆脱了一元主体，体现了主体间性，教师和学生都是课堂生态中的学习主体和创造主体，通过探索和发现实现共同成长。这三种基于过程的课堂生态是一种动态的关系结构和营养结构，在具体的课堂教学中有可能交叉出现。三种课堂生态各有利弊，但是以建构主义观点和生态教学理论来看，建构式和共建式更是生态课堂的追求。

2. 大学英语课堂的功能分析

“功”表示功效、作用，“能”表示能力，结合起来，功能是指有特定结构的事物或系统在内部和外部的联系和关系中表现出来的特性和能力。凡是系统都具有功能，系统的功能是指由系统行为引起的、有利于系统所处的环境中某些事物或整个环境发展和存续的作用。这里所说的系统行为是指系统相对于它所处的环境表现出来的变化。生态系统有三大功能：能量流动、物质循环和信息传递，它们共同维持着生态系统的正常运转。课堂生态是教育领域的一个微观生态系统，因此也具有生态系统的一般功能。具体地说，课堂生态的功能就是指课堂生态系统内部各生态因子之间的相互作用或系统与外部环境之间的相互作用给系统内、外带来的积极作用，这种作用只能在系统与环境的相互作用过程中才会表现出来。结构和环境决定系统的功能。

课堂生态在形态结构上表现为教师、学生、课堂环境相互作用而形成的整体，在营养结构上表现为系统与外部环境的物质、能量、信息交换与传递，以及师生依靠教学活动完成系统内物质循环、能量流动和信息流通，维持系统的正常运行。在这样的结构和环境中，课堂生态系统会对系统组分、系统本身及系统所处的环境产生怎样的作用？对此，不同学者提出了不同的观点。李森等认为课堂生态的主要功能包括可持续发展功能、系统规范功能、动力促进功能和滋养功能；黄远振等概括为中介与传递功能、加工与建构功能、调整与适应功能和促进与驱动功能；窦福良从课堂生态系统内部的物质流动、信息交流和情感交流三个方面进行了阐述；张舒将其归纳为中介功能、联结功能、促进功能、动力功能和规范功能；潘光文总结出了滋养功能、环境参照功能、动力促进功能和制度规范四个功能。这些分类折射出对课堂生态的两种理解，一是认为课堂生态是一个生态系统，二是认为课堂生态主要指课堂环境，尤其是派生性课堂生态环境。本书倾向于将课堂生态理解为课堂生态系统，系统运行和优化的目标是构建生态课堂。结合课堂生态的性能和生态课堂的表征，从系统对内部结构、内部关系、系统整体及社会所产生的作用，可以归纳出课堂生态的四大功能。

（1）优化结构的功能。课堂生态的基本结构是相对稳定的，由课堂生态主体和课堂生态环境组合而成。课堂生态的营养结构也是比较清楚的，教师生产知识，学生消费知识，环境在过程中起着媒介的作用，在这点上教材扮演着重要角色，学生通过对教材的学习增强自己的知识，提升自己的能力。但是，随着人们生态理念的加强，许多固有的格局被打破，比如，教材不再是知识的唯一载体，网络和多媒体成为重要的知识载体。教师不再是知识的唯一提供者，学生可以互相学习，环境本身也具有一定的教育功能。学生不再是知识的被动吸收者，而是知识的体验者、探究者、发现者和创造者。在这些生态理念的推动下，课堂生态因子之间的互动随之发生变化，课堂生态逐渐由传统型向建构型、共建型等新的生态结构演化，在此过程中课堂生态系统得到不断优化。

（2）调谐关系的功能。教师和学生是课堂生态里面的生态主体，他们之间的关系是课堂生态的重要构成和主要关切。师生关系是流动的、互为依存的，通过课堂教学活动不断调整变化。生态视野下的课堂追求师生之间更多的交互，提倡学生更多的课堂参与，这些教学活动给系统输入新的动能，促进一种新型的互相尊重的和谐师生关系的诞生。此外，生态视野下的课堂打破传统课堂中教师和学生二元对立的模式，重视主体间性，强调学生与老师之间、学生与学生之间、老师与老师之间的多元互通。在师生交互的过程中，必然伴随着情感的交流，情感信息在各种生态因子之间发生流动，形成情感交流的动态网络。

学生的情感态度会影响老师的教学，老师的情感态度会影响学生的学习，师生在教学生态中不断通过反馈自我调整情感，有利于师生关系的和谐。同时，课堂生态中主体与客体的关系也通过系统的反馈不断优化，关系趋向和谐。

（3）促进演化的功能。生态系统的正常运行必须依靠系统与外部环境的物质、能量和信息交换及在内部的流通，这是系统动力的源泉。课堂生态是一个社会生态，系统的能量并非来自太阳，而是来自师生的课堂交互活动及系统外部环境的影响。良好的师生关系、好的教学方法、好的学习资源、正面的社会期待等都能对教学产生促进作用。系统的信息主要来自老师对外部学习资源的转化及自身的生产创造。伴随着能量和知识的输入，系统内产生了驱动力、信息流和智能流，它们在系统内流通，促进了师生的成长和环境的优化，促进了系统的运行和自然演化。最初来自外部环境的知识和智能最终通过学生的消化吸收，以自己对社会的贡献等方式返回到社会大生态之中。

（4）生态育人的功能。生态系统的最根本功能是提升生产力，课堂生态的根本功能是培育人才。这里的生态育人包含三层意思，一是生态主体的共同成长，二是生态主体的均衡发展和可持续发展，三是育人方式更加生态、更加科学。人是教育的核心元素，育人是教育的根本任务，所以课堂生态的功能归根到底是育人的功能。和谐与共生是生态课堂的根本属性，教师和学生的共同成长是生态课堂的最终目标。传统课堂主要关注学生的发展，生态课堂尊重生命的光彩，包括教师和学生。而且，教师的成长和发展又会反过来促进学生的成长和发展，生命的共同成长进入良性循环。第二层含义是指师生的均衡发展和可持续发展。传统课堂主要关注学业成绩，把学生当作产品批量生产，学生的能力提升和情感体验被忽略。现代课堂生态更加关注人的全面自由个性发展，提倡多样性共存。可持续发展是指对学生的培养更加放眼长远，注重自主学习能力的培养和终身学习理念的传输，最终通过人的可持续发展促进社会的可持续发展。可持续发展是现代生态学研究的重要领域和重要思想。第三层是育人方式的生态性和科学性。传统课堂认为，学生是教出来的，没有教不好的学生。现代课堂生态更加重视学生的主观能动性，认为知识是靠自己参与活动体验出来的，是靠自己探究发现出来的，不应迷信教师的权威，要发展自己的判断能力和自主学习能力。因此灌输式教学不是生态课堂的追求，建构式和共建式课堂是现代课堂生态的主要形态。

需要说明的是，系统的功能由结构和环境共同决定的。系统的基本结构具有稳定性，但是系统的外部环境会发生变化，变化了的外部环境会对系统产生扰动，系统与外部的物质、能量、信息交换就会随之改变，系统与环境相互作用的过程和效果就会受到影响，最终导致系统功能异变。所以说，系统功能比系统结构具有更大的可变性。大学英语课堂生态具有一般课堂生态的特征，结构和功能相对稳定。但是，当信息化大学英语教学改革实施后，大学英语教学环境发生巨大变化，大学英语课堂教学的生态化建设使英语教学的模式发生了很大变化，大学英语课堂生态出现了一定程度的失衡。生态学研究的方法论特征和系统科学的横断性均支持从生态的视角将课堂视为生态系统予以研究。事实上，国内外对课堂生态的相关研究已经取得了比较丰硕的成果，而且，大学英语课堂也具有生态系统的基本属性，这些都论证了对大学英语课堂进行生态系统研究的可行性。

第二节　支架式教学模式

一、大学英语教学中“支架式”教学模式及其意义

（一）英语学习的特征与学习机理

1. 英语学习的特征可归纳为四点

（1）学习环境局限性。英语学习的环境是一个有限的空间，课堂教学往往是学习英语的主要途径，学习英语的过程具有很大的局限性，它既要受到时间的限制，又要受到环境的制约。学生的学习环境是一个本族语（mother tongue）的世界。他们只能从英语教材中，在教室里接受非本族语的输入。学生学习英语的语境不是真实的，而是虚拟的。学习英语过程，大多数是在课堂教学中进行的。这是一个人为的受客观条件制约的语言环境，离开这一语境，则又处在本族语的环境中了。

（2）认知过程自觉性。英语学习的认知过程是一种有意识的自觉的过程，学生往往需要有意识地调节自己的认知手段，完成学习任务。其认知基础与母语习得的认知基础发生了根本性的改变，前者是在认知了事物的基础上学习语言，而后者则是在语言习得中了解事物。

（3）学习目的性。世界上的任何事情是都是有目的地进行着，即使本能也有一定的目的指向。儿童习得母语的目的是认知客观世界，而英语学习的目的是掌握一门英语。诚然，英语学生具体的学习目的虽有不同，他们共同的一点是为了掌握一门英语，所以其学习认知的出发点和归结点已从客观世界转移到了语言本身。

（4）学生自身特点对英语学习的干扰性。英语学习的主体是第二语言学习的学生，英语学习一般都是在学生母语习得已完成以后进行的。从生理方面来看，学生掌握英语往往是在智力已发展的基础上进行；从心理功能来分析，学生主体已经具备了感知能力和对客观事物的认识能力。学生在知识上已经具有了母语建构及表达习惯，从而对英语学习形成了一种语言的迁移（language transfer），已有的母语知识在很大程度上对再掌握另一种语言会形成干扰。

2. 英语学习的机理

所谓机理，是指事情运作的方式、方法。英语学习的机理，即是指英语学习内在的方式方法。克拉申在他的语言习得理论中提出了“习得—学得”区别假说

（The Acquisition—Learning Hypothesis）。他认为“习得”是潜意识过程，是注意意义的自然交际的结果，儿童习得母语便是这样的过程。习得的语言系统处于大脑左半球语言区，是自发语言运用的根本。与之相对的是“学得”，这是个有意识的过程，即通过课堂教师讲授并辅之以有意识的练习、记忆等活动，达到对所学语言的了解和对其语法概念的“掌握”。“学得”的系统虽然在大脑左半球，但不一定在语言区。克拉申认为，只有“习得”才能直接促进第二语言能力的发展，才是人们运用语言时的生产机制；而对语言结构有意的了解作为“学得”的结果，只能在语言运用中起监控作用，而不能视为语言能力本身的一部分。语言学家乔姆斯基（Chomsky，N.）提出人脑中存在一个具有遗传性的“语言习得机制”（Language Acquisition Device，LAD）专用于习得语言。正常人从出生之日起至 12 岁左右 LAD 发生作用，12~13 岁也就成了语言习得临界期。因此在 13 岁之前学习语言是人的最佳时期。但并不是说 13 岁以后的人就不适合学习语言了。根据神经语言程序学（NLP）的原理，就学习能力而言，人通常分为三类：其一是视觉敏感类，这类人的眼光锐利、色彩和图形识别准确清晰，这些人常常成长于绘画、摄影艺术、雕塑的环境之中，并由于熏陶，能力得以不断加强；其二是运动敏感类，这类人对身体的控制自如，对动作的领悟与学习的能力较强，在观察一组动作结束后，便能较为规范地模仿出来，这一类群通常成长在舞蹈、运动、武术等环境下；其三是听觉敏感类，这类人的特征在于听觉系统敏锐、识音能力强，通常生活在音乐或语言的环境里。然而，就听觉来讲，婴幼儿几乎都是属于敏感类的，也正是由于这个原因，使得儿童对于周遭环境中的语言学习得非常快。然而，根据“用则进，不用则退”的人体功能观点，由于很多人在成人以后并非处于以声音为主导的环境下，因而这部分听觉敏感力自然而然地开始退化，并逐步被当下环境所引导的其他方面的能力所取代。但是，这并不是说听觉敏感的能力从此丧失，成人的 LAD 功能经过训练仍然可以恢复。

（二）大学英语教学中运用“支架式”教学模式的意义

正如前文所述，“支架式”教学模式是指在他人的指导下或与其他更具能力的同伴合作的情况下，可以使学习者可以从一个较低水平向一个更高水平发展的教学模式。在大学英语教学中运用“支架式”教学模式可以使英语教学向个性化、自主式学习方向发展，尤其是确立学生在教学中的主体地位，有助于培养学生英语综合运用能力，特别是听说能力，使他们在今后工作和社会交往中能用英语有效地进行口头和书面的信息交流，同时增强其自主学习能力。

二、大学英语教学中实施“支架式”教学模式的策略

既然英语学习具有环境局限性、认知过程自觉性、学生自身特点对英语学习的干扰性和学习目的性的特点，那么，作为新型教学模式的“支架式”教学模式应当以现代教育思想为指导，确立学生的主体地位，通过不同策略（教学目标管理策略、课堂管理策略、教学策略和课外学习管理策略）努力为学生创造适当的情境，因材施教，为学生提供时间和空间条件，使他们能协作交流，共同探索问题，有所发展。

（一）教学目标管理策略

目标管理就是指以目标为导向而进行的管理，强调的是目标对管理的作用。对教学进行目标管理，就是指以实现教学目标为导向对教学全部过程的管理，其基本的核心是强调组织群体共同参与制订具体的、可以完成的且能够客观衡量的目标。在“支架式”教学模式中采用教学目标管理策略就是为了使语言技能、语言知识、学习策略、情感态度和文化知识五个方面能协调发展，循序渐进。

制订教学目标一般应遵守以下的基本原则。①目标的可行性。目标过高无法实现会挫伤学生学习的积极性，目标过低不能激发学生的学习热情。因此，根据不同专业，经过认真分析讨论，制订切实可行的教学目标，保证同层次学生学习发展步调的一致性。②目标的具体性。教学目标制订越具体越易实现。要求计划具体到每一课时，使学生明确目标，确保完成教学任务。③目标的量化性。教学中采用具体的量化指标，达到规定目标后，才能进入下一教学目标。④目标的反馈性。教师执行教学目标可能会出现一些问题，只有通过不断地反馈信息，才能检验教学目标的正确性，不断地分析、调整完善，使教学目标得以实现。

在“支架式”教学模式下，根据教学大纲确定教学分层目标：学年目标、学期目标、单元目标和课时目标。日常教学实践中主要围绕单元教学目标和课时目标管理。单元教学目标管理指根据单元教学目标把总目标划分为若干小目标，理出分明的序列，同时制定单元教学目标的评价标准，师生共同完成单元教材规定的教与学任务，应用单元教学目标评价标准，判断学生达标情况，并及时反馈纠正、补救，实现人人达标。课时教学目标就是把单元目标进一步分解到每一节课中，从而把管理机制引入每一节课、每一教学环节，使师生的教与学的目标更明确、更具体，最终完成学期和学年目标。

（二）课堂管理策略

研究表明，有效的课堂管理策略与学生的成绩呈正相关，最有效的课堂管理者

是那些能首先预防问题产生的教师。杜克认为："今天的课堂管理应该包括预防性和应对性的管理策略。这些策略可定义为：创造和维持'教与学'行为产生的环境所必要的规则和程序。它包括建立自然环境和心理环境、人际关系、任务型教学为中心、严格的组织形式、合理的表扬与批评、课堂教学活动产生的动力等。"

1. 问题行为控制

指在课堂上的与课堂行为规范和教学要求不一致的，并影响正常课堂教学秩序和教学效率的课堂行为。教师对课堂问题行为进行管理，就是要对课堂问题行为进行积极的控制，尽量防止课堂问题的发生，一旦发生就努力消除。事实上，由于外语课的枯燥单调，课堂问题行为在外语课上发生是比较普遍的，例如，学生逃课、不完成作业、拒绝回答问题等。在"支架式"教学模式下，语言教师应积极、主动调控课堂问题行为，及时解决违反课堂规则的问题。

2. 空间管理

有效的空间管理策略也从一个侧面体现了"支架式"教学模式以学生为主体的教学思想。最基本的作用是让学生感觉课堂空间是有意义的和舒适的，包括座位前后左右的距离、师生之间的视线，以及当教学方式和教学情境发生变化时，不至于因为人的走动或位置的变化而感到拥挤，或挡住视线造成对课堂教学的干扰。合适的空间为学生的合作学习提供了条件。

3. 容量控制

容量的概念：一是指班级人数，有可能的话，进行小班教学，否则总量控制在40人以内，不能合班教学；二是指教学内容量的控制。如果教学内容量过多过大，学生就会来不及对知识进行选择、理解、整合和内化，从而使学生"消化不良"而导致厌学情绪。"支架式"教学模式是以学生为主体的教学模式，强调学生的自主学习，教师只是学生意义建构的帮助者、促进者和知识的导航者。如果教学容量过大，学生人数过多，学生将无法获得更多机会自主学习，从而弱化对新知识的意义建构，无法真正掌握新知识。因此，班级人数应有所控制，教师在上课前也应对教学内容进行整理、划分，确定上课时能采用的有效教学内容。

4. 时间管理

课堂时间管理包括课堂开始、中间及结束时间的处理。"支架式"教学模式下，可以采用单元时间教学，即每连续2节课为一个教学单元时间，一节课一般为45分钟，2节课共计90分钟，中间不间断以避免打断教学思路和顺序。根据情况可以安排10分钟对前面所学内容进行复习，72分钟进行讲解，5分钟总结，3分钟布置练习和解释要求。合理的时间管理策略是“支架式”教学模式以学生为主体教学思想的一种体现。教师通过课堂时间控制，可以有效地提供给学生更多自主学习和探索解决问题的机会。

（三）教学策略

“支架式”教学模式中的教学策略主要强调创设学习情境，在教师指导下，以学生为主体学习，一切教学设计都围绕着有利于“学”而展开，让学生的活动贯穿课堂始终。教师根据教学内容，在不同教学环节设置不同问题，搭建支架。

“支架式”教学模式下的教学管理策略可以分为三个部分。

1. 融洽师生关系

根据“支架式”教学模式中学习者自主性和主体性的特征，在教学实际中建立良好的师生关系有助于教师创设良好的教学环境，从而抓住学生注意力，为学生提供学习框架；帮助学生将新知识和新信息与以前所学的联系起来；提出课程学习目标，并设法使学生达到此目标。“支架式”教学模式要求语言教师在课堂中的语音语调应激发学生兴趣，能适当运用肢体语言来强调重点，与学生进行眼神的交流，多用人性化语言鼓励与引导所有学生参与讨论等各种活动，诸如“请×××同学回答一下这个问题，好吗?”“×××和×××同学，你们讨论的观点很有新意，请向全班同学陈述一遍。谢谢!”等。有几方面教师应多加关注：①对学生的能力多肯定，少批评；②注意说明进步，不苛求完美；③帮助学生学会发现问题和解决问题，并能评价个人表现；④赋予学生参与教学的权力；⑤当学生发言时，注意倾听；⑥为任务的完成提供多条途径，允许学生有选择的空间。总之，鼓励学生成为学习的主动实施者而不是被动接受者，给予学生更多发挥空间。

2. 精心组织课堂教学，为学生提供学习支架

每次课堂教学要明确目标，即按照学年目标一学期目标一单元目标课时目标的思路，以课时目标为最小目标来完成课堂教学任务。教案的设计围绕教学大纲和各级目标，前后连贯，思路清楚，时间分配合理。

教师合理的教学呈示行为（包括讲授、板书、动作演示）有助于突出学生在学习中的主体地位和自主性。讲授语速适中，每分钟在200~300字左右。使用精确词，诸如“是这样、可以这么说、确实如此”等，避免“也许、可能、大概”等模糊词。讲授过程中，教师应注意学生的反应，允许学生就所谈的内容进行及时提问并当场解答。讲授可以按内容组织序列关系、相关关系、整体关系等展开，开始新内容前，呈现“先行组织者”材料，以明确新知识的内在结构性和新旧知识之间的联系。

板书是向学生提供学习内容的视觉通道，为学生识记、保持、再现学习内容提供线索。因此，每授课单元结束时，可以把下一个授课单元的计划大纲写在黑板的一侧，使学生对下次教学任务有大概了解，可以进行课前预习。讲授中，把重点、难点词汇和句型写在黑板上，注意板书的工整性和次序性。适当使用图表形式，有助于对抽象概念的记忆。

动作演示是教师通过示范特定动作或操作，提供给学生模仿，使学生学会相应技能或操作的行为。这是教育史上最古老的一种教学行为，在人类语言尚不发达以前“身教”是唯一可用的文化传递行为。至今仍是学校、家庭、工厂传递动作技能的常用行为，在语言教学中也是广为使用，比如阅读、对话等。

动作演示时，教师首先是掌握速度，语速适中，保证学生能听清。演示内容由易到难，对复杂内容进行分解演示。比如，读一段语言材料，首先一句一句读，当学生基本可以跟读出内容后，教师再连贯引读。在一定时间段内，提供给学生自行练习机会，包括两人小组阅读，按行、列阅读，全体阅读，以加强学生记忆。

另外，教师应根据不同教学目标，采用不同类型“支架式”教学模式。

听说训练。这是最难的教学任务，需要有计划、有步骤、有系统地进行，教学时要有明确的计划，不能操之过急。可以按照“语境创造”型教学模式，根据难度、内容、时间、材料的速度、材料的口音、真实度和质量选择合适的素材，为学生设定话语情境和环境，采用控制性练习策略（即教师对教学内容、语言形式和语言功能进行一定的组织，并按顺序指导学生练习）、半控制性练习策略、非控制性练习策略（指学生根据实际的需要，自己决定合适的内容和形式练习）通过做游戏、唱英文歌曲、电影配音、新闻纪录、短剧表演、现场翻译、演讲等难度不断提高的方法，逐步提高学生的听说能力。

阅读训练。成功与否很大程度上在于教学策略的优劣性，表现在采用模式的正确性、阅读过程处理的合理性、阅读评估的规律性和技巧使用的科学性。阅读教学可以采用“先行组织者”型教学模式，在正式教学前采用先行组织者策略，通过诱导学生的背景知识，引发学生思维，刺激学生对所要阅读的材料兴趣和好奇。教学中可以采用合作阅读策略（指阅读活动围绕共同的阅读目标在阅读小组中进行，始终保持师生和生生之间的合作性互动，且以阅读小组在达成阅读目标过程中的总体成绩作为评价与奖励标准的策略）、交互阅读策略（指师生共同阅读，教师展示概括技能、提问技能、析疑技能和预测技能之后，学生模仿，与教师就所读教材轮流问答的策略）、联想和质疑作者策略（指阅读一段文字，联想下一步的结果，鼓励学生通过问题质疑，更好地理解作者写作意图和文章结构的策略）。

写作训练。写作水平的好坏体现了学生能否灵活运用学过的词语和句型，能否用不同的方式表达同一个意思，能否转换句型等。如前所述，中国学生的英语写作水平极其薄弱，一个重要原因是平时训练很少，能力培养不够重视，写作只是被看成应付考试的一种应急手段。

“类型—过程”型教学模式是适用于写作教学的一种“支架式”教学模式。这种教学模式遵循了一定的教学原则：①注重基础原则，写作是以扎实的语言功底为基础的，写作指导应首先抓好语言基本功训练；②综合发展原则，写作训练应把听说读写四种技能结合起来，四能一体，总体推进，因为语言的发展研究表明，作为学习手段的这四种技能是相互依存、相互促进的；③合理评价原则；④文化关联原则，即培养学生文化意识和跨文化交际的能力，丰富学生语言知识和提高正确使用语言的能力。

按照“类型—过程”教学模式的要求，我们将写作训练的策略从易到难设计成：句子重组策略（即将打乱的句子按一定逻辑顺序整理）+造句策略（词组、词的造句）+平行写作策略（提供范文，要求根据范文进行模仿性写作命题写）+写作策略（根据所给题目进行写作）。

教材的选择应改变以往注重语法的特点，以趣味性、实用性、知识性、应用能力训练为导向。高校的学生都有自己的主修专业，因而，如果所选的英语教材能与他们的专业相关，可以对他们今后的工作产生一定帮助，真正做到学以致用。

将多媒体引入外语教学中，可以充分利用文字、声音、图片等形式展示教学内容，为学生提供思维环境，改变语言学习枯燥无味的尴尬局面，使眼、耳、脑更有效配合，使学生更直观了解教学内容，从而更有效激发学生的学习主动性，全面提高学生听说读写能力。

第三节　翻转课堂教学模式

一、翻转课堂教学模式简介

（一）翻转课堂教学模式的起源

2007年，乔纳森·伯尔曼（Jonathan Bergmann）和亚伦·萨姆斯（Aaron Sams）在美国科罗拉多州落基山的“林地公园”高中任教，他们发现给缺课的孩子补课是一件特别耗时费力的事，于是他们使用录制视频的软件录制简易 PPT 视频，传到网上，给缺课的学生补课。不久，他们的学生在家看教学视频，到课堂上完成相应的练习，随后，他们对学习中碰到难题的学生进行及时的讲解。2011 年，随着萨尔曼·可汗（Salmankhan）创立的可汗学院的成立，翻转课堂教学模式应运而生。

（二）翻转课堂教学模式的实质

翻转课堂教学模式是颠倒了传统课堂教学模式中知识传授与知识内化的阶段，通过教育技术与活动学习从根本上影响学生的学习环境，使学生由“听”转变为“看和做”。在翻转课堂教学模式中，课下学生通过教学视频及相关学习材料，自主进行新知识的传授学习；课中学生在教师和同伴的帮助下解决课下遗留下来的问题。

（三）翻转课堂教学模式的特点

1. 画面简单

翻转课堂教学模式的教学视频就如可汗学院的教学视频一样，学生通过教学视频唯一能看到的就是可汗的手、阿拉伯数字、相关符号等。教学视频画面简单，没有庞杂的东西干扰，而传统的教学模式会夹杂其他的视觉干扰项目，比如教室的一些设施等。翻转课堂的教学视频不会过多地分散学生的注意力，从而为学生能够良好地学习营造简单专注的氛围，学生可以一心一意地学习。

2. 流程颠倒

翻转课堂教学过程主要分为知识传递和吸收内化的两个阶段，知识的传递主要是在课下进行的，吸收内化是在课中进行，课中教师可以纠正学生课下的疑问。课下学生会遇到一些困难，教师课中帮助学生解决。课中学生与学生之间可以进行交流探讨，互相帮助解决课下的疑问。

3. 针对性

强传统的课堂一般是几个知识点结合在一节课中完成，有主次之分，而翻转课堂的教学视频针对的知识点比较单一，一个问题或者是一个知识点；传统课堂用时一般是 45 分钟左右，而翻转课堂一般用时是 10~15 分钟，这样短的时间，学生的注意力比较集中，学生的注意力不会因为课时长而被分散。除此特点之外，学生可以对翻转课堂的视频进行暂时停止、重新播放等操作，这样就给了学生充分的自由度来进行学习，学生可以根据自己的时间来进行知识的吸收消化，从而达到理想的学习效果。

4. 检测及时

翻转课堂一般的教学视频后面都会由教师设置几个小问题，达到对学生进行及时检测的目的，这样的问题可以检测到学生是否理解了所讲内容，判断自己的学习近况。若是问题回答的正确率低，学生可以通过 QQ 或者邮件的方式与同学、老师进行沟通解决自己遇到的问题，并进行自我反思。若是学生重播视频，进行自我查缺补漏，那样学生的自主学习能力就会慢慢被提高，教师设置的问题检测就会起到一定的催化、督促、驱动作用，学生的学习效果也就更加理想。

二、基于翻转课堂思想的本科英语教学模式的设计

（一）本科英语教学的特点

本章节以某高校大学二年级的学生为研究对象，通过观察法和访谈法，进行了为期两周的听课观察与访谈，总结出本科英语教学的特点大概如下。

1. 课堂特点

课堂中教师专注于讲解教材中的知识，为了锻炼学生在英语上的听说读的机会，教师会尽量安排空余时间来加强学生在英语听说读上的锻炼，教师讲解单词的拼读，长难句的理解，文章的段落大意，还会安排学生进行小组讨论、演讲等环节，但是由于课堂时间有限，老师进行教课的时间就会变得紧凑，学生在英语听说读上花费的时间比做笔记的时间少，学生跟随着教师做笔记，记录老师讲述的词组、句子的意思，往往忽略自己听说读等方面的锻炼；为了方便学生进行组内互助学习，老师对学生进行分组，而有的学生的心思还是在自己做的笔记上，忽视了小组进行协作探讨的机会，受课堂时间的限制，这样同学与同学之间的沟通不频繁，不能达到学生思想的交锋。

课堂中教师会讲解每一个单词的发音、书写方式、组成的词组，还会逐个讲解每一个句子的结构、语法、语态等，这样就会占用课堂上大部分的时间。教师的出发点是让每个学生都可以理解知识，达到知识的融会贯通，教师课下准备得很充分，课堂中就会兢兢业业地把每一个知识点传授给学生；而有的学生，课堂中学习状态不好时，就不会集中注意力去听课，这样教师的努力就会达不到期望的效果，反而还会占用课堂中大量的时间。那么，有没有一种教学模式可以缓解课堂中教师教授知识量大而时间不够用的问题，即课堂中教师对于学生已经掌握的知识可以选择不进行讲解，只是针对学生不熟悉或者陌生的知识进行讲解，然后将课堂中空出

的时间交给老师与学生、学生与学生进行合作交流，探讨答疑。翻转课堂教学模式就是这样的一种新的教学模式，课下学生可以自主完成知识的传授，课中教师主要对课下学生遗留下的疑问进行答疑，这样就节省了课堂中的很多时间，这些时间可以用来进行英语听说读的训练，学生有充分的时间对知识进行内化吸收。

2. 评价特点

针对本科英语教学的评价，本章节通过对授课教师进行访谈，总结如下。

问题一：您认为本科英语教学评价的主要形式是什么？本科英语教学的评价主要是以“期末测试为主，平时表现为辅”的形式进行，期末时教师根据学生平时的表现，以及期末测试卷面分数给出学生的总体分数，期末测试的分数占据总分的大部分。同时教师根据学生测试卷中的不同部分给出不同的评价。课堂中教师对学生进行评价，学生与学生之间进行互评。

问题二：您认为这样的评价形式怎么样？分数能够代表学生对知识的掌握程度，分数高说明他们对这部分知识掌握得好，但是并不代表他们对所有知识都掌握得好，分数差说明这部分学生对这部分知识掌握得不好，但也并不代表他们的整体知识掌握得不好，学生们通常把卷面分数认为是自己对知识的整体掌握程度，他们会拿分数的高低评估自己对英语教学的学习情况，学生重视的是分数的结果，忽视自己综合能力的提高。这种形式容易导致学生只追求分数，不在乎自己的全面发展，看重结果，忽略过程，从而使自己机械地学习英语，死记硬背一些写作材料，比如段落、句子、短语、单词等，学习的是哑巴英语，忽视听力与口语的表达，长期下去有的学生就会失去对英语学习的兴趣，容易导致学生听说读写议不能均衡发展。

问题三：您认为怎样改善这种现状？目前本科英语教学正在跟随着新课改的要求慢慢转变，有的学校建立了网络平台供学生进行学习，英语教师可以学习现在流行的翻转教学法，采用课下知识传递，课上知识内化的流程来实现学生对英语的学习，下载一些教学视频及听力材料来辅助同学在课下进行英语知识的学习，通过在网络平台上制作评价系统，老师与学生可以面对面进行互相评价，把卷面分数分布于网络平台评价系统中，这样有助于提高学生通过网络平台进行学习的积极性，并且能够培养学生合作的意识，慢慢地忽视卷面分数，真正做到英语知识的综合提升。

3. 学习特点

本科学生对英语的学习从中学阶段学习的被动过渡到大学里学习的主动，他们的学习方式由老师督促转变成个人自觉自主学习。为了通过国家英语四、六级的考试，他们的学习过程是枯燥乏味的背单词、背句子、背课文，学习特点存在明显的功利性，因此其学习兴趣经常波动，长期下去容易产生对英语的厌烦与逃避心理。学生对英语知识的价值缺乏深层次的理解，对待英语学习应试倾向严重，不侧重提高自身的英语运用能力，只想通过文凭谋取身份，从而使其英语学习的动机、态度、方法欠缺，最终本科学生对英语的学习只停留在纸上谈兵层面上。

（二）基于翻转课堂思想的本科英语教学流程的设计

1. 课前

教师首先要明确所要教授的教学内容，根据教学内容及学生特点设计引导学生进行知识学习的导学案，再根据导学案设计或者搜集符合学生学习特点的教学视频，课前教师把预先准备好的教学视频、导学案分配给学生，叮嘱学生课前观看视频。学生结合导学案进行教学内容的学习，并理解整篇文章的主旨大意，做导学案上的习题，课前遇到的疑问可以在导学案的相应位置罗列出来。教师在课前收取学生的导学案，进行疑难问题的归纳，待到课中辅助学生解决。学生在课前可以根据教师给的导学案与教学视频，自己进行知识的传授，也可以根据 QQ 语音等方式与同学进行交流讨论学习，遇到疑难问题就可以在导学案中标注出来留到课中解决，课前完成知识的传授。

2. 课中

教师提前一天收集学生已经完成的导学案，检查学生课前的学习情况，通过总结导学案的完成情况，找出学生不能顺利接受与吸收的知识进行总结分析，预测学生的课前学习情况，总结学生的问题所在，反思问题的根源，找到解决问题的方法。课中教师再重新播放教学视频，让学生重新温习教学视频上的知识，回顾自己的疑难问题，随后教师辅导学生进行疑难问题的解决，与学生互相讨论，把学生分成小组的形式，让学生进行小组内的活动学习，营造教师与学生、学生与学生进行交流、讨论、探究、合作与分享的良好学习氛围，激励学生主动与老师进行交流与探讨，鼓励学生与同学之间进行互助学习，让组内知识掌握牢固的学生帮助知识掌握差的学生，从而帮助学生达到良好的知识内化与吸收。

3. 课后

教师要根据学生课前与课中的表现情况，总结学生遗留下的疑难问题，并且想办法在下次上课时辅导学生进行知识再次内化；总结教学中的优势与不足，进行反思，书写教学总结，探究比较好的解决疑难问题的方法。学生要根据教师分配的内容，进行新知识的学习，通过网络平台与教师、同学进行互动，解决最后遗留下的疑问，做到组内课后互助式学习，通过新的视频材料完成教师分发的导学案及教学内容，完成自主学习，圈出或者标记出自己疑难问题，到下一次的课中进行解决。教师与学生在课后完成课后反思，教师分析学生状态与学习进度，学生要融入到新的知识传授中，为下一次课中活动的学习做准备。

（三）基于翻转课堂思想的本科英语教学导学案的设计

1. 学生类型分析

为了进行导学案的设计，本章节通过观察法和访谈法，了解到本科生在课前、课中、课下学习英语的情况，了解学生的类型，区分开学生学习英语的特点，为导学案的设计做铺垫。

自主学习型。这类学生具有很强的主观能动性，课前能够很好地完成老师分配的任务，并且还会学习一些与学习内容相关的课外内容作为自己对知识理解的补充材料。课中积极主动地回答老师的问题，积极主动地与同伴进行讨论，能够全身心地投入到课堂的学习中去，聚精会神地做笔记，并且会一边做笔记一边听教师的讲解，能够做到眼、手、口并用，达到听说读写译的综合锻炼。课下会在没有家长和老师的监督下，很好地完成作业，并且及时地发现问题，标注课后不懂不会的问题，主动与老师进行沟通和交流，把不会的问题及时解决。这样的学生学习成绩一直名列班级前几名，养成了良好学习的习惯。半自主学习型。这类学生具有主观能动性，但是主观能动性不强，课前会预习老师分配的任务，但进行学习的同时不会再补充课外知识。课中能够跟着老师的思路走，及时把老师说的语法知识、长难句等做好笔记，但是从他们的精神状态看，思想处于半游离状态，即便是手在迅速做笔记，思维却没有跟着老师走。课下会完成老师布置的作业，潦草复习，不会主动去发现问题，即便是发现问题，也不会更加深入地思考。这样的学生属于半自主学习型，学习成绩偏上中等。

应付考试型。这类学生的思想观念只是为了考试而考试，他们会在课前预习老师分配的任务中自己觉得有用的单词、语法、句子等。课中他们一般处于等待阶段，只要老师强调某句子重要，某单词会在四、六级中出现等，他们就会立马精神焕发，把这些地方标注出来。课下他们会复习老师说的重点单词、句子、语法、段落等知识点，只为考试的时候能够取得好一点的成绩。这样的学生学习成绩处于班级的中下等。

懒散怠慢型。这类学生思维及学习习惯处于懒散期，如果老师分配学习任务，他们就会潦草地浏览课文，预习自己觉得熟悉的单词、句子、语法等。课中他们似乎时时刻刻在想着别的东西，东张西望、精神游离、马马虎虎做笔记，自己笔记上写的东西自己也不知道代表着什么；课中完全处于老师拖着走的状态，跟不上老师的思路，就如当一天和尚撞一天钟一样，学习进度与效率低下。课下不会及时地做作业，如果马上要上课，则会临时抱佛脚，瞎蒙、抄袭的行为就会出现，只为了作业而写作业。这样的学生一般成绩处于末等。

2. 导学案的设计

基于本章节观察的学生类型，本章节大概总结如上面内容所述的四种类型，根据学生的类型，本章节进行了学生学习导学案的设计，下面将对导学案的设计进行详细的论述。

（1）教学对象。本章节通过访谈某高校 30 名大二学生，这部分学生只有通过国家英语四级的考试才允许参加国家英语六级的考试。

本章节将这部分学生英语会考成绩分为 A、B、C 三等，7%的 A 等学生具有较强的自主学习能力，国家英语四、六级考试一次性顺利通过；16%的 B 等学生处于自主学习与半自主学习状态，只通过了国家英语四级的考试，国家英语六级考试没有顺利通过；7%的 C 等学生自主学习、自主管理的能力相对较弱，他们的英语基础较 A、B 等学生弱一些，没有顺利通过国家英语四、六级的等级考试，他们正在紧张准备中。

（2）教学内容。本章节根据对这部分学生英语会考成绩的了解，选择讲述了美国总统林肯的品质、精神、贡献的材料作为教学内容，从学生的偶像崇拜感捕捉学生的注意力，该材料总词数为 652 个，其中关键词为 5 个，占总词数的 0. 8%，难词 29 个，占总词数的 4. 4%，生僻词为 14 个，占总词数的 2. 1%。

（3）教学目标。

①知识目标。单词：annals；endeavor；flaw；execution；ponder；warfare；complementary；consummate 等。短语：balance out；plus or minus；to the full；ebb and flow；at risk 等。熟练掌握这些单词的发音、意思、写法，并且能够熟练运用。

②技能目标。进一步学生的提高阅读理解能力，例如：美国总统林肯的先进事迹、优秀品质、高尚节操、奉献精神及远大抱负，这些用英语怎么表达等。

③情感态度目标。引导学生正确认识并学习美国总统林肯身上的优良品质，不惧困难、坚定不移地朝目标前进的百折不挠的精神。

（4）教学重点、难点。

①教学重点。学生能够口语叙述林肯的先进事迹，小组间比赛表演林肯的演讲等。

②教学难点。让学生自己课下自己了解有关林肯的简介、生平事迹、相关视频等，进行导学案的学习，课上与同伴进行交流、讨论和分享。

(四) 基于翻转课堂思想的本科英语教学模型的原则

教学对象的普遍性原则。本章节选择的教学对象是在校的本科生，他们对英语的学习情况代表着部分学生对英语的学习情况。教学对象是 30 人的班级，日常学习都是在一个班级里进行，同学与同学之间彼此并不陌生，这就为同学与同学之间的互助、讨论、交流、探究、合作、分享奠定了基础。他们是普普通通的学生，其思想观念、学习习惯、学习状态方面能够代表部分本科生。他们是本科生中的一员，把他们作为教学对象，是可取的。

三、基于翻转课堂思想的本科英语教学模式的实施

本章节主要采用单组实验法，把 30 名本科生作为一组。采用翻转课堂教学模式进行教学之前，先对这组学生进行前测，实施完翻转课堂教学模式后再对其进行后测、前测与后测的内容结构基本一致，均有听力、词句理解、阅读、英译汉、汉译英等，测试内容根据导学案所制定，均来自课本上的课后题，测试内容、难度大体相仿。以 100 分计算，前测与后测进行数据对比，从而验证翻转课堂教学模式的有效性，同时，本章节还会对这些学生进行访谈与调查，统计一定的数据，验证学生对翻转课堂的认可情况，提升结论的有效性。

(一) 前测

本章节对这 30 名学生发放试卷，采用闭卷模式进行测试。30 个学生的成绩都处于 60 分及格线上，平均成绩为 81.2，保留平均成绩，以便与后测作比较。90 分以上的学生为 7 个，80 分以上的学生为 8 个，70 分以上的为 11 个，60 分以上的为 4 个。

(二) 实施过程

1. 知识传授阶段

(1) 课前材料的准备。教师把有关林肯的音视频材料拷贝出来，选择介绍美国总统林肯的相关视频 10~15 分钟，视频的内容和课文中的内容相吻合，这样有助于导学案内容的完成。通过 U 盘或者 E-mail 的方式传递给学生，提前打印好导学案，分发给学生，吩咐学生课下通过本视频进行学习，完成导学案的内容，并把疑难问

题写在导学案括号处。次日回收导学案。

（2）学习效果的总结。次日回收学生的导学案，教师总结了其导学案的完成的大体情况如下：在 Part 1 的 Listening Comprehension 部分效果不是很好，有 40%的学生完成的不是很好，而且几乎所有学生都有疑问；在 Vocabulary Comprehension 部分，有的词汇学生根本不知道是什么意思，匹配错误的学生占多数；在 Word guesses 部分，学生可以准确地找到内容所属部分，有的学生却不知道怎样用简单的英语单词来代替例句中比较难的同义词；在 Part 2 汉译英的部分，学生们往往用的词汇都是简单词汇，文中出现的高级词汇被学生使用的情况不多。

（3）课堂教学内容的设计。教师根据导学案的完成情况，发现学生的听力很差，掌握新的词汇效率不是很高，因此，有必要从思想崇拜方面重播视频，吸引学生的注意力，再根据课堂教学的内容，解决学生课下自学时候遗留下来的疑问，从而进行课中的知识内化与吸收。

2. 知识内化阶段

（1）重播视频。教师在上课时带领学生重新回放视频，让学生一边看视频，一边做课前设计好的课堂教学内容中的 Leading in & Warming up 的部分，加强学生听力的训练，使学生做到手脑并用。重新播放视频，有助于学生对视频内容的回顾，可以激发学生对导学案上错误知识的认识，及时发现自己失误的地方，积极改正。

（2）小组表演。把 30 个学生分成 6 个小组，每个小组 5 人，通过观看林肯的微视频后，各组合作交流，每个小组选择出一个模仿林肯最像的同学，进行 6 个小组之间的模仿比赛。模仿林肯的演讲，各小组之间由代表者进行比拼，教师通过口语表达的准确度、模仿动作、模仿神态对比赛者进行评价，最后选择出最佳模仿秀，老师给最佳模仿秀的小组发放奖品。

（3）互助学习。教师把课前学生完成的导学案重新发放给学生，辅导学生更改导学案的错误部分，并再次重播教学视频，让学生结合课文重新完成导学案，并且结合课堂教学内容中的部分进行深层次的学习。鼓励学生进行积极的交流与沟通，互相合作交流、互助探讨、探究新知、同学互助完成本课中的单词、语法、句子、段落、翻译等方面的知识，争取达到知识的吸收与内化。

（4）课堂反思。教师应用个人展示、角色扮演、虚拟假设等方法来促进这部分本科生英语知识的学习。课堂上教师及时纠正学生课下遗留下的问题，通过师生讨论、生生讨论的方式，解决问题；在下课的时候，教师带领学生共同回顾这节课共同学习的相关知识，大声说出新单词、新语法等，达到知识的再次强化。

3. 后测

后测是在本章节进行完翻转课堂教学模式授课后进行的测验，本章节对教学对象进行了后测，后测的试卷从内容和难度方面来说，与前测大体相仿，也是以100分来计算，同样采取闭卷测试的形式进行。

后测中90分以上的学生数量所占的百分比比前测中90分以上的学生数量所占的百分比要高出4%；后测中80分以上的学生数量所占的百分比比前测中80分以上的学生数量所占的百分比要高出3%；后测中70分以上的学生数量所占的百分比比前测中70分以上的学生数量所占的百分比要少7%；后测中60分以上的学生数量所占的百分比与前测中60分以上的学生所占的百分比持平。将前测与后测的数据进行对比，对比结果显示后测中70分以上的学生数量明显少于前测中70分以上的学生的数量，而90分和80分的学生数量是呈上升趋势的，60分以上的学生的数量没有变化，说明本章节实施的翻转课堂教学模式提升了学生的学习成绩，效果是理想的。

后测中30名学生的总成绩的平均成绩比前测中30名学生的总成绩的平均成绩提升了0.9分，而学生的数量在80和90分的有所增加，说明本章节的实施提升了学生的学习成绩，促进了学生整体水平的提升，本章节设计的教学流程和教学模型是可取的。本章节的数据结果只是客观地证明翻转课堂教学模式的实施提升了学生的学习成绩，但是并不知道学生对翻转课堂教学模式的态度如何。

翻转课堂教学模式应用于本科英语教学中是理想的，方法是可取的，学生对翻转课堂教学模式的认可情况比前测中学生对翻转课堂教学模式的认可情况要好一些，无论是从客观方面还是主观方面角度看，翻转课堂教学模式都得到了学生的不同程度的了解、喜欢和认可，可见翻转课堂教学模式的实施效果是有效的。

（四）影响因素探析

本章节对部分英语教师进行了访谈，访谈内容主要是询问影响翻转课堂教学模式在本科英语教学中实施的影响因素有哪些，本章节根据这部分教师的回答情况，把教师回答的内容总结归纳出以下三点。

1. 学生的主观能动性

有的教师认为学生的主观能动性是影响翻转课堂教学模式进行的影响因素。主观能动性是指学生能够主动地支配自己的行为进行良好的学习，要学习的思想存在于学生的头脑中，它作为一种无形的力量不停地告诉学生应该怎样做，以及怎样去做。本科学生对英语的学习主要是由主观能动性决定，翻转课堂教学模式的进行可以依靠学生的主观能动性进行。

本科学生的学习需要有自觉性、意识性、目的性、积极性、能动性，学生只有在脑海中形成自主学习的意识才能来支配自己的学习行为、学习习惯、学习能力，从而获得学习成果，达到良好学习的效果。相反，如果学生的主观能动性差，缺少意识的自觉性，就不能支配自己的主观意识从而进行良好的学习，这样就会无形地降低自己的学习效率，达不到理想的学习效果。因此，从个人角度而言，主观能动性是教师认为影响翻转课堂教学模式在国内高校实施的影响因素之一。本科英语教学的主体是大学生，只有学生的主观能动性高，教师才能顺利且有效地实施翻转课堂教学模式，达到理想的教学目标。因此，主观能动性是影响翻转课堂教学模式在本科英语教学中实施的影响因素之一。

2. 教师的知识素养

如今本科院校的师资随着时代的步伐，以及聘请教师的资历背景的逐渐变化，本科院校以优质的教师资源为重点选拔对象，校园中硕士教师、博士教师、博士后教师屡见不鲜，本科院校录取教师的评价标准都是从硕士生开始的，对教师队伍的要求也在不断提高。硕士、博士的个人主观能动性以及探索精神特别强，本科英语教学过程中实施翻转课堂教学模式就需要这样的求知探索精神，教师的基本功为翻转课堂教学模式的实施奠定了扎实的知识基础。本科院校录取英语教师的标准不仅局限于通过国家英语四级、六级的考试，而且需要具备英语专业四级、八级证书，以及普通话二级甲等及以上证书，这样的条件就要求应聘的英语教师具备扎实的英语专业基本功和标准的普通话水平。这样的标准逐渐地提高了英语教师的师资水平，提高了学生引导者的集体素质、集体质量，学生可以充分接触优秀的教师队伍，向他们学习先进的科学文化知识、科技探索能力、不断求知的精神、不断进取的上进心等。本科院校英语教师不仅需要具备高校录取的证书，而且需要英语教师具备扎实的口语能力，达到口译、笔译的水平，甚至是同声传译的水平。证书可以代表英语教师的部分知识素养，但并不代表英语教师全部的英语知识的素养，本科院校对英语教师应聘者的综合考察包括听力理解、口语表达、现场发挥、教姿、教态、仪容、仪表等，这样教师的知识素养也会表达出来。教师的知识素养达到本科院校录取教师的标准才有资格进本科院校任教。本科院校录取教师的标准就潜移默化地为全新的教学模式打下夯实的基础。

英语教师不仅应该具备英语方面的能力，而且需要具备运用网络教学的能力，计算机水平至少需要达到计算机基础知识阶段。在平时的教学过程中，英语教师需要制作 PPT 等课件来进行授课，更高水平的要求是教学视频的制作，还要懂摄像摄影知识，为翻转课堂教学模式在本科英语教学上的实施奠定基础。教师的知识素养是需要不断地培养与完善的，本科院校需要对新入职及已入职的教师进行培训与培养，即使再优秀的教师也需要不断地学习，建立终身学习理念，遵从学校的培养计划及自身的求知计划，不断地完善自己，不断地充实自己。本科院校需要对教师进行有计划、有目标、有选择的培训，这样的培训是教师能够进行本科英语精致教学的必要条件。

3. 学校的硬件设施

谈到硬件设施，这部分英语教师想到的是计算机、手机、各种移动终端、教学设施、教学辅助设施，以及录制教学视频的演播室、录制视频的高性能录像机、录制视频的高性能话筒等。本科英语教学中实施翻转课堂需要广泛的网络分布，比如免费 Wifi 的分布，只有网络分布良好，分布范围达到学生触手可及的地方，学生才能随时随地上网进行学习，与老师、同学进行交流与沟通，学生也可以搜集优质的网络资源进行学习，及时内化知识，达到对知识的融会贯通。因此，校园网络的覆盖面是硬件设施中不可缺少的因素，这就需要本科院校进行投资来分布路由器等硬件以便于支持校园网络的分布范围。

学生可以每人配备 U 盘，对教师制作的视频进行拷贝，从而进行学习，因此，U 盘是学生进行有效学习的又一个辅助硬件设备。翻转课堂中视频的传递如一个生物链一样，视频由教师制作，通过网络和拷贝给学生，学生是信息接收的高级生物链的一端，如果条件允许，学校可以为每个学生配备 U 盘。对于家庭贫困的大学生，学校可以提供相应的教学辅助设备，学生通过学校的教学辅助设备进行学习，从而达到理想的英语学习的效果。

因此，英语教师们认为学校的硬件设施是影响翻转课堂教学模式在本科英语教学中实施的一个关键因素。

本章节首先界定了翻转课堂教学模式的概念、相关理论和翻转课堂教学模式在国内外应用的现状，并且对本科英语教学的特点及学生的类型进行调查研究；其次，在相关理论的基础上完成了基于翻转课堂思想的本科英语教学的教学流程及教学模型的设计，并通过教学流程及教学模型，对本科生进行翻转课堂教学模式的测验。

（1）从本科英语学习者的角度出发，翻转课堂教学模式为本科生英语的学习提供了一种可以发挥自主学习习惯的学习模式，可以激发本科生英语学习的动机，使本科英语教学更加有活力，从而提高了本科生英语学习的效率和英语综合能力的培养。

（2）本章节结合相关文献调查，对我国翻转课堂教学模式在大学英语教学中的研究情况进行了梳理，结合学者们的研究模式等，设计出基于翻转课堂思想的本科英语教学的教学导学案及课堂教学内容。

（3）通过导学案及课堂教学内容，再结合在理论基础之上设计的教学流程与教学模式，应用于本科英语的课堂上，通过教学和学习效果的反馈及学生接受情况的调查获得对翻转课堂教学模式的评价，为今后翻转课堂教学模式在本科英语教学中的应用提供了很好的参考和建议。

翻转课堂教学模式是一种新的教学模式，目前还处在被尝试性实施的阶段，还没有被本科院校正式使用。要想使翻转课堂教学模式走进本科英语教学的课堂中，还需要解决很多问题，但是在课堂教学中，把教学视频融入到英语教学中，是一个值得英语教师参考的元素。翻转课堂教学模式的实施需要教师的知识素养、学生的主观能动性以及学校的硬件设施做依托，这就需要教师不断地提升综合知识素养，善于发现周围的良好资源，为翻转课堂教学模式的进行做准备。

目前，我国部分英语教师一直在尝试进行英语教学改革，翻转课堂教学模式给英语教学改革带来了希望，虽然在实施的过程中难免会遇到困难，但是只要通过教师们的不断尝试与努力，翻转课堂教学模式在改革英语教学方面一定会走出一条适合本科英语教学发展的特色教学改革之路，也真心地希望翻转课堂教学模式能够在本科的各个学科教学中都可以被尝试着实施，只要教师们抓住翻转课堂教学模式的优势，取其精华，去其糟粕，这种新的教学模式就会被越来越多的教师所推广。希望广大教师可以设计出更加适合学生学习的翻转课堂教学模式，来弥补传统课堂教学模式的不足，使本科英语教学朝着稳定的方向前进。

第四节　多维互动教学模式

一、大学英语多维互动教学模式的基本概念

（一）教学模式

1. 教学模式的概念

“教学模式”一词在中国英语教学文献中一直是一个比较模糊宽泛的概念。比如，有的论文中用“approach”表示模式，有的用“mode”，也有学者认为宏观上的教学模式相当于英文中的“approach”，但有的论文却用英文“model”表达宏观教学模式，而有的则用“model”表达微观教学模式。基于这一事实，有学者担心

这一概念的滥用会成为一种误导。目前，国内外语界专家开始对英语教学模式概念的界定展开讨论。

那么，到底何谓教学模式？汉语中“模式”一词的英文对应词是“model”，而不同版本的英汉词典对其有不同的解释。如，根据《柯林斯 COBUILD 英语词典》对“model”的定义，“一个系统或程序的模式是一种理论描述，这种描述可以帮助你理解该系统或程序如何运转，或可能如何运转”。但是，笔者认为，教学模式（Model of Teaching）作为教学论的一个术语，与日常生活或其他学科中有关“模式”的概念在内涵上有所不同。目前，中国外语教学理论界对教学模式也有各种不同的定义，比如，根据张正东的观点，教学模式是有理论支持的教学活动的操作框架。它可能根据一定的教学理论而建成，也可由概括实践经验来形成。隋铭才对英语教学模式的解释是“对语言教学理论和英语教学过程各主要因素本质及其相互关系等的形象性表述”。萧好章、王莉梅综合中英定义，将教学模式理解为“教学理念指导下，在某种教学环境中形成的教与学各要素有机结合并形成稳定的关系及在教学过程中被验证的样板形式”。韩琴则认为教学模式是“在一定的教学思想或教学理论的指导下建立起来的较为稳定的教学结构和活动程序”。

笔者认为，教学模式实际上是教学理论和实践的中介，是在一定的教学理论指导下，为实现特定的教学目标，用来制定教学政策、设计课程、选择教材、提示教师活动的基本范型。或者说，教育模式是在一定的理论指导下，对教育过程组织方式所做出的简要表述。这种表述可以是通过语言对系统的教学理论、方法和观点的描述，或是对带有规律性的、有相对固定的方法、步骤、活动的教学实践的描述，也可以是通过图形、表格、线条等对教学相关要素及其关系进行的框架式、概念式的描述。相比较，前者比较抽象，后者则要具体得多。但是，无论是哪一种描述，都应该既具有理论性，又具有实践性，还要有对教学过程中各个因素如教学环境、教学主体、教学内容、教学方法及教学评估手段等的描述。

2. 教学模式的分类

目前，国内外外语界学者比较认同 Anthony 按照 approach、method 和 technique 的层次对外语教学模式进行的分类，即把外语教学模式分为宏观教学模式、中观教学模式和微观教学模式三个层次。宏观模式是对于“语言本身是怎样构造的、语言知识如何在记忆中呈现、如何学习语言等普遍原则和理论的描述”，是一种“公理性、自明的”模式研究，也就是王才仁所讲的“宏观模式是基于语言教学模式或英语教学过程层次的模式研究”。

中观模式则是学校根据本校特点，为了对语言材料的有序传授而制定的总体规划，是基于英语教学理念、教学过程、教学手段、评价方法以及政策保障等的研究，对学校层面的教学过程的操作性的描述。微观教学模式主要是对于“教室里发生的具体教学技巧、策略等的描述”，是一种“raoment-to-moment”的操作技巧。在中英文的互译上，只要符合“对构成教学的诸要素所设计的比较稳定的简化组合方式及其活动的程序”的描述，都可以用“model”来表示。

3. 教学模式的构成

教学模式由一定的要素构成。根据教学模式的分类不同，其构成因素也可以有所区别。一般来说，宏观教学模式应该包括教学理论、教学思想、教学目标、教学评价体系等要素，而中观模式除此之外还应该包括教学理念、操作程序、辅助手段等要素。微观模式中除了以上要素以外，还应该有对教学内容、师生活动、教学策略等更为细致的描述。教学理念即指导教学活动的教学理论或思想。教学模式既是教学理论的具体化，又是教学经验的一种系统概括。现行的多样化的教学模式是教师不同的教学理念的具体体现和教学经验的系统概括。

教学目标是教学模式结构的核心因素，是人们设计教学模式时处理模式的结构、安排操作程序、选择策略方法的依据。教学目标对其他因素起具体制约作用，也是教学评价的标准和尺度。不同的教学目标下所采用的教学方法和手段必然不同。教学模式以一定的目标为指向性，即预计教学活动对学习者产生的影响，并尽力完成这一教学目标。

教学内容是完成教学目标的主要手段之一。虽然相同的教学模式可以使用不同的教材，相同的教材也可以使用不同的教学模式，但不同的教学模式往往对教学内容的编排有不同要求。

操作程序即完成教学目标的步骤和过程。各种教学模式都有其独特的操作程序来确定教学活动中师生先干什么，后干什么，各步骤应完成的任务和时间等。操作程序的实质在于处理教师、学生与教学内容的关系及其在时间顺序上的实施。

在教学活动中，教师和学生都要分别或共同从事一定的活动，双方在教学过程中占据一定地位，承担一定任务，相互之间发生一定关系和作用。师生活动的方式、任务、地位、关系、相互作用的不同组合，是构成一定教学模式不可或缺的因素。

政策保障辅助手段，指教务或学校等教育行政部门为保障模式的实施所制订和出台的各项保障措施和政策，包括教师在教学过程中的实施原则、奖惩制度和操作要求等。

（二）多维互动教学模式

1. 多维互动教学模式的基本要素

多维互动教学就是使教育系统中的多种因素达到互动。一般说来，教育系统至少由教学环境、教学主体、教学过程、教学结果等四个板块组成（肖礼全，2005）。在多维互动教学中，各个板块在教学系统中既相对独立又互相关联，发挥着各自的功能，并构成多维互动教学模式的基本要素。

教学环境是指教学的综合环境，如社会及学校的有关教育政策、社会及校园文化环境、社会对教育的期待和需求、教学设施和条件，等等。教学环境对教学主体、教学过程和教学结果有直接的影响作用。优良、和谐的教学环境使教学主体在一种愉悦的氛围中工作和学习，对他们有激励作用，又通过这种激励作用对教学过程和结果带来正面的推动作用。同时，教学环境也在一定程度上受到对应的反馈影响。

教学主体由教师和学生两个要素构成。教师作用的发挥，就其自身而言，取决于教师自身的知识水准、认知水平、职业道德、教学方法、教学策略和人格魅力。学生作为教学二主体之一，对教学过程和结果起着决定性作用。而这种作用的发挥又取决于学生自身的一些要素，包括学生的情感因素（如个性、学习动机、兴趣、自信心、焦虑和努力程度等）和非智力因素（包括其接受教育的程度和种类、学习方法和策略、学生个性特征和学习经历等）以及其他相关因素。教学主体的两大要素相互作用和影响，对教学过程和结果起着至关重要作用。

教学过程是依据学科的课程计划和教学大纲，在一定的教学模式下，为实现既定的教学目标，通过师生教与学的共同活动，使学生掌握系统的文化科学知识和基本专业技能，发展学生身体和心理素质，以及社会文化素质的过程。教学过程中即包含了教学内容、教学目标、教学手段、教学方法和策略等要素，也包含了教学主体在教学环境下的各种认知活动。教学过程是否有效受教学系统中综合环境和教学主体的影响，并对教学结果产生直接的影响。显性的教学过程发生在校舍或者教学基地，在教学主体的直接或者间接参与下，通过一系列的教学活动和手段（如课堂教学、基地实习或者第二课堂学习等）完成。隐性的教学过程则发生在教学综合环境下，学生在教师的间接指导或缺失下，通过自主学习或者耳濡目染完成。教学过程因受诸多要素的影响，具有复杂性和多方面统一性。

学生从进入学校，在教学流程系统下通过师生、社会等的共同行动或活动，实现知识、能力、思想品德及其他非认知因素的发展和变化，便产生了教学结果。肖礼全认为，教学结果分为可评估近期和不可评估远期教学结果。近期结果的积累也可能发展为远期结果。

近期结果指通过对学生进行考试，可以测量的短期学习收获；远期结果指无法通过考试等量化手段进行评估的长期学习收获。这种收获只有在较长的时间跨度里才可能显现。教学结果对教学过程、教学主体、社会环境等都有明显的反馈作用。

2. 多维互动教学模式的内涵与实质

“多维互动教学”就是在开放的教育系统中，通过深化和优化教学互动方式使和教学有关的各种要素和资源，如教师、学生、教学方法、教学手段、教学设施、教学政策、文化氛围等在教学过程中产生的各种形式、各种性质、各种程度的相互作用和影响。教学活动存在于一定的时间和空间中。在空间上，表现为根据某些教学因素，如一定教学理论、教学目标等，处理、安排另一些教学要素如教师、学生、教学手段等的地位、作用与相互关系；在时间上，教学活动表现为教学主体与教学环境两者相互作用所产生的具体实施过程。教学系统中的诸要素之间的互动也有一定的空间性和时间性。“多维互动教学”目的在于充分利用各种跟教学有关的教学要素，挖掘它们之间的关系及其内在相互作用，使教学各要素成为一个有机整体，促使教学系统各种资源和因素的和谐相处和发展，实现其价值的最大化。最终目的是全面提高教学的质量和效益。

在形式上，“多维互动教学”可以分为“显性互动”和“隐性互动”两种。所谓显性互动，就是容易看到或觉察到的通过语言或行为产生的表层互动。平时我们所看到的课堂上师生之间、学生之间通过提问、回答、小组讨论和游戏等产生的互动等都属于显性互动。而隐性互动则是比较隐蔽的、外人很难看到的通过心理活动产生的深层互动。从教学要素来看，隐性互动主要包括：教学主体与教学环境之间的互动、教学方法之间的互动、国家或学校所制定的与教学相关的政策法规、社会对教育的期待等与教学主体行为之间的互动、教学设施和条件与教学过程之间的互动、教学过程与教学结果之间的互动、教学评价体系与教学过程及教学结果之间的互动等。从互动的内容上看，教学主体之间所发生的认知上的互动、情感互动和文化互动等都属于隐性活动。在“多维互动教学”中，显性互动与隐性互动相互之间存在着有机关联。隐性互动通过显性互动表现出来，它是显性互动形式上的进一步拓展和内涵上的进一步深化。同时，隐性互动的实现促成真正有效的显性互动，正如人的动机激发人的行为一样，隐性互动是显性互动的内在驱动力，它们共同构成互动教学的完整内涵。

(三) 大学英语多维互动教学模式

本章节中所探讨的大学英语多维互动教学模式，是我们在对教学实际进行认真分析，并对有关教育学和二语习得理论进行深入研究之后，基于教学模式的整体性、优效性、多样性和开放性等原则总结出的一套基于中观层次的大学英语教学模式。大学英语多维互动教学模式的构建旨在成功解决我国现存的大学英语教学效果不理想的问题，全方位提高学生的英语综合应用能力和创新能力，培养适应我国对外开放和经济高速发展需要的高素质人才。在我国大学英语教学改革浪潮依然强劲，很多学者为采取什么样的教学方法仍然讨论不休，不少教师由于对教学模式特别是“互动”教学模式研究不够深入，以致存在随意选用、盲目混用教学模式，构建大学英语多维互动教学模式具有一定的现实意义。

1. 大学英语多维互动教学模式的内涵

(1) 教学目标。大学英语多维互动教学模式是为适应当前全国大学英语教学改革的需要，全方位提高大学生英语综合应用能力，为社会培养21世纪复合型人才，以科学的教学理论为依据，从英语教学实践出发所创立的一套较为完整的大学英语教学新模式。其教学目标是既要摆脱大学英语教学中长期存在的“哑巴英语”现象，又要避免过分强调学生的口语练习、轻视语言能力而造成“傻瓜流利”英语，从而使学生的英语听说读写特别是口语能力全面提高。同时，增强学生自主学习能力和合作学习精神，提高其综合文化素养，以适应我国经济发展和国际交流的需要也是本教学模式的一个根本目标。大学英语多维互动模式的教学目标和教育部所提倡的大学英语教学改革目标完全一致。

(2) 教学思想。大学英语多维互动教学模式是一种建立在多种教育学理论之上，采用外语教学中的折中主义教学法，以科学的二语习得理论为指导思想，结合我国学生的学习条件和特点所设计的一种全新的大学英语教学模式。其根本思想是以学生为中心，以教师为主导，发挥师生双方在教学过程中的积极性，尊重学生的发展个性和语言学习规律，强调学生的合作学习精神的培养，促进学生的创造性和个性化发展。其教学理念是，通过课堂上口语活动检查的形式督促学生在寝室（课下）预习课文，增加学生语言知识的输入机会，培养学生自主学习的能力；通过鼓励每一位学生课堂上下讲英语，大大增加学生运用语言的机会，克服学生不敢“开口”说的恐惧感，促进学生英语学习过程中情感因素的培养；通过实施学生形成性评估与终结性评估相结合的学能评价体系，加强教学过程控制，激发学生课外口语学习的积极性和动机；通过为学生创造第二语言习得环境，促进学生语言学习的真实性，增加学生语言的产出机会，从而使学生获得超出时空限制的可持续性发展的语言能力。

（3）操作程序。大学英语多维互动教学模式在实施过程中遵循行动研究的操作方法，通过在教学实际中发现、确定问题，在教育学和二语习得理论的指导下做出行动研究效果假设性分析，在此基础上制定出研究计划和实施措施，付诸于行动研究过程。大学英语多维互动教学模式各项行动计划的制订和互动措施的实施的出发点均为日常教学中出现的亟待解决的问题，是以问题为出发点，而不是以理论研究为出发点。在研究过程中，教师全面参与；在行动研究后，通过对教学实践进行反思、分析和研究来修正、改变研究计划和措施，并对教学中出现的问题从教育制度、社会制度方面来探究，以期达到对现状不断改革直至实现教学目标。

（4）政策保障和辅助手段。在大学英语多维互动教学模式实施过程中，从大学英语教学部到外国语学院，再到教务处、人事处、学工部和高教研究室等学校行政管理部门，建立完善一整套教学管理文件和奖惩措施，如：课程考试体系、学籍和学分管理、教学考核规范、教师授课基本要求、教学督导制度，以及留学生活动制度等，为本教学模式的顺利实施提供政策保障。在教学过程中，大学英语多维互动英语教学模式还借助于现代信息技术，特别是网络技术的支持，利用多媒体和网络课件及语言实验室等现代化教学手段和校园英语文化建设使学生随时随地都能进行英语学习，打破了英语学习的时空限制。另外，各个学院为配合本教学模式的实施所组织的丰富多彩的英语活动，如英语演讲赛、英语辩论赛和英语剧表演赛等，都为营造英语口语练习氛围，促进大学英语多维互动英语教学模式的开展起到了积极作用。

2. 大学英语多维互动教学模式的特点

（1）整体性。在大学英语多维互动教学模式中，各种教学要素不是孤立的，它与其他教学要素紧密相关。在模式的实施过程中，通过对教学活动中教师、学生、课程等要素的地位和作用做出考察和规定，对教学活动中起重要作用的其他因素，如教学物质条件、教学组织形式、教学时间和空间等加以说明或制约，使教学模式中的教学目标和手段更加明确，保障措施和辅助手段整体有序，从而保证了模式的系统性和整体性。

（2）可操作性。大学英语多维互动教学模式在技术上体现了可实现性和易于操作性。大学英语多维互动教学模式的构建不仅有较为深刻的理论依据，而且结合了中国学生外语学习中所体现的认知和情感特征以及中国外语教学条件，对各个相关资源和要素进行了考察。其中所实施的多种互动措施如学生学能形成性评价与终结性评价相结合的评价体系、课堂教学七大教学原则、英语国家学生与学生口语交流活动，以及网络听力自主学习和考试制度等，都有易于操作的特点。

（3）优效性。大学英语多维互动教学模式中，其互动内容是具体而有意义的，是利于知识构建的，目的是使学习主体和教学本身有实在的效益，而不仅仅是表面上热闹而已。首先，大学英语多维互动教学模式总体上科学地将学习语言的自然规律与我国外语教学特点融为一体，使二者在教学活动之间实现了合适的平衡和有机的结合。在教学中本着力求实效的原则，既训练了学生系统的语言知识，又使得这个过程有较强的实用性。其次，本教学模式驱使教学活动的多方要素产生积极的互动，从而大大增强了教学各环节的有效性。因此，大学英语多维互动教学模式中学生的学习比单纯的自我学习更为有效，思维的训练更加深刻，能力的提高更为综合，学习的结果更为广泛。

（4）互动的交融性。大学英语多维互动教学模式的实践过程是学习者、教师、教学任务与教学环境政策等多因素的动态协调过程。在这一过程中，通过八大长效互动措施的实施，使教学过程中各个要素在时间和空间上实现了互动交融。从互动主体上来讲，教学主体（师生）之间、教学环境（教学政策、教学资源等）与教学主体之间、教学场地（课堂内外）、教学结果与教学过程之间都产生了积极的互动。从互动形式上看，本模式中既有显性互动（如师生互动、生生互动等），也有隐性互动（如教学政策与教学过程之间的互动、留学生活动中的文化互动，以及课堂上下教师与学生的情感互动等）。在教学方法上，由于本教学模式采用折中主义的教学法，多种教学方法在教学过程中相互作用，并与教学过程和教学效果产生相互影响。可见，大学英语多维互动教学模式是认知与情感、形式与意义的统一。互动的交融性是该模式的核心特征。

三、基于多维互动教学模式的高校英语教学策略

（一）创建多元化教学形式

高校英语课堂教学要打破传统单一的教学模式局面，在紧随时代进步及发展的基础上，适当创新、优化教学模式，进一步拓展英语教学内容，打造多元化教学形式。鉴于目前我国迫切需要高素养英语人才，高校有必要对学生综合能力的发展予以足够的重视，采取相应的措施激发学生英语学习潜力。基于此，高校要构建教师与学生、学生与学生的沟通交流教学形式，通过彼此互动促进教学目的的实现。同时，构建问题探究式教学形式，依托新颖的形式激发学生主动提问的兴趣，并在教

师的组织和指导下，引领学生自主探究、分析，完成问题解决方法的探索，由此促进学生自主思考能力的培养。此外，教师也可以结合每个学生的实际学习水平进行小组划分，每个小组均衡配备成绩优与劣的组员，引入表演、辩论或演讲等形式，组织学生以小组的方式展开互动，在提升英语口语交际能力的同时，培养英语思维。

例如在以“School love”为主题的写作教学中，教师在完成小组划分后，要求每个小组围绕该主题从支持与反对等两个对立面展开组内讨论。当小组讨论结束之后，再于整个课堂中开展辩论。此类教学方式不仅能促进学生交流与沟通的增加，还能在培养口语表达能力方面能取得优异的成果。又如在 chase 的学习中，教师可用例句“I never know what to say when I learn that someone has quit jobs to chase dreams.”随后鼓励学生说一句有关 chase 的话或故事，最后由教师点评学生的表现、纠正语法错误。这同样能促进学生英语口语表达能力及水平的提高，整个课堂中实现了师生平等的关系，学习氛围更浓厚，教学成效更优异。

（二）组织读写结合教学活动

英语知识的获取渠道中，阅读是关键。而写作作为知识运用的实践过程，通过密切融合阅读与写作，可促进学生实践能力的大幅提升。因此高校英语课堂教学中同样要引入读写结合教学，通过多维互动教学活动的开展，促进学生参与性的增强，通过知识的阅读、分析及讨论，在知识获取中一并获取写作灵感，将知识灵活地运用至写作中，达成培养写作能力的目标。值得一提的是，积累丰富的知识是写作的必要基础，通过读写结合教学降低写作难度，丰富学生知识积累量。

例如，在讲解英语课文的过程中，教师结合多媒体将课文场景展现在学生面前，加深他们对课文的理解。同时，预留适当的时间供学生自主展开课文阅读，提出教学问题，要求学生在阅读的同时思考。当课文阅读完成后，引入小组合作模式，要求学生结合英语对课文内涵进行分析、思考和探究，在小组内发表自身观点，而教师需要在适当的时候为学生予以一定帮助、引领或是参与小组的交流互动。在小组合作结束后，教师还应以学生具体的表现情况为根据予以适当的鼓励、表扬等。最后，结合讨论的问题拟定写作题目，要求学生围绕之前讨论的内容展开写作，这样一来学生在写作过程中就不会出现“无话可说”的情况，进而能有效培养英语写作能力。

（三）拓展小组合作教学方式

小组合作教学方式的拓展同样能促进多维互动教学模式应用成效的提升。在课堂学习中，学生彼此间的互动交流能获取远超师生间的沟通效率，有利于各自英语水平的提高。同时生生合作学习，能解决学习中遭遇的问题，且能提供给学生充足的自主学习空间与时间，促进自主学习能力的提高。但是，教师在组织学生开展小组合作学习时，也要引入多种活动形式。例如，可组织学生参与角色扮演活动，要求各小组自主完成课文内容的学习后，成员一同商讨如何编排课文为剧本，并明确每个成员的角色，一同表演剧本。此类角色扮演的小组活动，能使课堂氛围更浓烈、愉悦，且能帮助学生深刻认知应用课文，促进英语知识应用水平的提高。此外，教师也可以采取小组合作的形式展开听力等一系列练习，通过组内成员互助的方式，推进全班学生英语水平的提高。

比如，结合 going home 知识内容，要求学生以课本内容为根据自行编辑短剧，同时明确每个成员的角色，通过角色扮演激发学生参与热情，调动学习热情和兴趣，在扮演的过程中密切沟通、交流，实现英语应用能力的提高。

(四) 积极整合课外资源

高校英语课堂教学中，要想提高多维互动教学模式的应用成效，教师在创新教学内容及形式的基础上，也要积极整合课外资源。具体而言，教师需要凭借自身引导者身份，引领学生在课余时间自主参与英语活动，巩固课堂已学知识，同时对英语知识应用能力进行检验、锻炼。如教师可组织英语书法比赛，通过比赛促进学生英文规范书写意识的形成。也可以组织英语故事或歌曲讲演活动，充分发挥学生英语创新及应用能力。通过校园环保、勤工助学等活动的开展，征集格言警句和标语，营造浓厚的校园氛围，引领学生在欢快、愉悦的氛围内进行英语的学习和使用，这样一来必定能促进英语应用能力的提高。同时，可通过影片音频和视频的播放，强化学生英语听力和口语，学生在反复观看后能更深刻地理解正确的英语发音。此外，教师可结合现代化信息技术平台，在学生之间展开积极互动，促进师生交流沟通的增强、师生关系的进一步融洽，由此奠定激发学生英语学习动力、兴趣及热情的基础。

在世界贸易全球化背景下，由于英语作为国际化语言之一，高校英语教学地位更加突出。因为我国对外开放与发展的不断深入，有关英语专业人才方面也提出了更大的需求，高校作为高素质人才培养的基地，应当积极承担培养英语人才的职责。教师通过引入多维互动教学模式，营造轻松愉悦的课堂氛围，可有效调动学生学习的兴趣和热情，帮助学生更好地提升自身英语综合水平，从而推进学生英语核心素养的形成与发展。

第五章　信息技术与高校英语教学的关系

第一节　信息技术与英语教学深度融合的机遇与挑战

一、信息技术与英语教学融合带来的机遇

随着素质教育的开展和科学技术的进步，现代信息技术对于学校教学起着越来越举足轻重的作用。信息技术由此为教师的教学工作带来新的挑战和机遇。教师需要更新观念，实现角色转变，并学习在教学中合理、正确地使用多媒体和信息技术，优化教学方式，模拟学习情境，激发学生学习英语的兴趣，扩大知识面，增加阅读量，培养自主探索的能力和文化素养，提高教学的有效性和时效性，实现资源共享。

随着我国突飞猛进的发展和全球经济一体化的进程，知识文化的传播方式也发生了一系列的变化，信息文明已经越来越成为人们生活工作中不可或缺的重要部分，极大地改变了人们的思想观念和行为习惯。人们在享受数字信息带来的便利的同时，传统的教育观、人才观和教育模式也都面临着新的挑战，这就引起了教学的思想、内容和方法上的深刻变革。

英语教学作为这一课题的重要组成部分，要求教师及时转变教学观念，改进教学方法，积极学习信息技术，以实现传统教师角色的转换，适应信息社会对于教师所提出的新要求。当然，信息技术在提出挑战的同时，为英语教学提供了更多的机遇，它引领教师走上一条新的英语教学的道路，为激发学生的英语学习热情、提高英语的应用能力打开了更为广阔的天空。下面就分别来讨论一下信息技术为英语教学带来的挑战和机遇。

信息技术已经逐步渗透到英语教学的各个方面，如电子课件、多媒体教学、远程教育、计算机辅助教学等，这些在为教学带来巨大方便的同时，对教师的学习和创新能力提出更新更高的要求，英语教师需要积极学习新的知识和技术，学会操作各种多媒体设备，不断更新自己的知识结构，扩大自己的知识容量，这也符合现代

社会对人才的要求，那就是“活到老，学到老”。

另外，信息技术和多媒体设备的普及，使学生的学习途径更加多样化，除了在学校课堂上学习之外，还能够借助网络课堂、电子书籍、英文视频等来提高自己的词汇量和听说读写的能力。但是如果学生运用不当，又会出现负面作用，从而阻碍英语的学习。这就使英语教学面临新的问题：如何使学生正确合理科学地使用信息技术和多媒体来学习，这需要广大英语教师思考。

在信息化社会的背景下，英语教师要积极应对，更新观念，实现角色的转变，来适应新形势对于英语教学的要求。所谓更新观念，就是要求教师树立新型的教育观、人才观和方法论，不断更新自己的知识结构，使信息技术更好地为英语教学服务。所谓转变角色，是要求英语教师在教学活动中，不再固守于传统的角色定位，由传统的知识传授者，转变为学生学习的引导者和监督者，课堂教学的组织者和示范者，并且随着信息技术的发展，还会发现更加多样的角色。

信息技术把计算机与艺术相结合，可以使信息的获得和传播实现强烈的艺术感染。课堂的内容可以通过图像、视频、动画、声音等来表现，使课堂更加充满感染力。何克抗教授在《创造性思维理论模型的建构与论证》一文中指出：基于言语概念的逻辑思维离不开表象。任何语言的抽象概念和形式结构如果不能通过表象来表现，就不能表达出应有的意思。对于一门从未接触过的语言，学生缺乏对这门外语的了解和体验，因此很难挖掘出对这门语言的热爱和求知欲。所以，这就要借助于多媒体为学生营造出形象生动的环境，使学生能在身临其境中使用语言，从而达到学习语言的目的。

夸美纽斯说过：“兴趣是创造一个欢乐和光明的教学环境的重要途径之一。”人们总是对自己感兴趣的事情才能真正投入热情和努力，才会主动自觉地学习而不会感到枯燥。但是，在从小到大的英语学习中，因为一成不变的传统教学模式，很多学生已经逐渐丧失了对英语的兴趣，并且因为英语学习的枯燥和抽象化，造成其英语学习上的困难，从而降低了对于学习英语的信心。然而，现在在多媒体技术的辅助下，教师可以模拟出在日常工作学习生活中的现实情境，与现实生活紧密联系，使学生如置身于真实的情境中，曾经抽象的英语语法变得具体，曾经枯燥的英语知识点变得生动形象，多媒体技术可以把平面的英语知识转化成图文并茂的语言知识，转化为动态的视频，把听说读写结合起来。

在目前的教学中，存在学生英语阅读量小的问题，这是因为学生手中的资料有限且更新慢所造成的。现在互联网上有大量的英语学习网站，包括一些名校的英语学习资料，可供学生浏览和下载，这样学生就可以在课下通过更多的途径来提高自己的英语阅读水平。

英语是国际公用的语言，为全球的跨文化交流起到了桥梁的作用。因此，英语的学习就是一种跨文化的学习和交际活动。现代信息技术可以为跨文化交流能力的提高起到促进作用。学生可以通过互联网收听 VOA、BBC 等新闻时事，在锻炼听力的同时，了解当今国际时事，掌握社会发展趋势；学生也可以从因特网上找到经典的国外原声影片和纪录片，了解各地风土人情和当地文化；学生还可以通过网络了解最新音乐资讯，学唱英文歌曲，对于英语学习也大有裨益；另外，还能通过网络看英文经典著作和诗歌等。这些在提高学生英文水平的同时，还能提高他们的文化修养和知识素养，全面提高学生的素质。

传统的教学模式都是以教科书、习题册和磁带等实物形式出现的，由于教材等编写的问题，造成教学内容的滞后性，可能会与社会和语言的变化相脱节，造成学生所学非所用。而信息化教学就解决了这一问题，为教学提供了及时的、生动的课外资料和补充。另外，传统的备课、考试等环节都依赖于纸质的教材、试卷，对于信息的查找、整理、选所需要的时间成本会大大高于使用数字化信息技术，其效率也势必要远远低于数字教学。而通过电脑、投影仪等设备，可以轻松地提供学生以图像、视频、声音等形式，形象生动地呈现出原本抽象、晦涩的理论内容。

21 世纪是一个信息爆炸的时代，每天都有大量的信息资源通过各种途径和方式在进行传递。但由于某些局限性，不可能获取所有自己所需要的信息，这就需要信息的共享。信息技术为此就提供了巨大的便利。比如，可以通过信息搜索来查找任何自己需要的内容；也可以通过网络资源共享，把自己所有的资源共享到服务器给需要的人使用；还可以通过存储和输出设备（如 MP3、MP4 等）来进行信息的传递，既便于携带又经济环保，而且还可以随时更新。这些都是通过信息技术来实现的。

随着人类社会的发展和科学技术的进步，越来越多的数字化技术和设备被广泛运用到日常生活和工作中。教师在运用信息技术进行英语教学时，能够深深体会到其对于提高英语教学质量和效率的巨大作用。英语教师要认识到，信息技术能够辅助教学工作的开展，同时教学工作又能推进信息技术的进一步发展，二者是相互影响、相互作用的。面对信息化的浪潮，教师要积极更新观念，转变自身角色，充分调动自身的主观能动性，挖掘自己和学生的潜能，与时俱进，勇于迎接挑战，相信在信息技术的帮助下，英语教学之路会走得更好更远。

二、信息技术与英语教学融合带来的挑战

21 世纪以来，信息技术快速发展，信息技术的广泛应用推动着教育教学的重

大变革。从20世纪90年代欧美等国就开始信息技术与课程教学融合的研究，到2008年真正的第一门慕课诞生，2012年以后大量慕课呈现在网络，至2014年我国慕课在线注册人数已达65万。在全球信息化的浪潮中，职业教育同样需要开展一系列教育改革。我国对于职业教育信息化建设十分重视，《国家中长期教育改革和发展规划纲要（2010—2020）》《教育部关于加快职业教育信息化发展的意见（2011—2015）》《教育信息化十年发展规划（2011—2020）》《现代职业教育体系建设规划（2014—2020）》都强调要加快职业教育信息化建设，以信息化推动职业教育现代化。作为职业教育最高层的高职教育，其信息化建设的意义与作用显而易见。信息技术与职业教育的融合并不是简单的技术引入与应用，将改变传统课堂教学结构与模式乃至学校教育体系的根本性变革。解文明等教授认为教育教学与信息技术深度融合要“创建新型教学方式，建立课堂教学与基于网络的自主学习相结合的混合式学习的教学模式”；余胜泉教授支持“突破既有体制制约，以信息化服务为核心，推进教学管理模式的组织结构实现优化和变革”。张永涛、藏志超等教授强调，重点是“改变教育教学方法，通过创新搭建新型学习平台，个人空间，通过学习者主观能动性推动信息技术在教学中的应用”；胡晓松教授认为“以教学手段创新为起点，在教学组织形式、教学内容及呈现方式、教与学关系乃至教书育人进行一系列创新，创设有支持的自主学习的全新教育模式”。李玉顺教授提出，强调深度整合不应忽视教师的作用，“要以提升教师能力推动信息技术与教育深度融合，提高技术辅助下的教与学方式创新、信息技术与教学融合的水平”。

本科教育部分课程正进行信息化与教学融合的课程改革，如翻转课堂和思政慕课等，学生学习效果反映良好，可是高职教育信息化还未开展推广。以乘务学院为例，目前该院毕业生90%以上就业于各大航空公司，而用人单位普遍反映该院毕业生英语水平较低。针对这一问题该院一直坚持重视英语课程，聘请大量师资采用小班教学，一个学期英语课程可达160课时。但是学生的英语水平并没有显著提升，相反英语相关证书的取证率逐年下降。与此同时，学生抱怨英语课程太多不爱学，教师硬着头皮教，推着学生学。为了让学生课上专注，学院也想了不少办法，比如避免信息化的干扰——收取手机，避免课上睡觉——加大课堂提问和作业检查力度，避免课上闲聊——减少课堂讨论。然而这些方法没有从本质上改变学生对英语课的态度，学生上课状态低迷，课堂教学效果不理想。

调研发现，在信息化时代，如果说学生完全排斥英语是不准确的，学生每日依赖网络通过手机获取国外英文资讯、观看英文电影、欣赏英文歌曲等，但就是厌恶在课堂上捧起英文课本学习英语。英语基础弱的学生认为课本内容复杂、专业、枯燥，从而产生放弃的想法；而英语基础强的学生则认为内容过于浅显，自学就能轻松完成学习，课上不能满足自己的学习需求。在这种情况下英语课堂学习气氛愈来愈差，成绩差的学生看到成绩好的学生都不认真听课更加肆无忌惮。

若将信息技术适当地引入英语课堂，构造多模态的网络生态环境，可以改变以教师为主宰的传统课堂，突出以学生为主体，引入更多的教学资源，以多模态形式展示教学内容，激发学生的学习兴趣，调动学生的主动性；突破教学重点与难点，从而增强英语课程教学效果与提高质量。

教师应该转变观念，少抱怨学生基础差；创新教学活动、改进教学方法，更新教育观念。最终目的是让学生掌握知识并且在实践中灵活运用；所以教学的终端是学生，而不是教师个人才能的展示。让学生参与课堂，发挥其在课堂中的主动和能动作用；树立学生在课堂上的主体地位，让学生成为学习知识的主人，使学生从被动的学习者转变为主动的学习者，从而建立高效课堂。依靠互联网和信息技术的进步，翻转课堂、慕课、微课、各种学习应用软件、网络学习平台等的兴起，让学生成为主体地位更容易实现，而教师则转变为学生学习的幕后工作者，借助信息技术通过引领、督促、检查与推动帮助学生完成学习任务。强调学生是学习的主体，是信息化教学的直接参与实践者，更是终端受益者。教师运用多种模态，具体生动地向学生展现教学内容，如一系列动态图片、音乐音频、影片片段、动漫演示等，激发学生的英语学习兴趣，使他们对教学内容更易于理解并印象深刻。在传统英语课堂中，为了掌握学生的作业和学习情况，教师不得不占用大量课堂教学时间。在课堂检查的同时，也会造成其他学生的分心与等待。阶段考试更是需要聘请大量教师协调时间耗费至少四个课时才能完成。若是将信息化合理引入，课后教师可以使用网络学习平台和测试 App 进行作业布置，在规定的时间内学生需要完成在线测试和语音上传，更灵活地安排时间检查学生作业，完成批改。同时信息化软件可以将每个学生的学习过程完整地记录下来并且根据相关设置进行成绩分析，快速生成数据。教师可以根据学生的测试记录为学生推送不同等级的资源和安排个性化的学习，加大对学生的语言输入力度，人为最大化地创造英语语言学习环境。利用信息化教学手段，可以体现学生的主体地位，开展个性化的教学与测试。

信息化教学的学习方式有别于传统教学方式，主要表现在其灵活多样性。课堂不再是传授知识的唯一场所，课本不是仅有的学习资源，互联网提供丰富的信息知识补充课本内容；教师不仅仅是知识的灌输者，更是学习方法的引导者，未解知识的解惑者。课堂教学与现代信息技术的合理融合，通过丰富自主学习的知识资源，拓宽自主学习的路径，正确引导学生自主学习，改变学生习以为常的“被动式”学习模式，为学生养成终生学习的习惯打下基础。

在高职传统教学中，师生互动只限于课堂；师生之间并不熟悉，学生甚至认不出自己的授课教师。采用信息化辅助教学，师生互动将不受时间与地点的约束，学习过程从固定单向灌输转变为双向互动的多元化模式。课前，教师在学习平台发布课前预习任务单，推送相关学习资源；课中，教师可选用最新的英文新闻与视频，吸引学生参与课堂并鼓励其大胆发言，利用学习平台快速建立讨论小组，布置思考题组织学生自行查找资料整理后找到答案，增强学生自主学习的信心。课后，利用平台布置作业，群里及时统一答疑解惑和辅导与纠正单个学生，拓展课堂知识帮助有能力的学生进行深一层次的学习。

采用互联网信息化教学手段，教师不再是单纯的独裁者和灌输者，而是课堂的引导者。利用信息技术教师可突破固定课本内容的局限，为学生提供丰富生动及时热门的学习资源，让学生接触到来自不同国家与地区的英语母语者发音，提高学生的听力理解能力，真正实现英语的无障碍交流。强调学生为课堂主角，让学生真正成为学习知识的主人，由被动学习者转变为主动学习者，学生参与课堂发挥主动和能动作用；结合案例教学法和情景教学法，培养学生的分析能力和解决问题能力，从而建立高效课堂。信息化融合的英语教学，教师不仅需要良好的专业知识素养，课堂组织能力，还需要掌握现代化信息技术，如操作各种软件、制作视频动漫、搭建管理学习平台、与学生进行“线上线下”互动和数据统计与分析。关注学科的前沿科技最新理论，与时俱进，并且乐于与学生分享和讨论，开拓思路。

职业教育信息化与教学融合可以突破传统的教学方式，激活新的思路，新的教学方式可以创造多元化互动式的学习新文化，从而提升学习效率。强调学生为主角，教师不再是单纯的独裁者和灌输者，而是学习的引导者；让学生真正成为学习知识的主人，由被动学习者转变为主动学习者，培养自主学习能力。每一个学生都是一支需要点燃的火炬，在信息化时代教师必须积极学习、开拓思路、与时俱进，调整与学生的关系，建立平等的、民主和谐协作的关系，成为学生的点火者、引路人。

随着现代信息技术与大学英语教学的深度融合，产生了微课、慕课、翻转课堂以及网上自助学习平台等多种新的混合教学模式。这种多元化的教学模式对大学教师的信息技术素养、教学方法和手段提出了更高的要求。

在信息技术飞速发展的今天，网络资源极大丰富，学生能够通过网络获得海量的专业知识，教师不再是学生获得知识的唯一来源，也不再是专业知识的专享者。教师的信息优势被打破，如不加强自身专业知识的深度学习，不了解学科前沿动态，就很难适应大学英语教学内容的更新和学生对英语专业知识的更高要求。而且由于传统大学英语教师所学专业的局限和学科背景的单一，知识结构大多囿于英语语言文学范围，在互联网+时代背景下面对来自不同学科背景的大学英语学习者时，学科知识会显得狭窄，很难满足学生对自己所学专业相关英语知识的需求。

随着21世纪人类已全面向信息社会迈进，培养创新型人才需要信息化教学环境的支持。在传统的大学英语教学中，教师只是课程内容和教材设计的执行者、实施者，而在互联网+时代背景下，教师必须要逐步转变为教学内容的开发者、设计者，才能更好地利用网络辅助英语教学。因此需要有熟练的电脑操作技术，熟悉各种教学软件、能制作精美的教学课件；同时还必须具有较强的网络管理能力，能利用微信等积极参与网络资源的建设和网络平台的管理；此外还需要具备制作微课所需的相关技术，如视频音频录制、剪接、配音、合成等。因此，大学英语教师必须跟上时代的步伐，否则就会被信息时代和网络时代淘汰。

在传统的大学英语教学中，教师主要靠口头讲述和板书进行知识的传授，而学生基本处于机械记忆、被动接受状态，教学形式单一枯燥。而在信息技术时代，计算机网络技术成了辅助大学英语教学的必要手段，慕课、微课、微信、自主学习平台等相继投入使用，如果教师继续沿用传统的教学方法，不及时更新、采用先进多样的教学手段，教学效果势必大打折扣、教学质量难以提高。

网络资源的开放性使得信息资源丰富、及时，触手可得，还意味着信息资源的共享，部分学生甚至有可能比教师提前或者更全面地掌握一些信息。尤其是慕课和网络公开课展现了很多名校、名师，名家的教学过程，使得学生对大学英语教师自身的专业知识有了更高的期待和要求，因此大学英语教师必须加强专业知识的学习，不断完善自己的语音、语法和语言组织能力，同时关注本专业领域的学科前沿动态并将其运动用到自己的教学过程中，以激发更多学生英语学习的积极性。

此外，大学英语教师还应努力拓宽自己的知识面，更多涉猎不同专业专门用途英语的知识，如医学英语、法律英语等，以适应不同专业背景的大学英语学习者的要求，同时为大学英语高年级阶段开设后续课程做好准备。总之，大学英语教师应树立终身学习的理念，努力提升自身专业水平并不断更新知识结构。

在“互联网+”时代背景下，传统的“填鸭式”教学方法已不能适应大学英语教学，一支粉笔一块黑板的传统手段和配置也已无法满足当代大学生的求知欲。大学英语教师要善于学习，除了熟练运用多媒体设备授课，增强课堂吸引力之外，还应充分利用微信、自主学习平台等多种辅助手段和慕课、微课等丰富网络资源为学生设置具体学习任务并检查学习效果，从而实现“平台、教师、学习者和学习资源的深度互动”。同时还能让学生有效利用课余和碎片时间，将大学英语的学习贯穿于整个学习阶段，使课余课后的自主学习规律化、常态化，以督促和帮助学生养成良好的语言学习习惯。

同时，大学英语教师还应勤于思考，着力改进传统的教学方法。不再沿袭过去教师一人唱独角戏，学生被动接受的教学模式，而是借助多媒体影音设备，为学生创设生动有趣且真实的英语学习情境，让学生主动参与到语言练习活动中来，增强交流性和实用性；此外，教师也可以将学生分为若干学习小组，为其设定具体学习目标，让学生就课前布置的微课、慕课、视频话题和内容进行讨论，最终以汇报、辩论、表演等方式呈现学习成果，促进学生合作学习、增强团队意识，而教师本人也应以合作者和引导者的身份加入到活动中去，同时答疑解惑，以“润物无声”的方式将语言教学的要点渗透到课堂活动中；大学英语教师还应特别注重培养学生的问题意识，启发、鼓励学生大胆提问、质疑，从而在英语课堂教学改革过程中真正为学生构建起一个体验、探究、合作、交往、互动的英语学习平台。

随着计算机网络技术的不断发展，现代信息技术与教学的结合无疑已是大势所趋，这一结合给当代大学英语教师提出了更高的要求。一方面，大学英语教师必须具备基本的计算机操作和网络知识，才能具有搜索网络信息和资源的能力，才能与层出不穷的新知识、新信息保持同步，进而不断更新和改进自己原有的专业知识体系；另一方面，在信息时代，当学生面临浩如烟海、良莠不齐的英语学习资源冲击时，只有具备必要的信息技术能力，才能恰当整合网络资源、进而给学生推荐、传授正确、适当的语言知识信息，让学生受益；此外，大学英语教师还应积极参加信息技术培训，不断学习新的信息技术如：计算机操作、PPT 制作、音视频录制剪辑合成、网络平台的控制与管理等，将自己的专业知识和教学理念以及学生个性化的学习要求融入自己的 PPT、微课或是网络公开课开发中，从而制作出具有鲜明个人风格特色的教学内容。只有这样，大学英语教师才能真正成为课程的开发者、设计者，从而适应日新月异的时代发展。

在网络技术飞速发展的信息化时代，资源的及时性、丰富性和开放性让教师失去了原有的资源优势，同时随着国际交流和跨文化交际的日益频繁以及社会和学生的要求不断提高，大学英语教师面临着巨大的冲击和挑战。要想适应这一形势，大学英语教师务必要转变自己的角色，明确自己的定位，做学生学习的促进者，引导者，课程的开发者，设计者，教学改革的研究者，实践者，树立终身学习的观念，不断自我完善，谋求发展。率先掌握教育信息技术，具备收集、整合资源和运用、传授信息的能力，积极探索“互联网+”环境下的英语教学改革问题，以不断提高英语教学质量，为培养具有较强语言交流和综合运用能力的复合型人才做出贡献。“互联网+”时代背景下新兴、多元混合教学模式不会取代传统教育，但一定会让传统教育焕发出新的活力。

第二节 信息技术与英语教学深度融合的内涵与本质

一、信息技术与英语教学深度融合的内涵

现代教育中信息技术与大学英语教学的深度融合并不仅仅是把信息技术当成单纯的教学辅助手段，而是把信息技术作为一种促进学生自主学习、优化教师教学环境、提升教学质量与效果的工具。教师要主动学习先进的教学理念，充分运用现代教育信息技术，把其作为学生主动学习的认知工具、情景教学的创设工具、教学资源的整合工具，并将这些“工具”运用到教育教学实践中，使信息技术化为优质课堂的隐形助推力，成为课程内容的有机部分，以超媒体结构方式组织教学，设计、开发集文字、符号、图形、图像、活动影像和声音等多种因素于一体的教学课件，用多媒体技术解读、模拟或再现传统教学技术无法展示的课本对话或篇章场景、情景。实现信息技术与各种优质教学资源的有机融合，从而优化教学环境，从根本上改变传统的教学模式，大力培养学生收集获取英语语言信息能力、分析加工语法句型结构能力、英语交流应用能力、互助协作能力和自主创新能力，充分发挥学生的语言学习主体性、能动性和自觉性。教学中的信息技术应用不仅可以丰富教学内容、改变教学模式、优化课堂，而且可以在迎合学生的心理和时代发展特征的基础上，拓展学习空间。学生可以通过手机、iPad 等工具，利用信息技术网络教学平台学习与巩固课堂知识，搜集、预习语言文化背景知识以及学习参考资料等，也可利用信息技术进行自主听、说、读、写、译训练，进一步提高英语语言应用能力，养成自主学习的好习惯。

有效利用信息技术改革大学英语教学，不仅能创建新型教学结构，更可以革新教学思想、观念、理念，深化教学内容、教学方法、教学手段和教学过程的改革，实现教学效果最大化。

利用现代教育技术微信公众号和现代教育技术微信群建立“互励互教式”微课教学平台，可以拓展最初的课内知识点讲授，在“互励互教式”微课教与学下，学生对知识点的掌握、实践能力均有很大进步，思想道德品质也得到了很大的提高，教师从传统知识讲授者转变为知识的引导者，学生从知识的被动接受者转变为学习

过程的主动参与者，教与学的过程从课堂延伸至课外，大大提高学生的自学能力、积极性和主动性。希望通过本研究探索网络微课教学的规律，为今后更多的课程建设提供帮助。

二、信息技术与英语教学深度融合的本质

2017 年 1 月，国务院发布《国家教育事业发展“十三五”规划》，明确提出全力推动信息技术与教育教学深度融合，利用混合式教学等多种方式，形成线上线下有机结合的网络化泛在学习新模式。该规划强调“互联网+教育”，意味着教育信息化为大学英语教学开辟了更为广阔的前景：大学英语教学不再拘泥于以教师为中心的知识传授，而是利用“线上学习”与“课堂教学”有机融合的混合式教学模式培养学生的英语应用能力。

此外，《大学英语教学指南》也提出了现代信息技术与大学英语课程相融合的教学理念，鼓励教师实施混合式教学模式，明确指出在此理念指导下采取的举措成效显著。一些研究者针对信息化时代的教学设计、教学模式和教学实践等展开了深入研究，但在混合式教学模式下，学生作为学习的主体，受到的关注较少。混合式教学模式以学生为中心，支持学生主动进行意义协商和知识构建，从而提高教与学的效果。实施混合式教学的有效途径就是切实发挥学生学习的能动性。然而，中国学生的在线学习经验缺乏、语言实践能力不足、自主学习意识薄弱、参与积极性不高、对混合式教学方式不适应，使得无论是在线学习还是基于在线学习的课堂教学都不能达到预期效果，从而成为有效开展混合式教学实践的“瓶颈”。本节以大学英语教学为例，探讨混合式教学模式下实践共同体对大学英语教学的作用。为信息技术与英语教学深度融合提供一个新思路。实践共同体（Community of Practice）也称为实践社团、实践社区。这个概念最初由社会学家 Lave 等提出，指的是对某一特定知识领域感兴趣的人互相发生联系，围绕这一知识领域共同工作和学习，共同分享和发展该领域的知识。Wenger-Trayner 团队指出，实践共同体的三个结构要素是知识领域、共同体和实践——知识领域决定共同体成员的共同兴趣和身份感，他们受共同愿景的驱动，联系在一起共享、应用、创造知识，促进自我成长；共同体是学习的社会情境，其成员交流协作、互帮互助，共同实践、共同学习；实践是成员主动参与学习、发展共享知识资源并进行实际运用，成员在实践活动中学习知识，然后又将知识运用到实践中，以获得新的实践知识。

实践共同体的形成对有效学习的发生有积极的促进作用。实践共同体的知识转化是一个正反馈循环，正反馈使得共同体成为一个学习主体，在实现个人学习的同

时有效促进动态知识生成。实践共同体的维持和发展可以通过组织的参与和管理，提高知识共享水平和效果。这一理论适用于课堂研究，对课堂建设有重要的启示意义。

混合式教学将面对面教学与在线教学相结合，是信息化时代大学英语教学改革的必然产物。北京科技大学“大学英语混合式教学团队”通过教学实践，解构并重构传统课堂，将混合式教学分为在线学习、课内应用和课外实践等三个核心构成部分，它们在丰富的情境与应用的语境中互相联系、互相融合、互相支撑、互相促进。混合式教学弥补了传统课堂教学的不足，有利于充分发挥学生在学习过程中的主体作用，从而促进学生主动学习、自主学习、合作学习。

（1）在线学习

在大学英语的混合式教学模式中，在线学习形式主要采用小规模私有在线课程（Small Private Online Course，SPOC），教学资源包括语言知识学习和在线学习社区。学生通过自主观看精巧设计的微课视频学习语言知识，完成与课程内容紧密相关的在线练习和测验，以巩固语言知识。在线学习社区是学生与其他学生异步交流的场所，学生通过发帖和回帖，与其他学生和教师通过讨论交流、答疑解惑、沟通协作，分享语言学习资源和经验。

（2）课内应用

课内应用是指学生通过在线学习获取语言知识后，在面对面的课堂学习中将获取的语言知识加以应用。混合式教学下的课堂教学不再以知识传授为主要形式，而是围绕主题创设语言应用情境，通过各种或基于语言或基于技能或基于主题的任务，使学生置身于知识展示、语言游戏、问题讨论、方案制定、小组汇报等语言应用活动之中，并通过与团队协作，共同在“做”的过程中不断提高英语应用能力。

（3）课外实践

课外实践是混合式教学模式不可或缺的部分。学生经过在线语言学习和课内语言应用后，最重要的是能将所学语言知识切实运用到实践中。课外实践通常围绕主题创设的真实性语言实践项目展开，是课堂学习的延伸与拓展。如学生合作完成诸如问卷调查、视频制作、海报设计等项目，并用英语进行课堂展示或线上展示，以培养英语的语言产出能力。

在大学英语的混合式教学模式中，学生成为知识的主动建构者，通过在线学习、讨论交流、团队协作等方式在实践中获取知识。学习方式的转变，对学生的自主学习能力、合作交流能力、语言实践能力等提出了极大挑战。为了使混合式教学模式实现预期的教学效果，有必要创建实践共同体，为语言学习提供互动交流、合作学习、共同实践等方面的支撑，充分调动学生的学习能动性，保障学生有效地参与混合式学习。

基于大学英语混合式教学模式的实践共同体是一种由学生和教师组成的学习型组织。学生为了获取英语应用能力，与其他学生和教师在实践过程中交流讨论、互动协作、共同实践，不断共同建构并发展英语语言知识和能力。

实践共同体的成员是北京科技大学中参加大学英语混合式教学的1603名2015级学生。这些学生属于不同专业，共同在中国大学MOOC（慕课）平台上学习大学英语系开设的SPOC课程，获取语言知识，进行讨论交流，并分别进入各自的面授课堂与其他成员合作，完成语言展示、语言应用和语言实践等任务。

大学英语的实践共同体包含发起者、核心成员和一般成员三类成员角色。其中，发起者是指教师和助教：教师通过发布线上教学资源和课堂交流帖子、组织线下交流讨论活动、布置课后合作实践项目，积极推动实践共同体的形成和发展；助教则通过在线回帖为学生答疑解惑，维护共同体的正常运转。核心成员是指英语能力较强的骨干分子，他们通过线上主动发帖和回帖、线下积极引领课内活动和实践项目，分享英语语言知识和学习经验，领导其他成员进行语言实践学习。一般成员是指英语学习的参与者，他们通常按照课程要求完成线上线下语言学习任务，在发起者和核心成员的引领下参与线上线下的交流和分享，完成实践学习。

实践共同体成员具有共同愿景，短期目标是完成大学阶段的英语学习，获得课程分数；中长期目标是通过英语课程学习，提高英语应用能力。在共同愿景的驱动下，实践共同体成员积极参与相关的学习活动。①自主学习在线课程，通过观看微课视频，完成在线练习，获取进行语言实践所需的知识。在这个过程中，可以随时在讨论区与其他成员讨论课堂话题，就在线学习过程中产生的疑惑提问，大家群策群力共同寻找解决方法，并分享学习过程中积累的学习资源和经验。②进入面对面课堂内，在教师创设的相关学习情境中分享在线学习成果，并与其他成员互动协作，完成学习任务，应用语言知识，在共同学习中巩固在线学习成果。③对知识内容和语言能力进行梳理，与其他成员合作完成教师布置的语言项目并进行实践产出，在实践中相互启迪，获取新的语言知识与能力。

实践共同体成员的学习目标是通过在线学习、课内应用和课外实践，完成技艺传授、镜像学习、语言应用和以文成事等学习活动，最终获取语言知识，提高英语应用能力。无论是在线讨论区的互动交流，还是课堂内语言应用任务的协作完成，都有利于学生不断地分享、应用知识，并在运用知识的过程中构建、内化知识。课外实践项目基于在线学习和课内应用取得的学习成果，要求学生在“做”的过程中将学到的知识内化为个人知识，并创造新知识。随着一个教学过程的完成，实践共同体成员也完成了一个语言知识获取的循环。

随着信息化时代的到来，学习者的学习方式正经历前所未有的革新，现代教育技术与外语教学的深度融合使混合式教学模式应运而生。学生作为学习的主体，需要提前做好充分准备，以迎接这种前所未有的学习方式。习惯于“填鸭式教育”“被动学习”的学生，要想适应混合式教学模式恐怕不易。实践共同体为学生提供了交流讨论、相互协作、共享知识、实践知识的途径，是大学英语混合式教学实施的有力保障。

（一）支持协作学习，实现知识获取

实践共同体成员由参与混合式学习的学生构成，他们具有共同的学习愿景、相似的知识领域，既是学习资源的提供者、分享者和受益者，又是新知识的生产者。在语言知识学习的过程中，实践共同体的发起者、核心成员和一般成员相互介入，所有成员共同协商，共同积累在线学习和自主学习的经验，相互协作完成各种语言学习活动、任务及项目，并通过镜像学习提升自己的英语语言水平和英语应用能力。

（二）强化语言应用，完善知识建构

实践共同体理论认为，学习是在实践的过程中进行意义协商、构建知识。大学英语实践共同体强调学习的共同参与，而不是单纯的知识输入。在这个实践共同体中，学生与其他成员和教师通过在线学习、课内应用和课外实践，积极参与真实情境的语言应用，分享知识、经验和想法，由知识的旁观者转变为知识的实践者，将所学的知识运用到实践中，并在实践中建构新的知识，使有意义学习通过参与实践得以实现。

（三）支撑语言实践，完成知识转化

实践共同体的学习活动以应用实践为主，学生积极自主地参与在线学习、课内应用和课外实践，这是一个学生交换显性和隐性知识并共同创造新知识的过程。在这一过程中，学生不断提高语言实践能力，通过语言实践激发已有的语言知识，同时通过资源共享、语言应用和实践活动等在实践中促进知识的应用，推动语言知识由隐性转化为显性，继而在语言实践过程中内化知识，使自己真正成为知识的“小主人”。

混合式教学模式是信息化时代教学改革的必然趋势，而大学英语混合式教学模式是外语教学与现代教育技术深度融合的产物。但是，要想让已经习惯了传统教师讲授型课堂的中国大学生转变学习方式，就需要有语言学习、应用等方面的支撑，这是有效实施混合式教学模式的关键问题。构建基于大学英语混合式教学模式的实践共同体，为解决这一关键问题提供了有效环境与途径。学生在语言学习的过程中自主交流、相互协作、共享知识，并在语言实践的过程中共享、运用、内化、创新知识，这有助于在线学习和课内教学的有效实施，能切实提高学生的英语应用能力。

第三节　信息技术与英语教学融合模式与创新

一、信息化背景下大学英语多元混合式教学模式改革研究

本节首先对信息化背景下混合教学模式进行了概述，分析了信息化背景下混合教学模式的作用以及大学英语教学现状。从人本主义心理学派学习观、现代认知心理学派学习观两方面阐述了信息化背景下大学英语多元混合式教学模式理论基础。并针对大学英语教学中存在的问题，从线上学习资源整合、创新教学模式、改革教学方法三个方面提出了信息化背景下大学英语多元混合式教学模式改革策略，从而促进大学英语教学的良好发展。

网络信息技术的飞速发展，转变了人们的生活方式，同时也影响传统的教学方法。随着素质教育的发展，英语学习在大学教学中的地位逐渐提高，长久以来英语一直是学生学习较为困难的学科。在网络技术与通信技术飞速发展过程中，信息技术逐渐应用到教育领域，与传统的教学手段相结合，逐渐形成新的教学模式。大学英语多元混合式教学模式具有便利性、普适性等特征，能够为学生提供更多有利学习资源，转变学生以往学习模式，从而提高大学英语的教学质量，提高学生的综合素质。

（一）信息化背景下混合教学模式概述

1. 混合式教学模式概述

混合式教学来源于“B-learning”，即“Blended Learning”或“Blending Learning”，是指将传统的教学手法中融入现代化的多媒体技术，大学英语是一门实践性和应用型都十分强的学科，教师需要应用多种方法对学生的能力进行提升。混合式

教学是以学生为中心，关注创新教育的一种教学模式，要在课堂教学中体现学生的主体地位和教师的引导、启发作用，混合式学习模式是以实践性教学过程为宗旨的教学方法，采用先进的教学理念和教学思想，运用现代化的教学手段，围绕学生自主学习能力的激发与引导而构建的教学系统。混合式教学模式充分利用网络教学资源，突破时间和空间的限制，这种教学模式改变了传统教学模式中的理论框架，通过实践将英语知识运用到生活中，有效地提升了英语教学的效率，提升学生的综合学习能力。

2. 信息化背景下混合教学模式的作用

混合教学模式能够打破传统学习方式，创建不受时间与空间限制的学习环境，带给学生全新的体验，使得英语教育的平台得以拓展，在传统的教学手段上实现教学方法的创新，新媒体拥有更广的发展空间，使得大学英语的教学不再只停留在讲台之上，在摸索与实践中不断创新教学手段。信息化背景下混合教学模式是的大学英语教育的资源更加丰富，传统的教育模式中的教学资源仅仅停留在教材之上，或配备一些听力材料或者练习册等，学生对枯燥的英语学习本就没有足够的兴趣，再加上听力训练和练习题，使得学生的大学英语课程失去了趣味，混合教学模式具有很强的适用性，并随着时间的推移与现代化网络技术的日益成熟，在信息化的背景下，新媒体的使用越来越广泛，整合了众多的信息资源和媒体形式，教师能够将各单元的重点知识合理整合，按照知识点的类型进行分类，有利于提升大学英语教学的效率。信息化背景下混合教学模式为学生提供了更多的学习资源和发展空间。在教学过程中，教师可根据学生的个人性格因材施教，使学生主动参与大学英语教育。

大学英语作为必修课，在大学教学中占有重要的地位。大学英语课堂通常以大班形式授课，学生往往是被动的接受者。随着我国与世界各国之间的交流日益频繁，社会人才竞争日益激烈，目前市场对于具备英语综合能力的人才需求急迫，但是当前许多学生的英语水平整体还比较薄弱，教师没有为学生提供良好的学习环境，也没有营造浓厚的学习氛围，更没有根据学生的性格特点、兴趣爱好设定现代化教学课程，极大程度降低了学生的学习兴趣。教师在教学过程中，在一定程度上忽略了信息技术的使用，与当前网络急速发展的社会现象出现了脱节。

（二）信息化背景下大学英语多元混合式教学模式理论基础

1. 人本主义心理学派学习观

人本主义学习的代表人物是罗杰斯，其观点将学生作为教学的主体。他认为在学习的过程中，教师在传授知识的同时，要为学生创设轻松地学习环境，使得学生在学习的过程中减少压力，能够体现教师对学生指导的意义。教师在教学的过程中，要留心观察学生的一举一动，时刻关注学生的学习情况，对于在学习上有问题的学生，要及时进行辅导，并对学生进行鼓励，对表现优异能够帮助他人的学生给予表扬。在此环境中，教师要帮助学生形成良好的自主学习意识，使学生能够在脱离课堂的环境下有规律、有方法的进行自主学习。人本主义学习观对于知识的定义是能够展现学生表现与价值的主题内部结构，该学习观强调学生的自主观念，从很多方面体现了以学生为中心的真正含义。

2. 现代认知心理学派学习观

建构主义在 20 世纪 90 年代开始流行，其代表人物是皮亚杰，其认为知识的形成是外部环境和内部环境共同作用的结果，学生在自我学习的同时，能够同构在学校的学习，通过教师的指导获得知识，同时也能在相应的社会背景下通过时间和摸索获得学校以外的知识，在构建知识体系的过程中逐渐体会学习的内涵。这也是教师工作的重要任务。教师在教授学生知识的同时，要帮助学生构建知识体系、掌握学习方法。在认知派的建构主义学习观中，强调了外部环境的重要性，外部的环境会对学生的学习状态和学习效果都造成一定的影响，好的学习环境能够为学生创造好的学习氛围，从而提升学生学习的主动性，帮助学生更好的建构知识体系。

(三) 信息化背景下大学英语多元混合式教学模式改革策略

1. 线上学习资源整合

大学英语教育在新形势下的发展方向是为社会经济发展输送复合型应用人才，在大学英语教学实践当中应将对应学科专业知识进行融入，减小了学生的学习负担，使学生的英语知识更加具有针对性。信息教学依靠信息时代而言，而信息时代具有交互性、开放性、丰富性等特点。因此应充分发挥其优势，为学生提供丰富的教学资源。混合式学习模式与大学英语教学目标产生极大的契合性，帮助大学英语教学目标更好地实现。在混合式学习模式当中的学习任务目标设立中，融合对应学科知识的教学方向，同时在教学情境设计当中融入对应学科知识元素。不仅使学生能够更加准确地对英语知识进行理解而且同时也间接地对对应学科知识进行了习得，教师可根据学习内容，选择重点的部分，设置悬念问题，引发学生思考，在课堂上更好地营造教学情境，充分吸引学生注意力，提升学生学习兴趣。此外，大学还需定时开展知识讲座，及时更新教学内容，真正做到与时俱进为学生扩充教学资源，从而提升学生学习效率。

2. 创新教学模式

信息化教学是一种全新的教学模式，它以学生作为课堂主体，可与各种教学手段相融合，以此培养学生的自学能力与表达能力和英语综合能力。教师可在导入新课这一环节中，利用信息资源的丰富性与开放性，从不同的方面与角度为学生提供教育资源，并将其用多样的方式呈现给学生，激发学生学习兴趣。可以引入翻转课堂教学法，教师可利用教学平台将重点的学习资料上传至云端，学生可根据个人情况选择适合的时间自助学习和下载，有时，教师可将教学内容进行筛选，为学生创建有趣的情境，使学生投入情境中，主动参与学习。翻转课堂打破了传统教育模式的禁锢，将课堂时间进行了重新的规划，课堂时间可以为学生们解答疑问、重点拔高，对课堂时间的合理安排是翻转课堂的优势所在。合理的课程安排能够使学生注意力保持集中，积极参与课堂。此外，教师也可将学生分为小组，时常询问小组协作类问题，以此培养学生团队协作能力，并能利用团队工作监督部分学生。在大学英语教学中会出现较多的教学重点与教学难点，因此教师要适当挖掘教材的潜在内容，利用信息技术手段为学生创设情境，使学生直观地感受到情境中的语言、环境等，从而使学生融入角色中，引起共鸣。慕课教学不同于传统模式的教学，慕课教学能够充分调动学生的积极性，并根据学生的实际需求设置灵活的课程内容，在课上课后都可以进行英语的学习，使教学模式更加新颖，支持学生个性化学习。教师可通过互联网对学生的学习情况进行考核，同时学生可以借助校园网络对教师的教学情况进行评价。

3. 改革教学方法

信息化背景下大学英语多元混合式教学模式可与多种教学模式相融合，进行创新与整合，逐渐形成新的教学方法，互动式教学模式是较为新颖的教学手段，在大学英语教学中有着重要的作用。互动式的教学模式不同于传统的教学模式，具有创新性、创造性的特征。其注重教师与学生之间的互动和交流，在课堂上组织相关的课堂活动，提高学生的学习兴趣，互动式教学模式旨在提高学生的综合素质，打破传统教学模式中的束缚，保持师生彼此之间身份平等的互动。应建立信息化学习平台，为学生提供了丰富的学习资源与海量的知识，两者共同组成了教学模式系统模型的根基。创建现实的情景认知、信息交融、合作学习等具体功能服务且为英语教学模式系统中的学生提供相应的服务应用，通过相关教学法的借鉴和融合，混合式教学法逐渐体现出实效性。

加强大学生英语能力的培养，第一要准确地认定语言学习和语言应用能力之间的关系。防止基础能力和上层能力有所冲突。想要有效地提高大学生的英语应用能力就要摒弃传统的教育观念，将应用能力作为培养的根本目标，把教学模式从传统的知识讲授语转变为语言知识和语言技能学习。再次，需要根据学生的学习能力和现阶段对英语的要求制定合理的教学方案和课程安排，加强重点性和有特色的英语大纲安排。最后，还需要重视英语的人文教育，提升学生自主学习的意识和能力，重视对学生的奖励机制，最大程度调动学生的学习积极性。加强跨文化知识的学习、提高英语应用能力的同时也要加强文化思想培养，二者要相结合，不可偏失。

随着移动互联网的普及与应用，教育领域发生了巨大的变革和创新。早在2010年的高等教育英语课程教学要求中就明确提出："各校应积极引进和使用计算机、网络技术等现代化教学手段，开发和利用数字化教学资源，构建适合学生个性化学习和自主学习的新的教学模式，培养学生的自主学习能力；借助虚拟现实技术构建仿真的职业工作场景，提高学生的职场交际能力。"2012年教育部相继印发了《教育信息化十年发展规划2011—2020》，其中也提到"加快职业教育信息化建设，支撑高素质技能型人才培养"。为此，以互联网技术支持为特征的混合式教学模式在当今大学课堂上得到了广泛的应用并且取得了良好的教学效果。本节以"互联网+"背景下，结合大学英语教学现状，着重探究混合式教学模式在大学英语教学过程中提升学生英语应用能力的策略。

2015年3月，李克强总理在十二届全国人大三次会议中首次提出了"互联网+"的战略计划。所谓"互联网+"，其实就是互联网与各个传统行业相结合，实现互联网与传统行业的融合，创造出新的发展模式，这种模式兼具跨界融合、尊重人性、创新驱动等特征。在现实生活中较常见的是淘宝网的营销。淘宝网其实就是"互联网+"传统集市的结合，"互联网+"传统集市变成了淘宝，"互联网+"传统银行成了支付宝。当"互联网+教育"融合时，学生不再局限于学校和课堂，而是通过一部电脑或移动终端，一个教育专用网站，自主选择学校，选择老师。这种模式不但没有取代传统教育，反而让传统教育焕发出新的活力。

随着教育信息化技术的深入应用，混合式教学再次吸引了人们的注意，它把以往的教学优势和数字化教学优势有效结合，形成互补，进而获得更好的教学效果。美国学者斯密斯·J与艾勒特·马西埃在2002年时提出"混合式教学"，即把传统模式下的学习与E-learning这种纯技术模式相结合。华东师范大学的何克抗教授把"混合式教学模式"定义为"把传统教学方式的优势和网络化教学的优势结合起来，既发挥教师引导、启发、监控教学过程的主导作用，又充分体现学生作为学习过程主体的主动性、主动性与创造性"。不难发现这种混合式教学理论其实是把建构主义学习理论、人本主义学习理论与结构主义学习理论相结合，其中混合式教学受建构主义学习理论的影响最大。在混合式教学模式中，要求学生主动地接受知识，是接受信息的加工者。

高等教育是我国教育体系的最高层次，不仅担当培养学术人才的重任，还担当为各行各业培养技能型人才的重任。大学英语是高等教育中一门必修课。刘黛琳教授提出“英语着力提高学生的语言应用能力、职业技能与职业素养，促进学生全面发展”。如今，各大高校的外语教学改革如火如荼地进行，一些高校已取得了阶段性的成果，但是存在的问题不能忽视。经过笔者调查省内外的高等院校，对大学英语教学现状进行调查，发现存在如下问题。

学生英语基础薄弱，英语水平参差不齐。因为高校学生的生源地和入学方式不同，所以学生的英语基础薄弱，英语水平参差不齐。以笔者所在学院为例，学生的生源地主要集中在山西省内及全国的其他省份，来自省内城市的学生，英语基础要比省内农村的学生英语水平高得多。随着高考单独招生政策的普遍推行，一些没有足够能力考上大学的学生，尤其是英语成绩较差的学生，通过单招考试，成为一名高等院校的大学生。另外，多年的义务教育，使学生认为英语学习就是为了考试。正因如此，如今的大学生英语水平不容乐观。

大学英语课时少，班型大，课堂内外没有积极有效地互动。大学英语是大学生必修的课程。目前，各高等院校的课程设置趋势是重技能，轻理论，重专业，轻基础，大学英语在各个高等院校普遍存在的问题是课时少。以笔者所在院校为例，大学英语每周仅为四学时，且由于学生人数多，因此英语课的班型有时都是合班课，每个班有 100 人左右一起上英语课。这样计算下来，学生全年英语课下来，如果不积极主动，那么恐怕在课上没有一次说英语的机会。大二学年，很多学生对英语学习产生抵触情绪，导致一进大二就彻底不再学英语。课上学生没有机会和教师就英语学习进行沟通，课下师生之间更无互动。

大学英语教师缺乏信息化技术的掌握与应用，无法充分使用多媒体教室的功能。大学英语教师大部分都是英语语言文学专业毕业，从高校毕业直接进入校园走上讲台。教师具有专业的英语语言与文学知识，但是对信息化技术的知识掌握得甚少。目前，大多数高等院校的教室都是多媒体教室。教室内不但有投影仪、电脑，还有无线网络接口。在授课过程中，虽然能应用简单的多媒体课件，但是把各项信息化技术融入课堂难上加难。但毋庸置疑的是信息化技术在英语课堂中的应用不但能丰富课堂内容，而且能更好地调动学生英语学习积极性。

大学英语教材内容新颖，但实用性不佳。当前的大学英语教材充分体现大学外语教学改革成果。本科院校的英语教材注重理论性，大专英语教材注重培养学生英语应用能力，充分体现实用为主，够用为度。以高等教育出版社的《大学英语》为例，该教材注重调动学生兴趣、注重语言的形式和内容、强调学生的主体地位和能动作用、注重反馈及注重在课堂中培育师生关系和生生关系。但是在帮助学生打好语言基础的同时，该教材缺乏注重培养学生在不同职业场景中的英语交际能力，无法体现它的职业性和实用性。

(四)“互联网+”时代下混合式教学模式提升学生的英语应用能力策略

“互联网+”的演进与发展离不开网络背后的大数据，信息技术的支持加上知识推进了向智慧型学习环境的创新。在“互联网+”背景下，融入混合式教学模式的大学英语提高学生英语应用能力的策略有以下三个方面。

1. 基于混合式教学模式，构建网络教学平台提升大学生英语综合应用能力

混合式教学模式将传统教学模式的优势和网络教学的优势结合，以建构主义学习理论为基础。混合式教学模式在大学英语课堂中的应用可以充分调动学生自主学习英语的主动性。虽然一些学生的英语基础较差，但是能够主动对所学英语知识进行探索和发现。通过混合式教学模式，教师不但可以通过网络进行授课，还可以备课、布置作业、批阅作业、在线答问，同样学生可以在线下与老师互动，答疑解惑。比如，通过网络教学平台。教师将上课的资料上传到教学平台上，学生在课余时间既可温故知新，又可在网上完成老师布置的作业，老师可以集中回答学生提出的问题。这种学习平台强化了大学英语教学中的实践教学环节，提升学生听、说、读、写、译的综合能力，让学生真正体验语言交际功能。

2. 基于混合式教学模式，构建真实职场环境提升学生英语文化素养和职业素养能力

正如刘黛琳教授所说：“高校外语教学改革，必须以外语能力为核心，以职场背景为依托，以实践实训为途径，提高职场环境下的外语交流能力。”在大学英语课堂教学中，教师采集网络中的音频、视频素材进行编辑，成为上课的多媒体课件。这些资料使学生置于真实的语言环境中，更直观地感受到纯正的英语发音和真实的工作场景，激发学生堂学习英语的兴趣。此外，师生间的互动途径增多，课上师生直接面对面地交流，课通过微信或课下 QQ 等聊天工具，学生和老师不受时间和空间的限制，从而为学生学好英提供便利条件。比如笔者在每学年都会为所教班级建立一个 QQ 群或微信群，方便学和老师交流。在 QQ 群或微信群中，每个班级

的课代表承担管理员的职责，帮助老师理群，发布信息，汇总学生问题，笔者只需解决学生的实际问题。这个小小的 QQ 群、微信群类似一个小小的工作环境，进而让学生提前体验真实职场。

3. 基于混合式教学模式，促使英语教师提升信息技术应用能力。

混合式教学中，微课中展现的语法、语言现象及语言展示可以让学生更生动直观地理解。此外，教师制作微课时，能把所教知识的积累从以前的备课教案变成文字影视等数字材料。教师可以根据课堂讲授内容更灵活地利用这些数字材料，让课堂更具有吸引力。慕课使学生的学习时间和地点扩展更广阔的空间和拥有更灵活的时间。不难看出，在当今大学中，不断增加微课、慕课的课堂比例，提高学生的学习兴趣，激励老师不断提升技术技能。正如习近平主席所说："信息技术的发展，推动教育变革和创新，构建网络化、数字化、个性化、终身化的教育体系，建设'人人皆学、处处能学、时时可学'的学习型社会，培养大批创新人才，是人类共同面临的重大课题。""互联网+"时代下混合式教学模式在大学英语课堂中的应用，优化了英语课堂教学模式，改变了人才的培养途径。但是对于缺乏学习英语兴趣的学生，缺乏自学能力的学生，通过混合式教学真能提高他们的学习兴趣吗？这样的问题亟待探讨。

信息技术日新月异的发展，以计算机与网络为特征的教学媒体，逐渐改变了传统的教学环境和手段。2007 年教育部颁发的《大学英语课程教学要求》中指出"大学英语的教学目标是培养学生的英语综合运用能力，提高综合素养"，并明确指出"各高校应充分利用现代信息技术，特别是网络技术为支撑，采用新的教学模式改进原来的以教师为主的单一课堂教学模式和自主学习的方向发展"。由此，高校英语教学必须面对信息技术对传统教学方法手段的冲击，多元互动教学模式可以实现教学方法、教学式，使英语教与学在一定程度上不受时间和地点的限制，朝着个性化手段、教学内容、教学场地，还有教与学的多元化，促进教学质量，全面提高学生英语综合应用能力。

瑞士哲学家、心理学家皮亚杰（J. Piaget）提出的建构主义，是多元互动教学模式的理论依据之一。其核心思想是：知识不是以传授、以孤立方式获得的，而是学习已有经验的基础上，通过与外界的相互作用，重新建构内容与意义的方式获得的。其核心内容便是强调以学生为中心，以学生为驱动，教师在整个教学过程中，只是引导者和促进者。此外，混合学习理论也是多元互动教学模式的另一个理论基础。这一理论是要把传统学习方式的优势与信息技术的优势结合起来，在多元互动过程中，既发挥教师引导、启发、监控整个教学过程的作用，又能充分体现学习主体的主动性、积极性和创造性。

信息技术环境下的多元互动，就是学生主动参与整个学习过程，在老师的指导和帮助下，通过学校提供的信息技术条件，调动自身认知经验与学习能力，主动理解、诠释和建构知识的自主学习过程。

（1）教学方式的灵活性。信息技术环境下的多元互动教学模式中，教学方式包括教方法、教学手段、教学内容、教学组织形式等，这些因素各种组合，相互交织，供师生充分利用，全方位总结英语学习，有效培养学生自主学习能力。

（2）教学环境的开放性。信息技术环境在提供了丰富的英语学习资源的同时，也为学生拓展了学习渠道，教学资源的互通有无，使得学习者具有更大的学习主动权和自主选择权。学生可以根据自己的兴趣爱好和学习要求，自由选择学习的内容、时间和地点，通过信息技术平台整合、分析信息，根据自己的具体情况制定学习进度。而教师也可以依据信息技术平台，一方面对学生的学习内容进行检测，对学生的学习进度进行监督提醒，以保证学生不会偏离教学的主题，另一方面，也可以与不同地区、不同学校的同行，进行相互交流。

（3）教学过程的主动性。信息技术及各种学习软件的推广，为学生提供了更多的学习机遇。学生可以通过信息平台，用图像、音频及文字等方式，与同学、教师即时互动，这样，学生获得更多的话语权，可以最大限度地展示自己的学习主动性以及自主学习的能力。

（4）教学评估的多样性。教学评估是大学英语课程教学的一个重环节。单一的教学模式，其评价也存在片面性。信息技术环境下的多元互动教学评估，关注学生在多元互动过程中的体验、情感及态度，采取“学生自评+教师评价”的方式，结合学生自主学习系统的记录，从试卷考试、线上学习以及课下活动几个方面进行教学评估。

信息技术环境下多元互动教学模式，坚持“教学并重”，教师要起到导学促学督学的作用，要成为课程主动开发者，不断提升自己的教学理论水平，掌握现代化信息技术。一方面依据教学大纲，对学生的综合能力进行全面评估，进而设定合理的教学要求及目标；另一方面，要积极向学生传授大学英语学习方法，引导学生了解每次课的总体设计，熟悉教学过程中所有的教学活动，并制定可行的学习目标，同时指导学生学会使用新的技术手段，掌握英语互动学习的技能，使其学会利用信息技术组织整合英语知识要点，完成知识的内化。最后，还应该对学生的学习过程进行跟踪和监控，一方面及时解答学生学习过程中出现的问题，以保障学习进度和效果，一方面以培养学生英语学习兴趣为重点，在教学过程中，从“教什么”入手，思考“如何教”，要创设有利于学生学习的语言环境，组织丰富多样的教学活动，鼓励学生大胆展示，以充分调动学生学习的积极性，培养学生学习的好奇心和求知欲，并反思“教得如何”，总结教学经验，提高教学效果。

信息技术环境下多元互动教学模式，要求学生在学习动机、学习策略及学习时间上，成为主动构建者。学生应该充分发挥主体作用，在课前、课时及课后，积极参与教师所设计的一系列教学活动，进一步提高解决问题的能力。并主动运用信息平台，积极与教师、同学进行网上交流，分享学习经验，探讨研究问题，并反馈学习信息等。另一方面，学会在获取丰富学习资源后，对适合自己水平的学习内容进行筛选，有意识培养自己的思维创新意识，不断提升发现问题、解决问题的能力。信息技术环境下多元互动大学英语教学模式充满了挑战性。面对挑战的教师会在完善自己专业知识结构的同时，熟练应用信息技术，这样，当学生的学习行为受到阻碍时，教师能针对具体问题采取卓有成效的方法和手段，引导学生去克服障碍，即：一方面对学生进行学业上的指导，另一方面对学生进行心理上的疏导。另外，学生对信息环境下的教师素质有着很高期望，希望教师有诲人不倦的耐心；有良好的表达能力，能给出有效建议；有乐观的生活态度，并且能鼓励他们的创造性思维。由此可见，在信息技术环境下多元互动英语教学模式下，教师需要调整教学思路和方式，在品德、知识、能力、情感以及教育理念等方面不断完善自我，通过自己的积极作用来影响学生的学习行为。信息技术环境下多元互动模式，也提高了对学生的要求。一方面，学生要学会管理时间，通过科学安排线上线下学习，熟练掌握基础知识及听说读译的技巧。一方面，学生能在教师初期的督促下，逐步自主学习，并在这个过程中，学会根据自己的水平、目标，筛选学习内容，能过个体独立学习，与教师沟通，与同学交流，养成发现问题，解决问题，总结经验的好习惯，从而提高学生的沟通、合作等综合能力。

综上所述，随着教育信息数字化、现代化的发展，多元互动英语教学模式，不仅为学生学习英语提供了更加便利的条件，同时对教师、学生提出了新的挑战。信息技术环境下多元互动大学英语教学模式，采取了多种教学手段更丰富的教学内容，使得教师、学生、教学内容的内涵得以更好地开发，最终力求达到最好的教学效果。

二、大数据视域下的高校英语教学模式创新分析

高校英语教学作为促进学生英语综合应用能力与水平提升的重要途径之一，在科学技术不断发展的推动下，高校英语教学不仅具备了智能化、信息化的特点，而

且其教学水平也得到了大幅度的提升。本小节主要就大数据视域下的高校英语教学模式的创新进行了简单的阐述和分析。

（一）大数据视域下优化高校英语教学观念

大数据时代背景下的高校英语教学模式创新，必须充分重视英语教学观念对英语教学水平提升所产生的影响。随着信息化时代的来临，高校应该将促进英语教学质量的提升以及培养优秀英语专业人才作为其教育教学活动开展的首要目标。而英语教学观念的转变则是确保这一目标顺利实现的关键。经过深入的调查研究发现，现阶段很多高校都存在着英语教学观念传统落后的现象。而这也是导致高校英语教学无法适应信息化社会发展需求的重要原因之一。为了改变这一现状，高校必须紧跟大数据时代发展的步伐，积极地进行英语教学体系的重新调整与设计，同时要求高校英语教学工作者转变传统英语教学理念，通过高校建立高校内部信息化与数字化英语教学体系的方式，促进高校英语教学质量和效率的不断提升。

（二）大数据视域下创新大学生英语学生形式

大数据时代为全民信息化时代的来临奠定了良好的基础。通过对影响高校英语教学效率提升原因的分析后发现，在进行大数据视野下的英语教学模式改革与创新时，教师教学手段的丰富以及教学方法的创新，不仅是促进学生英语语言应用能力不断提升的关键，而且也是衡量教师教学能力高低的重要标准。而高校英语教师必须积极的学习先进英语教学理念以及教学设备操作的方法，才能促进其英语教学能力和效率的全面提升。比如，使用多媒体、微课或者慕课的英语教师比使用传统口头教学、提问或者板书教学的英语教师不仅更受学生的欢迎，而且学生学习的主动性和积极性也相对更高。所以，教师必须紧跟大数据时代发展的步伐，充分发挥信息技术的优势，将学生的兴趣爱好与英语教学紧密地结合在一起，引导和鼓励学生运用现代、科学的方法学习英语，从而达到促进学生英语学习质量和效率不断提升的目的。

（三）大数据技术可以更好地了解大学生的切实需要

大数据不仅具有数据收集、分析的能力，而且利用大数据得出的数据分析结果的准确性以及参考价值也相对较高。所以，高校必须充分利用大数据的这一特点，收集和整理大学生英语学习的实际需求，然后根据最终的数据分析结果，制订切实可行的英语教学策略，才能满足大学生英语学习的要求。比如，高校可以通过了解大学生使用的搜索引擎的方式掌握学生学习的兴趣和需求，寻找学生学习英语知识的兴趣点，然后再根据学生学习的兴趣，制订英语教学计划并安排英语教学内容。另外，高校还可以采取填写网络调查问卷的方式，征求广大学生对英语教学的建议和想法，然后根据实际的情况及时地进行英语教学方法的改革与创新，才能达到促进高校英语教学质量和效率稳步提升的目的。

（四）大数据视域下可以更好地实现个性化教学

信息和数据泛滥是大数据时代最显著的特点之一，那么怎样在海量数据信息中选择符合自己需要的信息对于学生的学习具有极为重要的影响。这就要求高校英语教师在日常教学过程中，必须在加强学生信息选择能力培养的同时，要求学生运用外界力量就自身潜在的需求以及隐形知识的挖掘，才能确保学生能够顺利地找出符合自己要求的信息。比如，高校图书馆中隐藏着不同的学习资料、文学资料以及学术资料等数据信息。为了充分发挥出这些数据信息对学生学习的帮助，高校必须采取积极有效的措施为学生提供个性化的服务，才能促进图书馆资源利用效率的不断提升。另外，高校应该紧跟大数据时代发展的步伐，积极地利用多媒体教学设备启发学生的兴趣，通过多媒体播放美剧为学生营造良好的英语学习环境，引导学生在轻松愉悦的环境下学习英语知识。由于信息共享是大数据时代的主要特点，高校在开展英语教学时，必须将学生视为大数据时代的信息载体，通过与学生之间建立信息共享平台的方式，激发出学生学习英语知识的兴趣。比如，教师可以将经过整合的英语资料放在共享网络上，而学生则可以通过下载教师共享的资料进行英语知识的学习。经过这样的过程，不但学生自主学习的能力得到了有效的培养，而且学生与学生之间的信息共享也为团队精神与合作精神的培养奠定了良好的基础。

（五）大数据视域下可以更好地进行智能平台的建设

大数据时代为高校英语教学向科学化、信息化、现代化、高效化方向的发展提供了新的契机。作为高校而言，必须充分借助大数据时代的优势和机遇，构建符合自身实际发展需求的智能化英语教学平台。比如，现阶段我国高校流行的慕课、翻转课堂等新兴的英语授课方式，都是在大数据的推动下兴起并被广泛应用的，充分发挥大数据时代的优势，建立智能化的英语教学平台，对于学生英语学习兴趣的调动有着极为重要的意义。

随着高校智能化英语教学平台的建立，英语教学效率以及学生英语学习效率都得到了显著的提升。所以，高校必须紧跟大数据时代发展的特点，积极地进行传统英语教学模式的改革与创新，才能在满足现代社会与大学生英语能力需求的基础上，为大学生后期的成长与发展奠定坚实的基础。

总而言之，大数据不仅是当前时代发展的主要特征，而且大数据技术的推广和应用已经成为社会发展的必然趋势。作为高校而言，必须紧跟社会发展的步伐，充分发挥大数据技术的优势，进行英语教学模式的改革与创新，才能确保英语教育教学工作的顺利开展。同时，高校还应重视大数据时代的特点和要求，进一步拓展英语教学的范围，才能在促进高校英语教学水平和质量不断提升的同时，培养出符合大数据时代特点和要求的综合型应用人才。

大数据是信息技术领域中的一项重要的变革，随着大量非结构化与半结构化数据的出现，大数据中蕴含的信息价值越来越大，社会上关于大数据的研究也越来越多。高校是学生成长的重要场所，在信息时代背景下，学生与外界的联系越来越多，国际一体化成为一个必然趋势，英语教学成为高校教育的重要内容。在新的环境下，高校的英语教学也要不断创新，传统的英语教学模式已经不再适用，在高校的英语教学过程中，对此，要积极加强对各种新的信息技术的应用，利用大数据技术开发自身潜力，加强对高校发展过程中的各种数据的挖掘，从而借助新媒体平台加强各种消息的有效传递，从而使得高校的英语教学效率不断提升，实现数字化、信息化发展。

（一）大数据时代

大数据时代是当前信息技术领域中的一个热词，随着互联网的迅速发展，学生在生活、工作、学习过程中对网络的依赖程度越来越大，我国的网民数量还在不断增加。大数据就是在这样的背景下产生的一个概念，大数据也叫做巨量资料，可以将大数据时代理解成为一个海量信息的时代，从字面意义来讲是指有大量丰富的数据存在，但是数据量的规模并不是大数据存在的真正意义，大数据存在的真正意义就是在于应用，是要将这些信息挖掘出来，发挥其真正的作用。

（二）大数据时代背景下高校的英语教学现状

随着大数据的不断应用，当前各个领域对大数据的使用频率也比较高，高校是学生学习的重要场所，同时也是科研聚集的地方，很多教授、教研人员都在积极加强科学研究，在各个领域中随时都有新信息的出现。作为教育的场所，其本身就蕴含了丰富的信息，加强对高校信息的挖掘，可以有效地将高校的信息呈现出来。在大数据环境下，高校英语教学变得更加快捷、方便，大数据是以互联网为基础的，可以借助互联网实现快速的信息挖掘以及传播目的。比如当前很多大学生在学习生活过程中很喜欢观看一些比较优秀的美剧，美剧一般都有一定的连续性，而且逻辑思维较强，是丰富学生的业余生活的一个重要载体，而且学生在观看美剧的时候往往也能从中学习英语，从侧面带动学生学习英语的积极性。美剧在居民的生活中扮演了十分重要的角色，应该要加强美剧的引导和宣传作用，加强他们对英语学习的认识，从而能够积极参与到各种英语学习中来。

尽管大数据时代为高校的创新发展提供了机遇，但纵观传统高校英语教学可以发现，高校在创新发展的过程中依旧面临许多挑战，最明显的就是信息化程度不够，对各种现代技术的应用不足，这些信息滞后问题在大数据不断应用的过程中得到了一些解决，比如很多高校当前都已经开始加强高校网络的建立，并且借助大数据挖掘技术，对高校的信息进行深入挖掘和分析，并且正在积极加强应用，将这些数据信息与教学过程实现融合，但需要注意的是，大数据技术在高校中的使用状况并不乐观。

大数据时代背景下高校英语教学策略转变传统的高校英语教学观念加强高校英语教学模式创新，是在大数据时代背景下对高校发展提出的一个全新的要求，也是提高高校英语教学水平的重要途径。信息化时代，承载信息、知识传递功能的高校，必须要对传统的英语教学理念进行改革。当前很多高校的工作人员对高校的英语教学的理解还比较传统，使得高校的发展不能适应信息化时代。对此，高校应该要结合大数据时代对高校提出的全新的要求，采取各种手段对高校英语教学体系进行全新的设计，对高校英语教学人员的英语教学理念进行改革，从而在高校内部实现信息化、数字化英语教学，加强对各种大数据技术的应用。

（三）利用大数据技术对学生英语学习需求进行了解

大数据时代整个社会都呈现信息化趋势，在这个过程中，高校要提高教学效率，则必须要加强对学生的学习兴趣点的研究，需要在研究学生的基础上，借助大数据技术来分析学生在使用网站的检索功能时产生的一些访问记录，从而对学生的阅读需求进行有效的掌握，根据这些信息挖掘出学生的行为方式和兴趣爱好，给学生推送更多感兴趣的信息，比如有的学生通过学校图书馆系统搜索一些英文原著，图书馆系统可以根据相应的检索分析技术，为学生推送更多与英美文学相关的材料，从而使得学生可以接收到更多的信息。通过大数据分析，高校在推送消息的时候是一种个性化英语教学，这种推送方式有较强的针对性和指向性，被学生接受的成功率更高，也能帮助高校更好地实现英语教学。在利用大数据技术对学生的学习需求以及喜好进行了解之后应该要给学生推送更多消息，让学生能够在学习过程中获得更多丰富的资源素材。

（四）基于学生需求实现个性化英语教学

大数据时代最大的一个特征就是信息泛滥，面对如此巨大的信息量，很多学生都会考虑如何才能找到自己想要的信息。因此，学生需要借助外力帮助他们分析潜在需求、挖掘隐性知识、推送所需信息，以此来满足自身的信息需求。在高校的图书馆中，有很多丰富的信息，比如学术资料、文学资料等，在大数据时代应该要加强对高校图书馆的利用，为学生提供更多个性化的学习资料，让学生在学习生活过程中可以加强对这些材料的应用，提高自己的英语学习水平。再比如可以利用美剧为英语学习的发展提供良好的媒体环境。为了引导学生对英语学习有一个更加全面的认知，媒体依旧有责任，各种美剧不仅是让学生放松生活的调剂，更是引导学生对英语学习文化进行了解的一个重要载体。首先，美剧应该要对英语学习进行准确的定位，能够了解到英语学习在居民生活中的重要意义、美剧对英语学习教育的深入推进带来的意义，从而能够在媒体宣传过程中对居民关注的英语信息进行宣传，使得居民能够在生活和工作过程中利用英语学习改变自己的生活方式。其次，政府和社会要积极合作，引进更多优秀的美剧，使得美剧传播的题材类型越来越多，让群众在观看美剧的时候能够对不同领域中的美剧题材有更多的了解，并且也能对不同领域和行业中的英语表达有更深的认识，提高居民对英语学习的兴趣和爱好。大学英语教学过程中加强对新媒体资源的应用，离不开各种信息的共享，学生就是一个重要的分享主体，在新媒体教学过程中，学生与教师之间的交流可以不再是传统的面对面形式，教师可以分享各种新媒体资源，比如教师可以将一些大学英语资源整合在一起，比如整合一些英语访谈节目，将其打包上传到网络上，学生通过对这些信息的下载和学习，可以提高自己的听力能力和口语能力。学生也可以成为传播的载体，通过各种新媒体平台将一些新媒体资源传递给自己的同学，从而实现这些新媒体信息的共享。

综上所述，大数据是当前时代的特征，大数据技术应用的领域也十分广泛。借助大数据技术可以使得高校的英语教学变得更加精准，使得高校的英语教学工作可以更好地开展，能够不断调整发展战略。在未来的发展过程中应该要根据大数据时代的特征以及要求，加强对高校的英语教学范围的拓展，使得高校的英语教学水平不断提升。我国自十一届三中全会后开始执行改革开放，到如今，我国的经济发生了翻天覆地的变化，城市化水平越来越高，现代化水平也越来越高。到了 21 世纪迎来了全球信息化时代，科技水平和生产水平都有了显著的提高。这一时期也被人们称之为大数据时代，在大数据时代的背景下，人们的生产和生活方式都发生了巨大的改变，这种生产生活以及时代的改革都对高校教育产生了影响。英语作为使用国家最多的语言，成为高校课堂教育的基础课程之一，但在大数据的时代背景下，大学英语教育的模式渐渐显露出了一些问题。为了帮助大学英语教育适应时代发展的潮流，满足大数据背景下对高校学生英语能力的要求，高校不得不对传统的英语教育模式进行改革，从而提升学生的英语水平。

本节从大数据视域下高校英语教学的现状、大数据视域下对高校英语教学模式进行改革创新的重要意义以及大数据视域下高校英语教学模式应该怎样创新这三个方面出发，对大数据视域下高校英语教学模式的创新进行了分析。希望本节提出的观点对于促进高校英语教学模式改革，为社会培养可用人才，提高国家的软实力和国际竞争力提供帮助。

在当前的信息技术领域当中有一个非常重要的词语就是大数据时代，在互联网技术的不断发展之下，学生的生活、工作和学习都已经渐渐离不开互联网了，互联网对学生的影响越来越重要。随着时代的不断发展，我国网民越来越多。大数据就在这种背景下逐渐产生了，大数据时代有一个别称就是巨量资料时代，因此我们可以将大数据时代理解成海量信息时代。从字面上来理解，现代社会拥有大量丰富的数据，如何对这些数据进行应用，将数据背后的信息挖掘出来，并且将数据背后信息的作用充分地发挥出来是现阶段值得思考的问题。大数据时代下的高校英语教学也发生了一系列的变化，在大数据的背景下，高校的信息呈现更加迅速和有效，高校英语教学变得更加方便和快捷。当代大学生可以利用空闲时间观看优秀的美剧，美剧具有连续性和逻辑性强的特点，所以在观看美剧的过程中，学生不仅能够丰富业余生活，还可以学习英语知识，培养英语的语感。所以说大数据的时代，给高校英语教学模式的创新提供了机遇和平台，但在实际的创新过程中，依然面临着很多挑战，其中最明显的就是授课方式比较陈旧以及信息化的程度不够高等方面。

笔者在对一些高校进行实地考察后发现，在大多数高等院校当中依然采取传统的教学模式进行大学英语教学，这一教学模式使用的主要教学方法是教授法，也就是传统的教师在上面讲，学生在下面听。这种教学模式没有将学生的主动性发挥出来，教师在整个英语教学课堂中占据主导地位，学生的兴致难以提升。整个课堂气氛低沉。在这种教学模式下，学生的英语实践能力难以提升，且学习的效果不佳，在教学结束后，教师还会给学生布置相应的作业用来巩固上课所讲的内容。这种教学模式在我国的应用时间非常长，并且在一定程度上是有着良好的教学效果的，但是随着时代的发展，这种教学模式已经不适合现在大学生的发展需要。他们毕业后需要进入社会，但是利用这种教学模式学习到的英语知识难以在生活和工作当中得到应用，不能满足学生对于工作的需要。

我们知道在大学期间学生需要通过全国英语四级和英语六级的考试，所以大多数的英语教师将工作的重点放在了教授英语四六级的知识上，教学目标是如何通过英语四六级考试。所以他们对于学生在实际生活中如何应用英语并不十分关注。当大学生离开学校进入工作岗位需要运用英语进行交流时，就会不知所措，难以进行交流。

英语是世界上使用国家最多的语言，随着国际交流的频繁，对于学生英语能力的要求就更加的高了。我们进行英语学习是为了更好地进行国际交流，更好地了解世界的发展状况，更好地认识世界。因此，我们要求英语教学与时代接轨，顺应时代发展的步伐。

大数据时代为英语教学与时代接轨的要求提供了机遇，在这一时代，大量的信息在人与人之间相互穿越，在国家与国家之间共享。互联网就成为学生获取知识进行交流的主要工具。对于高等院校的大学生来说，就可以利用互联网在网上查找数量较多、质量也比较好的英语知识。当高校的学生改变了对于大数据和互联网的认识，让大数据为英语学习提供更好的服务时，他们的英语学习水平和英语实践能力将有显著的提高。

高校是人才培养的主要基地，所以它对于学生的培养方式和培养手段会直接地影响到高校的教学质量和大学生今后对社会的适应能力。高校日常教学的重要组成部分之一是英语教学，所以在大数据视域下对高校教学模式进行改革创新对于提高高等院校的教学质量，帮助学生更好地适应社会，提高学生的就业率都有着积极的作用。再加上，21 世纪的两大潮流是经济全球化和世界多元化，所以国家与国家之间的交流越来越广泛，英语作为最重要的交流语言之一，一直受到关注。在大数据时代，传统的英语教学模式已不适应现代社会发展的需求，所以迫切需要进行改革和创新。因此，在大数据的视域下对高校教学模式和教学方法进行改革和创新，能够实现信息技术与英语教学的融合，加强信息技术在英语教学中的实际作用，挖掘教师的教学潜力，找到更多的教学资源，帮助大学生建立英语学习平台，实现教学资源的传递和共享，提升高等院校的教学质量，推动高等院校英语教学向着现代化、信息化、高效化、数字化的方向发展。

转变传统的高校英语教学观念，为了更好地实现高校英语教学模式的创新，对大数据时代背景下的高校发展提出了更多的要求，转变传统的高校英语教学观念也是提高高校英语教学水平的一个非常重要的途径。高校在信息化的时代下，具有承载信息、传递知识的功能。为了提高高校英语教学的质量，培养更加优秀的英语专业人才，就必须对传统的高校英语教学观念进行转变。经过调查研究可以发现，当前，很多高校中的工作人员对高校英语教学的理念比较传统，所以高校的英语教学不能很好地适应现代信息化的时代。针对上述情况，要求高校结合大数据时代对高等院校提出的具体的全新的要求，采取多元化的手段来对高校英语教学体系进行调整和设计，对高校英语教学人员的应用教学理念进行革新，从而实现高校内部信息化和数字化。此外，对高校英语教学人员进行技巧和能力的培养，转变工作人员的教学理念，加强工作人员大数据技术的应用能力。

大数据视域下创新大学生英语学习方式。在大数据的时代下，全民信息化的时代已经逐渐来临。上文对当前大学英语教学中存在的问题进行了浅析，也对出现问题的原因进行了阐释。由上文可知在大数据的视野下对传统的英语教学模式进行改革，不断地丰富教师的教学手段，创新教学方式，对于教师提高学生的语言应用能力有着重要的作用。同时，这也是衡量一个教师教学能力的重要标准。

高等院校的英语教师为了提高自身的教学能力和工作效率，就需要学习先进的教学设备的操作，然后利用多种教学方法进行教学。举例来说，一个使用多媒体、微课或者是慕课教学的教师比一个利用传统的口头教学、提问教学或者是板书教学的教师更能受到学生的欢迎，学生学习的主动性也会更高一些。在大数据的时代背景下，教师要充分地利用信息技术，将英语教学内容与学生的爱好和实际需求结合起来，引导学生运用现代的、科学的办法进行英语学习。

教师为丰富大学生的词汇量，还可以通过播放英语电影来引起学生学习英语的兴趣，让学生在观看英语电影的同时，积累英语词汇，提升英语听力水平，锻炼口语的表达。不仅是这样，通过观看英语电影还可以培养大学生的语感，帮助学生理解语法，更好地运用英语。

利用大数据技术对大学生英语学习需求进行了解。大数据具有收集数据、分析数据的能力，并且通过大数据分析出来的数据结果准确度极高，参考价值也极高。高等院校可以利用大数据的这一特点对大学生英语学习的实际需求进行收集和整理，然后根据收集和整理出来的结果，采取合适的方法满足学生的需求。一般情况下，高等院校可以根据大学生使用的搜索引擎对学生的兴趣和需要进行了解，找到学生对英语的兴趣点，然后根据学生的学习兴趣，制订相应的教学计划，安排相应的教学内容。学校可以通过对大学生在图书馆系统搜索的相关内容，对学生关于英语学习需求进行了解，然后购买相应的书籍来满足学生关于这方面的需求，从而办出自己的特色，提高教学质量。或者可以采取网络填写调查问卷的方式，征求学生对于英语教学的建议和想法，然后对可行的建议进行采纳。基于学生的需求实现个性化的英语教学，数据和信息泛滥是大数据时代一个非常重要的特征，在巨大的信息量面前，怎样选择自己需要的信息是非常关键和重要的。英语教师应该对学生选择信息的能力进行培养和提高，而学生就需要在外界力量的帮助下来分析自身潜在的需求以及对隐性知识进行挖掘，找出自己真正需要的信息。在高校的图书馆中往往隐藏着大量的信息，其中包括了各种学习资料、文学资料和学术资料，所以要求高校能够更好地对本校的图书馆资源进行利用，为学生提供更加个性化的服务。让学生在学习与生活的过程中对图书馆中的资料进行利用，从而提高自己的英语学习能力。同时，学校应该充分地利用多媒体对学生进行兴趣方面的启发，在多媒体上播放美剧等来为学生的英语学习提供更好的媒体环境，美剧既可以作为学生放松时的调剂，又是引导学生学习英语文化的重要载体。

在高校的英语教学过程中，信息的共享也是非常重要的，学生被当作是大数据时代的一个信息主体，教师应该将学生的信息主体的作用充分发挥出来，学生与教师之间、学生与学生之间可以进行资源的共享。例如教师将各种英语资料进行整合，然后共享在网络上，学生通过下载对这些资料进行学习。在这个过程中，学生的自主学习能力也得到了培养，而且学生与学生之间的信息共享还有助于团队精神和合作精神的培养。构建高校英语教学智能化平台。在大数据的视野下，高校英语教学朝着科学化、现代化、高效化和信息化的方向发展，高校就应该积极抓住发展机遇，借助大数据的特殊优势在本校内构建英语教学智能化的平台，例如，现在在我国比较流行的几种授课模式，如慕课、翻转课堂等。这些新兴的授课方式就是在大数据的背景下逐渐产生的，它可以利用大数据的优势，建立智能化的网络平台，让学生的兴趣不断提高。同时，这些授课模式对于学生主动接受英语知识来说也有着积极的促进作用，高校的英语教学智能化平台对于实现英语教学资源的传递和共享，及提升大学生的学习效率也有着积极的作用。所以学校应该将计算机技术、互联网技术与英语知识的传授结合起来，建立起一个高效的、智能的英语教学平台。只有这样，才能对传统的教学模式进行改革，才能在很大程度上满足现代社会对于大学生英语能力的要求，顺应时代的发展，满足适应社会增加就业率的需求。

由上文可知，大数据时代的到来和发展对人们的生产、生活和学习产生了深远的影响，也给高校的教育带来了挑战。英语作为现代大学生必备的技能之一，就更应该主动地进行改革创新，积极地迎接挑战，将大数据给高校英语教学带来的生机和活力充分地发挥出来。面对当前高校英语教学中存在的各种问题，教育工作者应该对大数据时代的发展状况和特征进行研究，充分认识到大数据时代的含义，在了解大数据时代的基础上创新英语教学模式和教学方法。大学生具有其特殊的年龄特征，在进行教学改革时，还应该对这一时期学生的心理状况和年龄特征进行了解，针对大学生的需求进行英语教学，发展大学生的独特个性。所以在大数据的视域下，要想对高校的英语教学模式和教学方法进行创新，就需要利用大数据的相关知识创新学生的学习方式和教师的知识传授方式，需要利用大数据对大学生英语学习的需求进行了解，需要构建高校英语教学智能化平台，更好地实现英语教学资源的共享。

第六章　高校英语线上线下教学模式构建

第一节　线上教学概述

一、线上教学的概念

当前，线上教学一般定义为以班级为单位组织授课和双向互动，以录播课和“录播+线上答疑”的形式，根据课程大纲及教师教学目标，以网络技术为媒介，实现教师、学生、媒体之间的多向互动，并通过多媒体和网络平台对多媒体教学中所涉及的信息进行收集、处理、传输和共享，从而实现教师教学目标的教学模式。相比于传统的课堂教学模式，线上教学形式打破了时间和空间的限制。

二、线上教学的原则

教师在线下授课时，可以与学生面对面交流，随时观察学生的听课状态，并根据学生对课程的理解情况，及时调整讲课的速度和内容，从而保证知识的有效传达。但在线上授课时，由于无法实时获取学生的反馈，教师会感到无所适从。随着对线上教学的不断实践和探索，我们不难发现，线上教学有着固定的生存土壤和适用范围，也有需要遵循的基本原则。

（一）技术简易方便操作原则

面对线上教学，掌握信息技术是首要的，目前，大部分教师对信息技术能力较为欠缺，所以我们应选择自己能够掌握且容易操作的技术开展教学，这一点对于信息技术能力较为薄弱的教师尤为重要。

（二）课堂以生为本原则

无论线下教学，还是线上教学，课堂都要始终坚持以学生为本。学习的主体是学生，教师在课堂上要充分体现学生的主体地位，不断地为学生搭建探讨、交流、互动的平台①。教师可以采用问题驱动教学法，让学生围绕问题寻求解决方案，从而发挥学生的学习主动性，提高学生的教学参与度，激发学生的求知欲，活跃其思维。这样能有效避免出现教师滔滔不绝地讲解，而学生不能全身心投入，或根本不听课、思想开小差，甚至做其他事情的情况。教师应引导学生在问题的驱动下持续学习。实践证明，线上教学中学生更愿意回答教师提出的问题，更愿意与教师互动，这是线上教学的优势。在课堂上，教师要为学生提供“指南针”，让他们寻找自己的“北斗星”，成为唯一的自己。

（三）追求课堂高效率原则

不管线下教学，还是线上教学，教师应始终把提升教学效率作为开展教学工作的重要目的。所以在线上教学过程中，教师要合理分配时间，必须将讲课时间控制在20分钟左右，内容尽量精练，提高趣味性，最好做到一节课讲解一个知识点，避免一节课从头讲到尾，完全忽视学生的存在。教师可设计具有挑战性的任务来调动学生的积极性，引领学生从知识与训练的浅层学习转向思维建构的深度学习。教师应在每节课预留一定的练习时间，防止学生长时间观看屏幕产生疲惫感，以致注意力分散。

（四）授课方式多样化原则

线上教育与线下教育存在诸多不同，不仅学生面临全新的学习环境，教师也要及时适应这种新的教学方式。面对线上教学这种全新的教学模式时，教师要灵活教学，一切以课堂的实际状况为主，同时也要大胆创新，探索适合线上教学的新方法、新思路。例如，教师可以采用视频、直播间、PPT+语音、视频+语音等方式，只有这样才能激发学生的学习兴趣，更好地吸引学生的注意力，从而促进线上教学的长远发展。

三、线上教学的优缺点

（一）优点

1. 线上教学资源丰富、形式多样

就慕课学习平台来讲，国内有学堂在线、中国大学 MOOC、好大学在线、超星

① 马永峰．“互联网+”视阈下高校英语教学模式发展研究［J］．湖北开放职业学院学报，2019，32（06）：134-135.

尔雅、智慧树等知名慕课平台，提供的线上学习资源丰富多彩、各有特色。以中国大学 MOOC 平台为例，有 141 856 门优质课程资源，815 门国家级在线精品开放课。就每门课程来讲，重点突出的微视频可以吸引学生眼球，提高听课效率；少量高效的精准测验可以检验学生是否掌握了知识点；另外，学习过程有记录，能够提供基于大数据的学习分析。

2. 以学生为主导，强化了学习的自主性

学生可以根据自己的情况选择合适的学习时间，不受时空的限制。学生根据需要可以回看视频，复习相应的知识点，也可以调节视频的播放进度，适合个性化学习。这种线上教学体现了以学为主，学生是主导，教师是辅助，可以激发学生的学习潜能和学习兴趣，由被动学习变为主动学习。

（二）缺点

1. 师生间互动的效果不好

尽管 MOOC 平台有讨论区，也可以随时在线上向教师提出问题，但有些学生是为了完成学习任务而敷衍了事地参与，真正问问题的学生不多。而传统的课堂教学，面对面的沟通更容易表达情感，更能反映学生的真实情况。另外，线上教学缺少学生之间的团队合作和交流。

2. 线上学习效果难以把控

对于学习主动性、自觉性不高的学生，作业不认真做，甚至相互抄袭，教师对学生的真实学习状况较难掌握，对线上学习效果较难把控。

第二节　现代线上大学课程教学模式

一、线上教学模式的特点

顾名思义，线上教学指的是基于网络平台的教学，依托的是强大的现代信息软件技术，如：大家熟知的中国慕课、学习通、钉钉等平台，本人所在学校使用的是超星尔雅的“学习通”平台，这种模式的特点在于学生和教师可以不受时空限制地开展教学活动，形式更灵活，而且线上教学资源更加丰富多样，大量的音频视频使得英语教学更容易被学生接受。目前许多高校建立了线上大学英语教学平台。根据目前的线上教学实际情况，这种线上教学模式给大学英语教师的信息化教学水平提出了更高的要求。当然，互联网下的线上大学英语教学并不能取代传统的课堂教学，如何高效地利用线上教学平台为课堂教学服务值得每位教师去思考。

二、线上课程教学模式的具体方式

（一）提高自主学习能力

1. 学生现状

英语作为一门应用学科，其实很大意义上来讲，真正的学习方式不应该只局限于高中以前的应试教学模式，而应该是应用为主理论知识为辅，学生为主，教师为辅的大学英语观念，两种英语学习模式出现了较大落差。因此就出现了教师期待值和学生期待值之间，以及学生对大学英语的学习目标设定与自身行为习惯之间的差距。某种意义来说，很多大学生学习英语有共同的内在心理和在外行动误区。而这一误区的核心就在于主动。大学英语的学习模式应该是以学生为主体的主动学习，而非教师授课为主的被动接受。

2. 自主学习的可行性

然而，从被动到主动的过程并非想象中那么容易。人的选择与行动并非随意而无规律的，它一方面是客观必然约束下的结果；另一方面也是社会规范制约下的产物。同时还会受到每个人内在的、成长环境及自身条件的规制。而这些因素又会与个体差异以及环境产生更多的不同。这些复杂而并不相同的约束，却共同制约了学生自主学习的条件，而现在大学课程教学模式的许多环节设置包括听说读写译这些每一个线下课堂必备的环节结束之后，都会要求学生提交一一对应的课后反馈。每一个学生都是一个完全自主的个体，而不像课堂上一样可以滥竽充数，听着大众的发言来做自己的回答，或者甚至缺乏主动的环节，而单纯的只是听教师的授课，它们受到客观条件的束缚甚至社会规范的制约，而如果没有了这些约束的同时，学生面对电脑的时候，没有了课堂上面对教师的紧张感和站起来当众发言一旦出错容易引起哄堂大笑的拘束感，也没有了个体情绪管控等自身因素的制约且能够更好地发挥自己真实的学科水平，学生的主动意识大大提高。

3. 自主学习的体现

与此同时，英语作为一门语言学科与其他科目较为不同的一点是它很大程度上需要靠练习进行提高，而线下课堂，多人同时上课的外在条件注定了学生个体的练习没办法较为理想地进行，而在线课堂则为学生提供了这样的空间，同时也由于现代网络通信工具的大大发展使得QQ群、微信群之类的通信工具广受欢迎，但同时也使得学生上课玩手机的频率大大提高，而教师对于这一现象与其阻止，不如加以引导使其变为学习的助力，比方说，同学们可以在这些群里进行全英语交流，而在英语交流的过程中就达到了学习的目的，甚至还可以进行一些学习资源的交流，这样，线下课堂的毒瘤手机就成了线上课堂的学习神器①。

4. 自主学习的拓展

当然，以上仅仅是较为片面的一些猜想，活动教学理论以马克思主义实践观为指导，该观念主张探索发现和解决难题，同时以此方式来掌握人类长期积累的关于自然和社会的系统知识，并在经验和交流活动中实现对已有知识的突破和创新，达到情感行为的升华和提高。然而该观念也认为，主观与客观的联系，并不是静止的，而是在其相互作用中实现的。

（二）打破班级授课制的局限

而当我们提到线上课程教学模式的优越性，必须要将它与传统的班级授课制度进行对比，而在对比的同时，我们就能发现传统的班级授课制度是具有一定的局限性的，而它的局限性则体现在如下几个方面。

1. 时空的限制

首先传统的班级授课制度具有时空的限制，其教学过程主要在教室完成，以教师的讲课为主，同时配合ppt，板书，教师提问等教学方式来完成知识的传授，在这一过程当中学生很可能由于环境，课堂人数较多等外在条件，以及学生的心理压力，或当天的身体状况等内在条件，使得学生的学习状况较容易受到影响，而线上教学则打破了时空的局限，使得教学活动不再仅仅局限于课堂，学生在时间以及各种情况的安排上来讲相对更为自由，并且拥有更多的时间和空间进行知识的交流，甚至互相之间的讨论，以及更加深入内容的学习。

2. 信息处理的限制

其次，传统的课堂信息来源及信息处理手段受到局限，同时还存在信息失真，信息传递不畅，以及信息反馈不及时等问题，在传统的班级授课过程中，教学信息大部分都来自学生课堂的出勤情况，课堂上教师的提问，以及布置的一些课后作业等，信息相对来讲较为杂乱以及碎片化，较难形成整体，有规律的信息流。传统的班级授课制度，很大程度并未太过看重学生作为整个教学进程的最终接收端，在教

① 任佳．数字化环境下高校英语课堂教学模式探析［J］．淮南职业技术学院学报，2019，19（6）：67-69.

学过程中的主观体验、对知识的吸收能力及学习过程中出现的大量的情境数据，反而以教师作为学习过程的主体。而教师的判断较为主观，缺乏科学以及深层次的分析，难以真正的反映每名学生的学习水平及能力。与此同时，在授课过程中教师也较为专注，而难以对学生听课的状态进行信息收集，甚至处理分析。在传统的班级授课制度当中，学习信息的反馈主要来自课程结束以后的考试，而考试之后学生与教师之间往往难以及时交流沟通，进行信息的反馈，学生在学习上出现的状况，没有及时得到纠正。

线上大学教学课程模式之所以备受关注，除了形式的新颖，另一个较为重要的原因就是运用互联网和计算机授课过程中，计算机对信息数据的挖掘和分析能力得到充分的利用，而这些技术的运用使得整个学习的过程更加的科学，也使得其系统的信息流更加的流畅及完整。主要体现在互联网授课时信息的来源渠道较多，信息处理具有实时性，并且在学习结果的分析及评估上计算机也能达到比人为分析更加深入以及全面的地步。

3. 教师的能力及资源局限

在传统的班级授课教学模式中，虽然教师的职业注定了教师终身都是学习者，然而有时由于各种外界因素及内在因素的影响，比如身体状况，课程的紧张，出差及会议等工作事务的安排等。教师个体的学术信息没有办法及时地更新及扩充。因此，在某种意义上来讲，教师的能力是存在一定局限的。

而借助互联网的线上教学模式，则可以较好地避免这一系列的问题，除了教师上传的课程视频之外，各个互联网的教学平台同时也拥有非常强大的课外资源区，且这些资源区能够不断地更新。甚至同时能够通过算法，以及大数据统计等方式根据学生自身的兴趣及学习情况，向学生进行课外资源的推送，让学生在知识的广度及深度上达到课堂教学难以达到的水平。

（三）学生成为学习的主体

美国缅因州国家训练实验室提出的学习金字塔（Learning Pyramid）如下。

听讲——通常听讲是我们最熟悉也是最常用的教学方式，即教师在讲台上讲，学生在听。但学习两周之后，学习效果却是最低的。学习内容的留存率仅为5%。

阅读——阅读的学习效果也很低，学习两周之后，学习内容的留存率仅为10%。

声音/图片——相比之下，声音/图片相对高点，学习两周之后，学习内容的留存率为20%。

示范/演示——学习两周之后，学习内容的留存率上升到30%。

小组讨论——学习两周之后，学习内容的留存率大大地提升到50%。

实际演练/做中学——变被动学习为主动参与式学习，学习效果大大提高，两周之后，学习内容的留存率为75%。

马上应用/教别人——学习两周之后，学习内容的留存率达到90%。

以上分析可以看出，学习两周之后学习内容的留存率不足50%的几种学习方式，均为被动学习方式；然而两周之后学习内容的留存率达到或者超过50%的几种学习方式，都是学习者主动学习或参与式学习。

（四）沉浸式教学

科技的发展将计算机与课堂紧密连接，而网络的出现则使各种各样的线上课程出现在大众的眼中，通过众多的研究以及实际操作，人们对网络英语课程的认识已经达到了较为全面的地步，它不仅仅改变了传统的课堂英语教学模式，也对学生产生了多方面并且较为深刻的影响。比如，作为英语学习当中最重要的一环，也就是应用，线上教学能够为学生提供一种浸入式学习的环境，这是由网络英语教学的以下特点带来的。

1. 网络信息资源的丰富

众所周知，网络最大的特点就是覆盖面广，信息资源丰富，运用网络既能够接轨最新的信息资源，也能够获得一些较为经典的教学材料，而如果将这一特点运用到教学当中，可以为学生创造一个良好的英语学习环境，并且这些信息覆盖面较广，资源较为全面，还可以根据学生的兴趣进行筛选和推送。

2. 交互的便捷性

网络在具有强大的资源覆盖面的同时，也拥有着另一项特性，交流的便捷性。在线上课程的设置当中教师可以引入移动新媒体对相关的教学方法进行改革设置，以此来突出对学生交际能力的培养，并且由于网络交流不受距离的限制，学生可以有更多的机会，和一些英语母语者进行在线的交流。比如外国的学生，甚至课堂可以专门设置和聘请一些相对较为有经验的外教，而在此过程中学校聘请外教，所需的成本大大地降低，学生也能够获得较为纯正的英语交流体验，以此来达到沉浸式教学，多方面的提高学生对英语的应用能力，同时学生又能够拥有更多的自主空间，得到一个比较轻松愉快的教学氛围，而与此同时学生的课堂参与度大大提高，不过，这一切需要在线课程的研究团队对不同学生的不同教育方式进行研究，需要注重课程的设置方法，教育理念以及形式，更需要注意的是加强教师与学生，学生与学生，甚至外教，外国学生与学生之间语言相关交流平台的建立，也要注重调动学生的积极性。

第三节 线上线下混合式教学模式

一、混合式教学模式的概念

混合式学习（Blending Learning）其内涵是多种学习方式的结合，如使用传统媒体（黑板、粉笔等）的学习方式与使用多媒体的学习方式相结合；自主学习与协作学习相结合等。

随着互联网技术的发展赋予混合式学习新内涵：混合式学习通过将传统学习方式与网络化学习方式的优势结合起来，在发挥教师引导、启发、监控教学过程主导作用的同时更好地体现学生作为学习主体的主体性、积极性、创造性。混合式学习新内涵在原有内涵上提出新结合，即在传统学习方式与网络化学习方式相结合，学生主体性与教师主导性相结合。

混合式教学是混合式学习理论指导下线下传统课堂教学与线上网络学习相融合的一种教学模式。混合式教学结合了传统教学和线上教学的优势，既保证了传统教学中师生面对面的教学与交流，又能实现学生的网络自主学习及实时在线教学反馈与交流，提高教学效率。美国教育部的一项研究表明，相比单一传统面授教学和单一线上学习，二者相结合的混合教学更有效。

混合式教学在移动互联网时代更具“混合”特性，互联网技术不断发展使传统课堂和线上课堂不断融合，传统课堂正在不断放大和延伸，一些开放式学习云平台应运而生。

随着大量网络课程的推出，以慕课、SPOC 为代表的“线上”教学模式开始受到大量学生的青睐，这给传统面对面的授课模式带来了巨大的挑战。单纯的“线上”教育模式缺乏人与人情感上的交流、教师面对面个性化的指导、教师和学生及学生和学生之间的即时讨论等，不能完全取代传统的教学模式。将商业领域的 O2O 模式引入教学，做“线上”和“线下”教学模式的整合，成为当前教学改革的方向。

O2O 是一种商业运营模式，也是一种思维方式，将这种思维方式运用到教学模式的改革中，能够给学生和教师带来全新的体验。“O2O 教学模式”就是一种将线上教学与线下教学相结合的新型教学模式。其中，线上教学通常包括大规模开放在线课程慕课、小规模私有在线课程 SPOC、线上讨论、其他线上活动等形式；线下教学则包括课堂教学、实践教学、线下讨论、其他线下的交流活动等。

在传统的授课过程中由教师进行支配和主导，仅仅凭借教师讲授，学生听的单一授课方式。而 O2O 课程则通过聘请具有一定教学管理经验的教师建立线上虚拟班级，将授课内容拓展到课外（线上），学生通过网络平台上的微课、在线视频等新媒体，自主学习重点知识，利用课堂时间（线下）组织互动学习小组进行探讨、交流，以便完成知识的消化吸收，从而加强学生的自主学习能力，更好地促进学生协作沟通能力和创新能力的提升。高校构建的 O2O 课程体系能够打破传统课程的时空局限、翻转传统课堂教学中的“教”与“学”、颠覆师生的主体地位，使 O2O 课程的开设具有开放性、体验性、前瞻性。O2O 课程体系的设计具有完备的要素，围绕课程目标、课程内容、课程要求 3 个方面对原有的课程体系进行解构，跳出学科体系的藩篱，对知识点进行模块化设计，精心择取、凝练、组织教学内容及其他环节，将各知识点进行重构、衔接，从而构成该课程完整的知识体系，将学习从存储知识的过程向应用知识、创造知识的过程转变。“以学生发展为中心”的课程目标重点是要培养学生的自主学习能力、创新能力及协作沟通能力。对学生自主学习能力的培养，教师可将教学内容中的知识点录制成微视频，学生利用网络多媒体设备或移动通信终端等进行自主学习，对于学习过程中出现的重点难点问题，学生可以通过暂停、多次回放和反复观看视频等多种功能加以解决，提升学生的自学能力；对学生创新能力的培养，教师在录制微视频时要创设与教学内容相符合的教学情境，让学生在客观情境中获得具体感受，且教师在设计多媒体教学视频中要巧设疑问，使学习活动能够成为发掘问题、剖析问题、解决问题的过程，进而发挥学生的创造性思维，克服传统教学模式“满堂灌”的局限性，激发学生的创新意识；对学生协作沟通能力的培养，教师在制作视频教学内容时，可在知识点讲解后增加测验题，针对学生的学习效果进行检测并及时得到反馈；此外，学生可以组织互动学习小组进行探讨与交流，对测验中存在的问题进行答疑解惑，并在良好的互动过程中分享自己的学习经验和成果，有助于提升学生的协作沟通能力。

O2O 教学是以线上为主导，线下为主体的教学模式，O2O 教学是线上教学和线下教学的有机融合。线上教学用于自主学习视频、动画等掌握基本的知识点，还用于完成部分练习题，线上教学在整个教学过程中起到了主导作用；线下辅导用于解决难点问题，查漏补缺，升华知识，线下教学在整个教学过程中起到主体作用。只有将线上和线下结合起来，才是 O2O 的精华所在：一方面可以弥补线上教学在与学生沟通、交流等方面的不足；另一方面也可以弥补线下教学需要消耗大量人力、物力、财力且受时间和空间限制等方面的缺点。

O2O 教学的关键点在于培养学生的学习主动性，O2O 教学的一个重要环节是线上教学：要求学生通过线上自主学习视频、动画等方式掌握基本的知识点或者完成部分练习题。要完成这个环节，一个重要点在于学生的学习主动性。只有学生能够较好地管住自己，才能自主完成线上学习（当然也跟线上教学视频的质量、趣味性等方面有关）。培养学生的学习主动性，在线上和线下两个环节中都应该注意。首先，在线上环节中，需要增强教学视频的质量、趣味性、引起学生的好奇心；其次，在线下环节中，也需要通过鼓励、引导等一系列措施，引起学生的好奇心和学习主动性。

二、混合式教学模式的特点

当代大学生具有一定的自学能力，追求自主和个性，单纯依赖传统课堂的教学会因为教学方式陈旧、信息获取慢等，无法引起学生的兴趣；另一方面，由于信息社会带来的各种诱惑比较多，学生的自控力较弱，单纯依靠慕课等网络教学很容易将原来的“满堂灌”演变成“机灌”。

O2O 教学模式一方面能够满足学生主体的需求，具有线上教学的灵活、自主以及重现属性，另一方面能够实现教师教书育人的双重目标，具有线下教学的生动、个性以及互动属性①。从计算机专业教学的角度来看，O2O 教学模式具有以下几个显著特点。

（一）师生间的多向交流性

O2O 教学模式中师生之间的交流方式是多样的，可以在线上，也可以在线下，同时还可以从线下到线上，再从线上到线下等。该教学模式通常借助分组讨论、实验、竞赛等活动，在学生与学生之间、教师和学生之间形成 1 对 1、1 对多或多对多的交流机制。在这种交流过程中，教师的角色也会发生微妙的转变，再也不是知识的单向传播者，而是与学生平等的、合作学习的参与者，同时是互动教学的设计者和组织者；学生也会从这种学习交流过程中找到自主式学习和合作式学习的乐趣，从而提高学习的主动性。并且不限制学生人数，且人数越多越能发挥其互动、互评功能，而传统课堂可容纳的学生是有限的，同时也避免了教师的重复劳动。并且还实现了师生角色的重新定位，从而使课程教学的主体得到明确。首先，教师不

---

① 孙雅君．“互联网+”时代高校英语课堂教学的思考［J］．吉林农业科技学院学报，2017，26（2）：97-98，121.

仅能够通过慕课形式对基础课进行讲解，并且可以在线下为学生答疑解惑，对学生进行指导，促进学生的理解，充分体现教师教书育人的价值。其次，教师在教学过程中，可以通过教学情境对学生进行教学的引导，使学生结合情境进行思考，彻底弄清楚一个知识点或者解决一个关键性的问题。

（二）学习资源的丰富性

在传统的计算机专业课教学过程中，教师通常是一套PPT走天下，课堂上教学内容陈旧，实践课的内容与现实情况差距大。O2O教学模式可以利用线上大量的慕课、微课以及与授课内容相关的动画和影视，为学生提供丰富的、先进的、优秀的学习资源，还可以录制知名专家和学者的讲课视频、实践高手的操作录像等，使优质资源与学习者无缝对接，更好地实现教育的普惠性。所有学生都能享受“名校名师”的优质教育资源，真正体现了教育的公平性。授课过程透明化，质量可监控，可追溯；学习效果透明化，学生的提问、教师的反馈等可统计，可追溯。实现了师生之间、同学之间的高度互动，学生的表达和思辨能力得到锻炼和培养。

（三）教学形式的多样性

O2O教学模式中可以采用的教学形式多种多样，包括观看线上视频、参与线下讨论、课堂重点讲解、课堂练习、案例分析、头脑风暴、上机实践等方式。所谓教无定法，是指教学形式可以根据学生的状态、需求、个性以及教师的教学风格来确定，百花齐放，形式各异。正是由于教学形式的多样性，O2O教学模式不但能吸引学生的注意力，还能烘托学生和教师以及学生与学生之间的互动氛围，提高学生自主学习的参与度。更多地以“学生为中心”来构建教和学的环境，要求教师的角色从“传道授业”的讲授者向“解惑”为主的引导者转变，学生通过自主学习、反复学习，与教师和其他同学互动交流而获得知识。从而培养了学生学习的主动性、自觉性和创新性。线上教学虽然具有突出的优势，但是其不能完全取代传统的线下教学，而只能是对线下教学起辅助的作用。并且学生在长时间的学习中，不仅难以集中精力，而且还容易产生枯燥乏味的情绪，课堂教学的质量和效率难以保证。所以混合式教学可使学生的注意力更加集中，其通过课程内容的分割，在时间安排、形式搭配、互动设计等方面进行一定的组织编排，能提高课程教学的互动性，使教学变得灵活有趣。学生可以在线上学习后，通过线下的学习对知识加以巩固，从而得到更为理想的教学效果。

三、混合式教学的内容

（一）混合教学模式与传统教学模式的区别

混合教学模式并不是简单的互联网技术与教育行业的两者相加，而是利用信息通信技术以及互联网平台，让互联网与教育行业进行深度融合，创造新的发展生态。混合教学模式作为一种新型教学模式，与传统教学模式有明显不同，主要体现在以下几方面。

1. 时空的转换

基于“互联网+”的教学模式打破了教学活动的时空限制，视听传输技术和在线学习系统，使学习不再受到时间和空间的限制，教学活动可以在任何地点，任意时间进行。传统教学模式主要在教室完成授课，以教师讲授为主，同时结合板书、PPT 等教学方式，完成知识的传授。基于“互联网+”的教学模式则完全打破了时空的局限性，师生可以随时随地展开交流，课堂上亦可通过网络进行教学容的深度扩展，由此达到课内外一体化的教学目的。

2. 角色的转变

传统教学模式的主角是教师，教学内容以教材结合讲义为主，教师在课堂上占据完全主导地位，学生被动接受，积极性和参与性不足。在传统课堂上，教师将时间和精力主要分配在课程知识的讲授和传递上，学生忙于记忆和初级层面的理解，师生没有足够的时间和精力进行互动交流，对知识深层次的理解和应用、新知识的创造等教学目标难以实现。基于“互联网+”的教学模式则更多地站在学生的角度，通过各种信息技术和工具引导学生自主学习，激发学生的学习主动性和积极性，提高学生的参与程度。

3. 教学组织管理的改善和网络平台的应用

由于信息技术的迅猛发展，尤其是智能手机以及无线网络的普及，高校学生对于手机的利用程度可以说是达到了前所未有的度，无论是课上还是课后，学生都以手机为主要接收信息的工具，与其禁止学生在课堂上使用手机，不如利用手机为教学服务。同样，由于无线网络的普及，笔记本电脑亦可随时随地接入互联网，这也给新型教学模式带来了极大的便利。教师可以利用各种网络平台，与学生进行一对一、一对多甚至是多对多的线上教学。简单地说，基于“互联网+”的新型教学模式就是要在现有的互联网大范围普及的背景下，彻底转变固有的教学模式，利用信息技术和手段，应用各种网络平台，对教学方式方法进行大刀阔斧的改革。

（二）基于“互联网+”的教学组织与管理

1. 开发 O2O 教学模式

基于“互联网+”的教学模式改革并不是要完全抛弃传统的教学管理和组织方式，在传统的课堂教学中，诸如人才培养方案、教学大纲、课程标准、授课进度计划、多媒体课件、教学案例、实训任务书、授课素材、自学材料等教学资源均已在多年的教学实践中得到开发及完善。O2O 模式的应用，是要在线下资源已经非常完备的条件下开发线上资源，并同时做到线下线上一体化，也就是课内外一体化教学模式的延伸和拓展。基于“互联网+”的教学模式改革，其根本在于利用互联网的信息技术优势，使学生能够随时随地接触到课程的知识点，因此改革的首要任务就是完善线上资源，可采用诸如微视频、微课、网络课程直播等授课方式，在教学资源的共享方面，可利用各种手段，包括教学平台、网络平台、微信群、QQ 群等，同时，教师还可以通过创建微信公众账号，将课堂重点、拓展学习材料以文字、图片、短视频等多种形式发送到每名学生的手机微信之中，督促学生进行课后复习及拓展学习。O2O 教学模式的最大优点是学生可以依据自己的时间，合理安排学习内容，制定个性化的学习方案；并通过微信、QQ、微信公众号等渠道与教师实时互动，获得充分的学习指导及帮助。

2. 创建新型的考核和评价机制

基于“互联网+”的教学模式改革必然导致学生有更多的时间在课堂外进行自主学习，如何掌握学生的学习进度、检验学生的学习效果以及如何进行课程考核都是改革必须要面对和解决的问题。根据课程的特点，按照课堂讲授、个人作业、小组项目分别进行测试。理论教学采用原始的试卷模式；个人作业综合学生完成的各项作业中体现的创新性、连续性和最终的课程总结给出成绩；小组项目，根据学生进行的自我评价、同学评价，以及进行的口试答辩和论文报告等项目给出最终成绩。与传统教学等考核评价机制不同的是，新型的考评机制更为重视检验学生自我学习的成果，无论是个人作业还是小组项目，在最终成绩中所占的比重都大为提高，相应的，增加网络测试的频率和难度，平时成绩分阶段给出，这就要求学生在学习的过程中始终保持连贯性，不能有丝毫懈怠。基于“互联网+”的教学模式改革，对学生的考核评价不再局限于一门课程的学分是多少和考试成绩高低，而是将学习的全过程纳入考核评价体系，也就是从结果型导向向过程型导向转变。考察学生的学习动机、学习过程和学习效果三个方面，主要考察的重点是学生是否培养了查找信息、获取知识的能力，是否培养了团队学习的能力，是否能够将理论与实践结合，是否已经具备知识创造的能力等。只有具备了这些能力，才能真正培养出高素质和应用型人才。

（三）新型教学模式构建原则

1. 一个中心，从原有教学模式以教师为中心转变为以学生为中心

以教师为中心，往往忽略了学生的学习体会，从而影响了学习效果。而以学生为中心，从学生的需求出发，将学生切实放在学习主体地位，根据学生的学习习惯、学习兴趣、学习接收程度等考量教学内容和教学方法，采用边学边考、通关考核、互相答疑等方式，提高学生学习主观能动性和参与度，从而提高教学成效。

2. 两条主线，实体课堂和网络授课同步进行、各取所长

将授课内容做成“微课”，放置于网络平台上供学生学习。课程微课化，能够提炼精华，突出重点。通过小问题穿插与微课视频中间，并能够自动判题，类似游戏通关设置，激发学生的参与度和积极性；设立互动社区，学习者提出的难疑问题，很短时间内就会有人回答，或者系统会弹出标准答案；设有在线试题库，由浅入深，系统自动批改，并提出下一步学习建议。实现学习者个性化学习和自主学习，并实现系统反馈提升学习效果。实体课堂以辅导、答疑、现场讨论等形式开展，一改以往只以教师讲授为主的固有模式。重点监测学生的课堂活跃度、提问的次数和难度、分析学生学习状态，以此调整网络教学内容，两种授课互相促进。

（四）实现方式

1. 稳固教学重心

教改的关键在于明确教学重心，使传统教学与线上教学优势互补，功能最大化。这就必须明确两者在教学中的地位，就当前中国高等教育而言，传统教学的主体地位是不可动摇的，线上教学只是一种辅助手段，两种教学不能等同甚至颠倒。明确了教学地位，也就决定了接下来教改的重心所在。与此同时，也不能忽视线上教学，只是明确了线上教学要服务于传统课堂，体现其辅助性功能。两种教学分工明确，高校课程教学的核心在于传授社会主义核心价值体系，帮助学生践行社会主义核心价值观。而线上教学其主要任务就在于传授核心知识体系，传统教学就在于帮助学生树立、践行核心价值观，做到知行合一。面对这一现代技术下的产物——网络课程教学，我们要清醒地意识到其所隐含的诸多风险，积极地研究对策，处理好名校名师线上教学与本校普通教师教学的关系，既要更新教学内容，同时也要运

用现代网络技术来为自身教学服务，理清慕课虚拟课堂与传统现实课堂之间的关系。无论是传统实体课堂还是虚拟的线上教学，新颖的教学内容才是教学效果提升的关键所在。传统课堂是宣扬社会主义核心价值观的阵地，肩负着培养社会主义接班人的任务。传统课堂效果的好与坏，是生成而非既成。教学内容相同，但主讲教师不同，所产生的效果也是不一样的。同样的教师，面对不同的学生所产生的教学效果也不一样。因此，传统课堂的魅力应注重师生间面对面的交流沟通，授课魅力与学生莫逆之心融为一体，让学生身临其境地体验这场入心、入脑、入灵魂的教学情境。

传统课堂必不可少，但优质的线上教学内容也可作为教学补充。实现两者的优势互补，使传统的课程教学由课堂延伸至网络，由校内延伸至全国。慕课的引入须遵循课程教学规律，才能使各高校学生共享线上优质教育资源，完善教育形式，形成便利的自由自主学习方式，最终实现生活中泛在学习的新常态。

2. 落实教学保障

建立有效的保障机制是混合教学模式重心所在，而线上教学只能作为一种辅助手段。当前线上课程学习很大程度上取决于学生自身的自觉性。鉴于此，整个教学过程必须丰富多彩，趣味十足，才能激发学生学习热情，吸引学生参与教学。可以创设情境教学模式，通过叙事、活动、模拟等环境使学生身临其境，在轻松愉悦的环境中体验教学，融情于学，唤起学生内心共鸣，提升教学魅力，激发学生自主性学习能力，使学生在线上平台学习中更加的自律。其次，研究网络技术，对学生线上学习过程实行全程监控。关注慕课技术的开发，保障网络开放的程序，完善线上课程保障手段，例如，确认学生身份信息，短信、微信提示学习任务等，保障慕课教学效果。总之，学生的自律和技术保障的他律是整个混合式教学的保障体系。

3. 提升知识素养——理性编排教学内容

教学内容作为整个课程教学的核心要素，其编排是否合理将直接影响教学效果。基于知识要点的整体完整性特点，以及时间长短，合理切割视频内容。遵循课程逻辑思维特点，合理编排视频顺序，使学生身临其境的游戏式学习。拓展理论与现实的分析结合。把线上教学引入课堂教学中，对于教师而言需要不断地提升自身学术素养，拓展学术视野，丰富教学素养。深入学生，了解其思想特点，兴趣爱好，并接触与学生相关的信息，与教学融为一体，增添教学魅力吸引力。其次，熟悉使用网络技术，英语教师应主动了解网络技术使用的关键点，掌握其基本操作技能，最大程度发挥线上教学功能。最后，学术团队的培养。仅靠两三个人并不能完成日常课程的教学工作，教学视频内容编排与分割，拍摄与剪辑制作，均需整个教学团队合作。因而，整个教学团队必须有很强的整体合作意识，发挥整体思维优势，增强影响力，展现混合式教学的根本性变革。

第四节 线上线下混合教学模式的环节设计

一、教学方式

（一）教学原则

教学方式应遵循的原则，是指教师在设计线上和线下教学活动时应当遵循的准则，主要包括以简约思维“RISC”思想为原则、以基于学习产出“OBE”教育模式为原则、以主动性“active”为原则和以系统性“systematic”为原则。

1. “RISC”原则

RISC是一种简约的设计思想，在这里用来表示教师在设计线上课程内容时要遵循的原则。线上课程为了方便学生进行观看和自主学习，通常是以微课的形式出现，时间不超过15分钟，因此每次微课的内容应当高度聚合，并且能够在规定时间范围内讲清楚。在对传统课程内容做划分的时候，应当尽可能地将课程内容分解为相对独立的内容进行线上教学。

2. “OBE”原则

OBE是指基于学习产出的教育模式，这里代表教师在设定教学目标和评估方法时应当遵循的原则。因为教学活动通常是一个较长的过程，如何用合适的、具有可操作性的评估方法对教学过程进行评价是教学工作中必不可少的环节。O2O教学模式涉及线上和线下，对线上和线下教学效果的评估要具有一定的可操作性，将学生所学到的知识、具备的能力和职业素养等一系列能够评定的学习产出定义清楚，并以此为目标反推教学活动应采用何种考核方式、何种教学方式、如何制订教学计划等。

3. “active”原则

对于主动式学习和被动式学习，学习者的体验是完全不同的，前者是积极的、主动的、高效的，而后者是消极的、被动的、低效的。主动性原则是指任何教学方法的采用都要以激发学生的主动性为原则。传统的课堂教学过于强调教师传授知识的系统性和权威性，而不注重学生自主学习意识和自主学习能力的培养。在设计线下课堂教学的时候，要采用类似“对分课堂”“翻转课堂”的方式，以线上教学为牵引，将知识的内化放在课堂上，带领和引导学生进行主动的思考和讨论，并通过竞赛等方式刺激学生进行自主学习。

4. “systematic”原则

这里的系统性包含两个层面的含义：首先，线上教学和线下教学构成一种完整的教学体系，线上和线下的内容可以是相互补充的关系，也可以是递进的关系，但对于一门课程来说，线上的教学内容和线下的教学内容要具有一定的完整性。

一门特定的课程，并不是所有的内容都适合做线上教学，有些较容易理解的内容可以放在线上，让学生自主学习，而一些较为复杂、较难理解的部分则适合采用线上和线下相结合的教学方式。

（二）教学体系

1. “以多维化教学资源为中心”的课程内容

课程资源是课程内容设计的重点。网络技术的发展对教育领域的影响已经势不可挡，教学课程充分实现了“以多维化教学资源为中心”的课程内容[①]。因此，高校在对课程资源进行重置时，一方面要求进行细粒度划分，使其适应线上线下的学习；另一方面要求高内聚、低耦合，能够根据线上学习效果灵活调整线下学习内容。教学模式要求颠覆传统课程内容，其课程资源由传统课程与网络虚拟课程构成，线上教学资源异常丰富，如视频公开课、资源共享课、MOOC、SPOC等更是如雨后春笋破土而出；线下教学资源则是教师在参加各类学术会议、报告会、研讨会后将知识进行梳理总结传达给学生，并针对线上课程内容中所存在的重难点问题进行探究、解决。为了使多维化教学资源为中心的课程内容达到最大优化，课程资源的设定应具备以下几个特征：一是基础性。纳入课程内容的知识必须是核心知识，所要推动形成的能力必须是关键能力，在整个课程体系中具有不可或缺的奠基作用。二是交互性。课程资源所呈现的逻辑结构和表现形式必须有利于学生学习，有利于师生、生生之间的良性互动。三是生成性。每一个课程单元就是一个课程模块，要让不同模块之间有机衔接，从而使优质资源达到有效利用。四是开放性。课程内容以多维化教学资源为中心，体现了课程内容的开放性，要选取优质的教育资源供学生学习。五是个性化。根据学生对知识建构的能力水平及个人兴趣爱好等，学生可以自主在网络平台上选择适合自身的学习内容，以激发学生的学习兴趣。

① 杜爱燕，杨俊．新型本科高校大学英语混合式教学模式研究［J］．教育现代化，2018，5（38）：63-64.

O2O 课程体系中对教学内容的安排，使教学内容呈现新颖性、灵活性、多维化等特点，这不仅符合高校学生的学习需要，还将知识讲授、能力培养、素质提升融合于一体，颠覆了传统课程教学中“以知识为中心”的模式，实现了对传统教学模式的突破。

2. “以学生个性化学习为中心”的课程要求

课程要求对课程体系起到一定的支撑作用。个性化学习就是为每个学生定制符合自身的学习策略和学习方法。学生根据多维化的教学内容，并按照自身的学习能力、兴趣爱好等选取合适的学习内容，经过一段时间的学习，掌握自己薄弱的知识点后，选择相应的知识点检测，通过做题、查看检测结果、针对性训练、个性化学习等进行循环训练。此外，学生也可根据自身的情况采取 4A 学习法，即让学生在任何时间、任何地点、采用任何方式、从任何人那里学习。“以个性化学习为中心”的课程要求，不仅能够赋予学生个性化的、完整的、深度的学习体验，调动学生的学习参与度，还能使教师洞悉学生的学习情况，从而更好地达成个性化教学目标所提出的要求，以改进学生的学习效果，提升学校的整体教学质量。

（三）教学过程

1. 教学前的准备活动

（1）安排线上线下教学活动。据调查，93.1%的人喜欢面授辅导与线上学习相结合的混合学习模式，并且要以面授辅导为主、线上学习为辅。无论是线下教学还是线上教学，都已不再是单纯的传授知识、技能，而是要以学习者为主体，培养学习者诸如信息处理技能、解决问题的能力与创造能力、学习能力、批判性思维能力、社会交流与协作能力等多方面的能力。在此目标指导下，对知识进行划分，不同的知识与信息技术有不同的整合方法。

（2）建设线上平台学习资源。据调查，教学资源的受欢迎程度依次为：导学 79.31%，案例故事视频 62.07%，在线自测 55.17%，辅导课内容 PPT 48.28%。因此，应从这几方面建立相对应的教学资源。导学主要介绍该课程的主要内容、教学方法、学习方法、考试形式等；案例故事视频是利用信息技术，利用网络教学平台的优质资源，挑选其中与考试相关、重要的、新颖的案例，通过录屏、录播等编辑方式将其转化成可供灵活下载的视频；在线测试则是将重点、难点、考点转换成问题加以强调；辅导课内容主要是上课的课件，供没来的同学或没有听懂的同学反复观看。

2. 教学中的组织活动

（1）指导使用学习资源。基于信息技术的教学，改变了学习者的学习方式，还要把对信息技术及资源的学习和应用考虑其中。对于开放大学学习者而言，学习资源包括教科书和网上资源。对各类学习资源的使用，仍应充分发挥线下教学与线上教学的作用。教科书的指导和使用一般主要通过面授课完成，班级自建资源中的导学资源给予辅助。网上资源的使用虽以网上学习为主，但仍离不开面授课的指导，告知学习者各类资源的分布设计，梳理出相关的重点资源。如讲解一个知识点，可以借助网上资源，在指导学习者使用资源的同时，帮助学习者加深对知识点的理解。

（2）恰当选择教学策略。教学策略有多种，没有一种适应任何情况的教学策略，要根据实际情况灵活应用。如在课程的教学策略选择上，首先采用导入策略，在每一章都通过创设情境，提出问题，激发学习者的参与。其次采用组织策略，因为仅仅呈现情境很难达到让学员互动的目的，要采用随机点名、分组的方式鼓励学习者积极发言。第三是强调策略，尤其对比较枯燥的基础知识、基本原理的讲解，要一再强调在考试过程中可能会出现的考法，通过现场出题，让学习者作答。第四是提问策略，尤其是在案例呈现过程中，每到一个故事发展的高潮点，就鼓励学习者设想故事的发展，设想自己是主人公如何处理案例中碰到的问题，通过步步提问，由易到难，逐步吸引学习者的参与。第五是及时反馈的策略，每次学习者回答完问题，都要给予及时的肯定。

（3）组织开展小组讨论。建构主义强调有组织的协作会话，对于线上教学，组织性尤为重要，是信息技术与课程教学互动性双向整合向更高层面发展的关键。首先小组分组有讲究。要事先与班主任和班长沟通，对学习者的已有知识、经验和能力有所了解，然后强弱搭配，挑选组织能力强的学生作为组长。其次小组讨论要有组织性。该课程的学习者是新生，彼此之间不太熟悉，对网上平台系统也不熟悉，不容易产生互动交流，因此可在机房组织一次小组讨论，让学生之间彼此熟悉，方便教师的统一指导。再次小组讨论主题要有独创性。小组讨论在机房进行，以往很多学习者会将讨论的主题直接通过百度等搜索引擎寻找答案，进行复制、粘贴，为避免这一情况的再度发生，在确定讨论主题之前要事先查看网上关于这一主题的资料，确保该问题尚没有“标准”答案。最后小组讨论形式有待改进，随着信息技术的发展，可以通过微信、直播课堂、BBS 等多种形式开展小组讨论，既紧跟信息技术发展步伐，又能方便学习者的学习。

3. 教学后的评价活动

（1）巧妙设计在线测试。在线测试是非常重要的一种学习资源。随着信息技术的发展，在线测试已经成为教学过程中实施形成性评价的有力工具，是信息技术与教学深度融合的又一举措。它可以让师生得到及时反馈，让学习者了解自己对知识的掌握程度，让教师看到学习者的学习情况，以及时调整教学。

（2）注意收集评价数据。教学活动要尽量做到形成性评价与终结性评价相结合。形成性评价主要通过统计出勤率、访谈、座谈、活动小结等方式进行；终结性评价主要通过总校数据的统计结果、出勤率趋势、学习心得、满意度测评、考试合格率等数据来反映。评价数据的收集和分析，一方面离不开学校的学习支持服务；另一方面，88.66%的学习者常用 QQ 和微信交流，这些网聊工具已成为收集相关评价数据的重要渠道，而且更能真实地反应学习者的情况，是教学交互和教学评价的有效补充。

（四）具体领域的实施

1. 语言知识的优化

将混合教学模式运用于英语教学之中，教师可以随时随地为学生提供教学，学生也可以随时随地进行学习，突破了时空限制，让学生可以进行碎片化的学习，符合英语这一学科的学习需要。教师还可以为学生提供个性化的学习资源，根据学生的个人情况进行个性化教学，有助于提高学生的学习效率和学习积极性。在混合教学模式之下，教师可以将教学内容用先进的、新颖的方式呈现出来，学生的学习环境得到极大的改善。英语作为一门语言类的学科，有一个好的语境对于学生学习来说是非常重要的，运用混合教学模式进行教学，能够为学生学习英语语言创造一个真实的语境，在真实的语境中，学生更加容易理解所学知识，也能够将所学知识运用到实际中来。

除此之外，混合教学模式的线上教育功能提供在线教育论坛，在线教育论坛为师生之间的交流提供了互动功能，学生通过这一社交功能不仅可以在线上同教师和同学展开讨论，而且教师也可以在线对学生进行课业的考察，教师与学生、学生与学生之间可以进行学习心得的交流，学生在教师的引导下逐步构建起语言知识架构，建立起对英语学习的敏感性，提高自身的英语素养，获得质的进步。运用混合教学模式进行教学，其所构建的教学小课堂内容丰富多彩，在这里，学生可以提出疑难问题并获得解决，还可以利用多种教学方式进行学习，学生对于英语学习的学习积极性不断提升，为学生不断进行深入的英语学习创建了一个有效的平台。

2. 学习实践方面的优化

在学习实践过程中，运用混合教学能够进行英语语言知识的获取和在线学习社区的构建，混合教学模式将学习过程中的课文导入、句子讲解等学习内容都融入教学视频中，学生可以根据自身的时间安排随时随地进行学习，学生还可以凭借自身的喜好或不足之处进行视频的选择，使学习过程变得更加灵活，为学生的个性化学习提供可能。混合教学模式实际上是对传统课堂教学模式的一种改革和补充，线上教学将与学生现阶段相适应的教学内容和教学资源进行整合，作为课堂教学的一种补充，线上教育与线下教育相辅相成，共同为提高学生的英语素养做出贡献。利用混合教学模式，教师还可以对学生的学习进行线上的监督，对于学生的学习情况和课业完成情况进行评价，遇到疑难问题，教师可以在线上为学生进行解答，学生也可以同其他学生一起进行学习经验的分享和总结，实现共同进步。

3. 小课堂实践方面的优化

在传统的课堂教学中，所传授给学生的知识是有限的，并且脱离实际生活，教学缺乏趣味性，但是在混合教学模式下，线上小课堂对线下课堂的知识进行了扩展和延伸，许多课堂上难以接触到的知识，学生可以进行线下自主学习，不仅节省了教师教学时间，减轻了教师的负担，而且拓宽了学生的知识面。线上小课堂的教学也更具趣味性，运用科学技术可以实现许多线下课堂不能实现的特殊教学方式。混合教学模式下小课堂的构建能够系统性、针对性地将教学内容分为多个小课堂进行教学，每个小课堂的内容较少，满足了学生对于碎片化学习的需求，并且使学生学习更具有针对性，学生学习起来也更加方便，便于学生对于知识的掌握。大学英语的教学本就是基于英语课堂为学生提供探索知识的场地，而不仅仅是单纯的知识输出，因此小课堂正好适应了大学英语教学的这一需求，成为学生知识探索的场地。教师可以合理利用小课堂教学模式对学生的学习成果进行检验，学生也可以对教师的教学效果进行打分和反馈，以便于教师进行教学方式的改进，在这样的模式下，教学水平可以不断提升、不断进步。

4. 综合运用实践方面的优化

要从根本上提高学生的英语学习能力，就要从多方面入手，不断提高其对于知识的综合运用能力。学生在传统的课堂学习中往往无法学习到如何进行知识的运用，做不到知识的融会贯通，此时教师借助混合教学模式对学生进行多方面的培养，使学生在学习过程中能够更多地接触实践知识，将理论同实践结合起来，也有更多的机会进行口语练习的模拟，让学生真正能够将所学习到的知识转化为能力并熟练运用。线上教学作为线下教学的一个补充，可以更加丰富课堂内容，加深课堂内容的深度，在这样的教学方式之下，学生能够全面提升英语学习和运用能力，为社会培养出高素质的英语人才，为社会做出贡献。

二、课时分配

采用三段式的“翻转课堂”教学模式，将课堂教学主要分为课前、课堂上、课后三个阶段，在教学设计中将教师活动和学生活动两部分有机结合起来。关于课前课后学习时间，对于学生来说，由于混合式教学中的课前在线学习及课后任务时间相对传统教学占用了其更多的课外时间，对于教师来说，由于线下学习时间的碎片化及学生学习互动及反馈的随机性，要求教师利用课余时间来引导和参与互动及反馈。因此不管是学生还是教师都意味着在课外环节需要更多的时间和精力。课前及课后时间要不要纳入标准学时内，如何计算标准学时这也是混合式教学中需要进一步研究的问题。

（一）线上：课前

课前教师的主要任务，是选取教学视频，教师可以选取需要讲解知识点的相关实际项目案例或名师授课视频，如果无法找到，就需要教师自己录制，通过理论讲解和操作演示，录制与课程知识点一一对应的 5~15 分钟的授课视频，帮助学生通过视频学习，对知识点在理论层面上有一定的认识，熟悉实际操作过程。接着教师针对视频设定相应的课前自主学习案例，帮助学生通过解答案例中的习题，加深学习的兴趣。学生在授课视频和阅读材料的帮助下，完成课前自主学习案例，并且通过线上的交流讨论，巩固知识点或提出新的问题。

（二）线下：课堂上

课堂教学是师生面对面交流的最佳平台，教师在课前从 MOOC 平台掌握学生的课前预习状况和疑问所在，在课堂中就可以进行重点的分析讲解和解答，也可以组织学生进行讨论，采用课堂问答和主题演讲等形式，调动学生积极性，加深对知识点的理解和应用。

课堂主题演讲时间控制在 5~10 分钟之内，演讲完成后其他学生可以提问，最后由教师进行提炼和总结。无论是主题演讲还是课堂讨论，教师的任务是把控讨论的主题，在自主讨论中积极引导学生按照既定方向进行，同时控制时间，提高课堂授课的有效性。

在讨论中，学生必须是主体，在教师点评的环节，也要以正面表扬为主，以期调动学生的积极性和创造性。在课程实践环节，也可布置一些主题要求学生分组讨论，学生讨论的分组，完全按照自愿的原则，在完成分组后，选出一个组长，组长要负责主题拟定、组织交流、记录心得等工作，教师则要把握小组讨论的进程，适时指导。

（三）线上 & 线下：课后

教师完成慕课平台上未答疑问题的解答，并评定学生本知识点的学习成绩。学生线下完成教师布置的作业，在线上慕课平台复习巩固已学知识，在作品交流分享、学习测试评价和总结分析中加深对知识点的理解。

三、教学效果

线上线下混合教学方法实施后，对教改试点班和普通班的学习情况进行比较分析后发现：虽然教学大纲相同，但由于采用了不同的授课方案，从教学进度、考试成绩、能力培养等方面来看，教改试点班都要优于普通班。由于改进了课堂教学内容，使课堂教学更注重学生对知识的理解，课前的线上学习培养了学生自学能力，一个学期下来学生的实践和英语应用能力提高了。而且，试点班学生的期末考评除了期末考试还有线上学习、课堂讨论、课程设计大作业等评价，这种面向过程的评价方式更加客观和全面。

（一）激发学习兴趣

无论是在线上学习还是线下学习过程中，做到及时反馈激励，进一步激发学生学习兴趣。尤其在线下课堂面授时，先反馈线上学习情况，每个人学习任务完成没有，完成了多少，作业或测试成绩如何。同时也反馈线下作业完成情况，及时点评并指导他们进行修改，要求学生及时查漏补缺，巩固本节内容学习等。及时的反馈能激励学生认真学习，并进一步激发学习兴趣。

（二）学习效率提高

线上线下混合式教学，提高了学生学习的效率。在传统课堂教学中，由于学习时间地点固定，学习资源单一匮乏，教学效率不高，教师和学生都感觉比较累。线上线下混合式教学模式下，学生学习的时间与地点可以自由选择，学习资源与形式也十分丰富；这种状况一方面正好满足了“90”后学生信息技术应用较强，表现欲高的需求，提升他们的学习兴趣，为提高学习效率打下良好的基础；另一方面即便教师不能亲临现场教学，也可以通过资源库平台和云课堂，遥控学生及时学习，解答学生的问题，指导学生完成相关学习任务。以英语书写作课为例，在该混合教学模式下，学生学习的英语作文的种类和数量都提高了，相应地，学生会写的英语作文种类和数量也相应地提高了。

（三）学习成效显著

线上线下混合式教学模式，让学生形成课前学习，课堂提问，课后复习与学习的行为习惯，学生一直处于学习、询问、消化、学习的状态。主动学习的记忆效果远比被动接受的效果高，对于完成相关工作任务后能得到及时指导与修改，巩固学生的学习技能。

第五节　线上线下混合教学模式的实践要求

一、课堂内容要求

教学内容是课程教学的核心因素，教学内容的好坏对课程教学具有直接的影响。应综合考虑课程内容的整体性、时间的安排以及知识点的完整性等，对知识内容进行合理切割。根据课程的逻辑关系，合理编排微课程，使学生能够以轻松的心态进行学习。

二、教师团队要求

教师还应不断地更新教案与课件，将教学与实时动态紧密联系在一起，使学生的学习需求得到满足。然而，每个学生的个性特征及兴趣爱好等存在一定的差异，所以教师对教学资源的整合就显得特别重要，教师应该尽可能地满足绝大多数学生的需求，为学生解答疑惑，将课程的趣味性与理论性有效结合。因此，教师应具备较高的职业素质水平，能够将优质的教学内容通过科学的方式传授给学生，促进学生的理解，提升学生的学习效果。教师是线上教学的实施者、承担者、受益者。因此，教师应具有较高的专业知识和职业素养。教师首先应该掌握本专业内丰富的理论知识，其次，应加强慕课技术的研究与掌握，再次，还应该提升自己的团队合作意识及能力。只有教师自身的职业素质水平提高了，才能使英语课教学效果和质量得到保障，才能使学生在寓教于乐的学习中收获丰富的文化知识。教师在网络课程中所担负的工作，可以粗分为线上教材的制作及线上教学的带领。线上教学只是整个网络课程教学工作的一部分，它与其他网络的及非网络的课程活动相搭配，在课程教师的安排与管理下，共同完成课程教学的目标。

当教师带领着学生在网络联机上从事教学互动时，它有许多种不同的形式，这时线上教师的主要工作，并不是要在有限的时间内，对上线的学生进行单向课程讲述，这个线上活动的时间，更应该用在：指导、协助、解答疑惑、激励反思，要学生能提出问题、思考、辩护、建构、巩固线上教学所抛出来的议题，线上教师也同时要对学习者的学习进度及成果做出不断评估与回馈，以有效完成课程的学习目标。

传统教室的教学，是以教师为中心，教师扮演知识的传播者，教学就是由有知识的教师传播经验给想学习知识的学生的过程；即使是在课堂讨论的场合，仍然是以教师的带领为主要资源核心。但在网络上进行线上教学时，这个线上教师的角色与职责，不同于教室上课讲述的教师，甚至与一般在教室中带领实体讨论的主持教师也不相同。

网络教学中强调的是以学生为中心，要学生主动地上网自学，教师只是在旁协助、咨询、辅导、激励；但也由于学生是以自学为主，又是透过网络媒体来进行虚拟学习，所以在线上教学过程中，就会有许多有关课业疑难、人际关系、信息技术问题的产生，需要线上教师小心管理。

三、学生群体要求

线上教学，应用在教学中，使学生在学习时间、空间的选择上都十分自由，教师不能对学生进行有效的监管，只能依靠学生在学习过程中的自主性。然而，大部分学生在线上学习的时候不能做到良好的自控与自律，往往会出现代课、缺勤、开小差等情况[①]。如此一来，线上教学的实际效果将难以得到保障，为教师对学生学习的监管带来挑战，教师应该设法提高学生线上学习的自主性，提高线上教学的实效性。

四、技术要求

（1）提供一个支持师生利用计算机网络进行教学活动的有效环境，包括备课、授课、自学、讨论、答疑、作业、测验与考试等。

（2）为课程教学提供丰富的数字化教学资源，支持师生通过计算机网络共享有关的课程资料，包括课程大纲、教材、讲稿、课件、作业、考题、参考资料、其他网络资源等。

---

① 李瑚．高校大班英语小组合作学习模式研究［J］．科技资讯，2017，15（16）：187，189.

（3）提供课程教学中的各种管理功能，如课程教师介绍、学生名册与简况、授课与作业计划、考试与评分方法、课程通知、学生注册与登录、测验与考试管理等。

（4）网络教学课程与课本节字教材的本质区别，在于其媒体表现形式的多样性、媒体间的互补性以及教学活动中的交互性，在制作和应用过程中应特别注意充分发挥多媒体的优越性，搜集、创作和利用各种图形图像、视频录像、声音、动画等素材，采用超媒体结构，并加强交互功能。

（5）网络教学课程建设必须注意版权问题。在网络教学课程中引用他人著作中的文稿、图像、动画、视频等素材，需特别注意版权问题，由此引发的侵权责任由作者自行负责。

（6）网络教学课程建设的基本要求。

1）资源建设。数字化资源是每门课程必须建设的基本内容，包括经系（中心、部）及学校审查认可通过的课程简介、教学大纲、授课计划、教师信息、教学讲义等基本内容。教学大纲、授课计划应按学校的规范要求编写。在基本内容完善的基础上，逐步完善电子教案、网络答疑等内容，并根据课程需要进行有针对性的网络教学设计，同时将与课程相关的课外资料、相关网站链接到课程网页，形成一整套基本涵盖教学全过程的网上教学资源。

2）教学互动。教师在建设网络资源的同时，要积极加强网络教学的应用，与学生在平台上开展课程的教学交流互动，并按照教学进度不断更新内容。要利用教学平台发布课程通知，布置和批阅作业，开展讨论、辅助答疑等。教师应要求学生经常登录网络教学平台，充分利用平台进行辅助学习。教师应及时掌握学生的网上学习状况。

3）教学资源积累。教师要利用网络技术，收集教学相关的资源，丰富个人教学资源库、素材库。提倡教师联合开发、共享共用教学资源。

（7）为推动网络教学课程的建设和网络教学活动的开展，学校应建立网络教学课程建设的长效机制，通过立项方式，在二至三年内建成150门网络课程。

（8）为便于管理和考核，将网络教学课程按其建设和应用情况分为合格、优质两个等级标准。

（9）课程在网络平台上注册，课程简介、教学大纲、教师信息、教学进度安排、考核办法、学习方法指导等课程基本信息上网，教学课件、实践教学指导（适用于有实验教学环节的课程）。

（10）以资源+平台+服务为基本开发理念，以课程作为主导航，深度整合名师课程、学校自建课程、公共资源和各种备课资源，有效支持全流程教学的各个环节，并通过学习空间实现交流、互动、分享，着力实现信息技术与教育教学的深度融合，教师通过网络教学平台完成教学，学生通过网络教学平台完成学习，通过信息技术统计教学工作基础数据，推动信息技术在教育行业全面深入应用。

（11）建成网络教学平台。平台能够为学校提供一个网络教学门户，作为学校网络教学对外展示的一个很好的平台，能够为学校定制一个个性化的首页，首页能够设置多个栏目，能够将学校的公告通知，教学组织，课程信息等，学校的教学组织，所有课程信息，精品课程网站能够通过网络教学平台与学校已有的数据和资源实现无缝对接。建成教师教学网络空间。平台能够为教师提供一个基于 SNS 的教学空间，能够让教师在教学空间里完成与学生的教学互动。

第七章　基于移动学习系统的高校英语听说教学模式的构建

第一节　基于移动学习系统的高校英语听说教学模式的设计与实践流程

科德曾说过："有效的语言教学不应违背自然过程，而应适应自然过程；不应阻碍学习，而应有助于学习并促进学习；不能令学生去适应教师和教材，而应让教师和教材去适应学生。"英语作为一门实践课，教学活动应是师生间的双边活动，学生是学习的主体，是教学过程的内因，学习的成败归根结底取决于他们。如前文所述，影响大学生英语听说能力的因素有客观因素和主观因素两方面，为了实现大学英语教学改革的目标—培养大学生的英语综合应用能力，特别是听说能力，有必要对现有的大学英话听说教学模式进行革新，利用信息技术与英语课程的深层次整合为学生提供有利于听说能力培养的学习环境和学习方式。

一、教学模式设计的总体思路

"移动技术支持的大学英语听说教学模式"是建立在课外自主学习与课内互动学习这二者交互作用基础上的一种混合教学模式。简单地说，这种模式可以分为课前预习、课内练习与课后探究三个阶段，实现以下五个维度的混合。

（一）课内正式学习方式与课外非正式学习方式的混合

此模式将口语学习的一些环节延伸到课外进行，弥补口语课堂教学时间有限的缺憾，学生通过课外的非正式学习来了解与口语学习内容有关的外国文化知识，并通过课外的听力练习和口语练习提高准确性和流利性。课外非正式学习成为课内正式学习的有益补充，学生既能做到课前的充分准备，又能在课后进行更高层次的学习。

（二）课内教师讲授式教学与学生自主式学习的混合

课内正式学习阶段，与听力和口语技能有关的语言知识的学习是十分必要的。在课堂教学时间的前段，由教师讲授语言知识，包括词汇、语法、语音、语调等，并结合课前学生接触到的外国文化知识，对本节课的听说学习内容进行详细讲解，而课堂教学时间的后段，学生通过小组互动的方式进行自主学习，并在互动中锻炼听力和口语技能。根据学习内容的实际需要，教师灵活安排课堂的教学与学习方式。

（三）课堂教学中的教师主导性和学生主体性的混合

课堂教学阶段遵循何克抗教授提出的“主导—主体相结合”的教学结构，既要发挥教师的主导作用，又要充分体现学生的认知主体作用。无论是前段的语言知识讲授还是后段的语言技能操练，教师都是指导者和组织者的身份，通过支架式教学策略逐步引导学生从语言知识的学习过渡到语言技能的习得，并帮助学生掌握学习策略。而学生作为认知主体要充分参与到课堂学习中，摒弃传统教学模式下的被动接受知识状态，在互动中进行有意义的学习。正如前文的社会文化理论所述，“参与”本身就是一种学习，是学生主动建构的过程。

（四）教与学过程中的传统媒体与新媒体的混合

混合式教学模式中的教学媒体具有多样化的特征，教师和学生根据实际需要来选择适当的媒体进行学习，如语音室、影音资料、多媒体计算机、计算机网络、手机、笔记本电脑、学习机等媒体类型，实现传统媒体与新媒体的混合。

（五）教学内容上实现英语语言知识与英语听说技能的混合

此模式打破了传统课堂重知识轻技能的弊端，实现了语言知识和听说技能并重，充分的语言知识学习是发展听说技能的必要条件，而听说技能的提高又可以反过来促进学生对语言知识更深的理解，在听说中养成用英语思维的习惯和语感，有利于阅读和写作能力的提高。

二、移动技术支持的大学英语听说教学模式的内涵

（一）将移动技术作为模式实施的支持技术

如前文所述，何克抗教授提出的混合学习是将传统学习和数字化学习方式相结

合，当时的数字化学习主要是以网络化学习为代表，也就是说，当时提出的混合学习方式支持技术主要是多媒体技术和计算机网络技术，而计算机网络技术更多的是采用有线网络的方式。而在笔者构建的模式中，在沿用何克抗教授的这一定义的基础上，创新性地将移动技术引入教学。如前文所述，移动技术的技术特点和外语学习自身的特性两方面有着极佳的匹配性，移动技术支持的语言学习具有许多优势，在国外的实践中也取得了显著的成效。因而笔者除了运用以计算机网络技术和多媒体技术为代表的典型的数字化学习手段之外，还利用移动技术的便捷性和交互性等特征，以移动技术为支撑，构建了混合式听说教学模式，从而将课内课外打通，为学生提供无缝的英语学习空间。

（二）模式的类型是“课内外深层次整合模式”

前文提到，何克抗教授提出的信息技术与课程深层次整合的类型分为课内整合和课外整合两种。目前，大学英语授课教室几乎都能实现多媒体教学，那么此模式中的课内教学主要就是传统教学与多媒体教学的混合，并且在课内学习阶段可以利用手机和英语学习机来辅助学习，而在课外学习阶段（包括课前和课后）移动技术发挥着关键作用，能利用自身的便捷性将学生的零散时间充分利用起来，在整合后的时间里为学生提供充裕的预习和复习时间，来作为课堂教学的有益补充。

在本模式中，课外学习部分主要体现了移动学习等数字化学习方式的优势，使学生可以利用更多的零散时间进行课外学习，这种课外学习的效果会直接影响课内的教学。而将传统教学和多媒体教学组合的课内教学阶段的效果又会影响学生对于课外深入学习的投入程度。由于课内学习与课外学习二者之间关联紧密，因此，将本模式界定为“课内外深层次整合模式”。

（三）模式的核心思想是利用情境连通课堂内外

外语学习是依赖情境的。本模式利用多种信息技术使情境认知与英语学习紧密结合起来。课前预习阶段是教师创设情境，引学生入境于课内学习阶段是通过互动使学生体验情境，实现学生的主动学习课后扩展阶段，促使学生演绎情境，通过不同的学习方式对所学内容进行扩展，实现高层次的意义建构。可以说，本模式利用情境在教师与学生之间、学生与知识之间搭建了一座桥梁，使学生的学习活动得以连贯、畅通。原本时间有限的课堂教学得以延伸开来，在学生的课外零散时间内，能够有针对性地进行听力练习和口语学习。

三、基于移动学习系统的大学英语听说教学模式实践流程

（一）课前预习阶段——教师创设情境，激发学生的学习兴趣

此模式中的课前学习阶段主要以移动学习的方式进行，充分利用移动学习的便捷性，使学生能频繁地接触到与课堂学习内容有关的信息从而进行预习，为课堂学习阶段的教师因材施教和学生主动学习打下基础。

每次课堂教学都有固定主题的内容，在课前，教师将与此主题有关的相关背景知识与文化知识发送给学生，提前为学生创设固定的情境。这一阶段以语音输入材料为主要的学习资源，教师将精心准备的多媒体语音内容以博客的方式推送给学生，学生通过听力理解对内容进行自主学习，并以回答测试题的方式进行反馈。当学生对预习内容有问题或想要进行更深入地了解的时候，可以通过移动设备与教师进行交流或通过无线接入互联网的方式进行学习。此阶段的目的是为接下来的课堂学习打下基础，学生在这一阶段的投入程度和预习效果直接影响着学生在课堂学习阶段的学习起点和学习效果。

1. 教师的行为——创设情境

教师在课前预习阶段的身份主要是引导者和决策者。一方面，引导学生接触到适当的学习资源，使学生为课堂学习做好充分准备；另一方面，通过学生的反馈和与学生进行交流等方式确定学生的“最近发展区”，为下一阶段的课堂教学部分进行因材施教提供依据。

（1）创设情境，激发学习兴趣。

一方面，教师准备的预习内容大多数以英文新闻、原生电影的片段、英文歌曲等视音频的形式呈现，这些声情并茂、丰富多彩的多媒体内容能够激发学生的学习兴趣。

另一方面，这些多媒体内容大多数是预测任务。为了让学生对课堂学习产生兴趣，课前的预习内容以文章的标题和开头、电影的宣传片或新闻采访的人物介绍等形式构成，具有一定的预测性，事先为学生创设了学习情境，目的是提前引导学生进入情境，为课堂上充分而有效的互动交流争取更多的时间。学生可以对听力材料进行大胆的猜测，其实是提前让学生进入所听的话题的讨论中产生对接续内容的强烈的求知欲，从而更积极地投入到课堂学习中。

（2）了解学生特征，确定个体的最近发展区。

学生在听完预测性听力内容的基础上，通过回答简单问题的方式进行反馈。例

如在听完一段英文新闻之后，要求学生回答新闻事件发生的时间、地点、人物等基本信息，测试学生对关键信息的捕获能力，要求学生对新闻内容进行简短评论，测试学生对篇章内容的整体把握。教师通过这种方式掌握每个学生当前的发展水平，确定个体的最近发展区，从而为课堂教学的分层教学提供依据。同时，学生也可以提出自己的想法和建议，帮助教师更好地选择课堂教学内容与形式。

2. 学生的行为——感知新知，明确学习任务

学生在教师创设的固定的情境中接触到新的知识和相关的文化背景知识，并有的放矢地进行学习内容的预习和提前练习。

（1）对学习内容进行提前预习。学生在这个阶段要在思想上和语言材料上做好充分准备，使自己能够更好地投入接下来的课堂学习。

一方面，学生通过学习教师提供的预习内容，能够获得更多的语言接触，激活已有的相关的背景知识，为学习新的知识做好准备。学生将感知的单词、短语和句子在自己的语言体系中“对号入座”，然后下意识地将所获得的信息组织起来，形成初步印象，进入情境。

另一方面，学生可以利用移动设备进行随时随地的学习，对听力内容反复理解，提炼重点，思考他们要听的内容和要说的事情。课前的大量充分练习能够使学生提升自信心，经过充分准备的学生在课堂上才会有话可说，有助于在课堂产出阶段更好地使用语言。

（2）初步了解语言的文化背景。

由于语言与文化的紧密结合，在培养语言运用能力的过程中必须重视文化知识的结合，特别是中外文化的差异使得英语的听说教学要把文化知识作为必不可少的一部分内容。在混合式听说教学模式中的课前预习阶段，可以利用无处不在的移动学习方式让学生提前感受文化知识与语言的结合，从而在理解文化背景的前提下掌握对语言的运用。在课前阶段进行这项工作，可以大大节约课内教学的时间，使课内时间可以被更有效地利用。

以英文新闻、原生电影的片段、英文歌曲等形式为主的课前预习内容都是与文化密切相关的，学生可以通过移动与无线通信技术在网络上获得相应的文化背景，这样再进行听力内容的理解往往是准确的、恰当的。当有了文化背景知识的支撑，学生在后续课堂上的学习就会事半功倍。

3. 实现条件

课前预习阶段的时间没有固定要求，每个学生根据自身的情况利用移动设备，充分利用一切可以利用的零散时间来进行学习。教师的教和学生的学及师生之间的互动通过以下几种手段进行。

（1）短信息和移动 QQ 实现实时和非实时交流。

短信息这种方式是日常生活中最常用的交流方式，由于学生群体的集团号等资费上的优势成为最受学生欢迎的一种方式。而且，教师可以利用群发软件实现一些公共信息的发送，也减轻了教师的工作量。教师传递学习提醒、资源的超链接和简短的测试题目，学生发送反馈答案或提出问题，在短信互动平台上实现教师与学生的双边互动。

移动 QQ 是能够促进情感交流的一种方式，师生利用手机登录移动 QQ 可以进行实时和非实时的交流，实现信息的及时传递，惟妙惟肖的 QQ 表情也能拉近师生之间的距离。

（2）利用便携式移动设备实现多媒体播放。

学生将教师推荐的学习资源下载到多媒体播放器中，实现随时随地的收听，在反复收听中增加语言输入，为课堂学习阶段的语言输出做好积累。

（3）上传和下载语音录音。

教师可以录制标准的口语片段，学生下载后可以反复收听，在模仿中不断地纠正自己的错误，并将自己的口语录音反馈给教师，获得评价和建议。

（4）通过有线或无线连入互联网进行资源浏览。

在预习阶段对异国文化知识的积累是十分必要的，通过连入互联网的方式查询资料，为课堂的学习预备相关的背景知识。

（二）课内学习阶段——学生通过体验情境来掌握语言知识和语言技能

在课堂教学中要打破传统的单一讲授式的教学方式，通过多媒体技术和移动技术与英语听说课程的整合，改变教学内容的呈现方式、教学方式和学习互动方式，借助强大的信息技术认知工具和丰富的学习资源，促进学生在真实语境中解决复杂问题能力的发展和整体素质的提升，从而提高英语课堂的实效性。教师在恰当的时机指导学生利用英语学习机、手机和音频播放器等移动设备进行自学自练，在需要反馈的时候利用手机短信的方式掌握课堂即时教学的效率，及时调整教学，学生也可以在恰当的时候利用手机上网查询资料。在整个课堂教学阶段，教师要采取支架式教学策略，从讲授者逐渐向指导者、监控者等身份过渡，将课堂学习的主体权移交给学生，使学生在情境中体验语言，积极思维，进而有意义地学习。在这个阶段，既有传递—接受式学习方式，又有学生的自主学习，还为学生之间的合作学习提供了条件。

1. 教学环节

学习是学生主动建构知识的过程。学生不是简单被动地接收信息，而是对外部信息进行主动的选择、加工和处理，从而获得知识的意义。学习的过程是自我生成的过程，这种生成是他人无法取代的，是由内向外的生成，而不是由外向内的灌输。因此，教学活动必须建立在学生的认知发展水平和已有的知识经验基础之上，体现学生学习的过程是在教师的引导下自我建构、自我生成的过程。

（1）教师讲授新知

由于口语交际要以一定的语言知识为基础，无论是听力还是口语能力的提高都离不开词汇、语法和句式做基础。由于语言知识具有系统性和可教性的特点，适合在课堂上用教师讲解的方式进行，因此，教师首先讲授与主题相关的词汇和语法知识。在课前预习阶段，教师通过推送的方式已经预先提示学生将要在接下来的课堂教学中学习的内容，并配合文化背景的渗透让学生做好准备。这样，课堂上再讲解词汇和语法就会使学生更容易理解和记忆。

（2）学生通过听力理解来认知新知

教师播放与知识点相关的听力内容，学生对词汇、句式等语言知识在实际语境中的运用进行认知。学生利用手持设备反复收听听力理解内容，教师通过适当的提问引导学生对材料进行深入的思考，教师通过提问及时掌握学生学习情况，针对学生遇到的听力困难及时进行听力策略的训练。学生通过大量的听的活动，扩大语言的输入量，从而实现在大量的语言接触中逐步学会语言规则和吸收语言词汇。

（3）教师启动互动活动，学生体验情境、演练技能

在有教师控制的演练新知阶段，通过教师精心设计的互动活动，使学生在类似真实的情境中反复操练，在与他人的合作学习中加深印象，加强记忆。采用听说结合的方式，让学生在情境中练习语言形式，并通过指导学生掌握学习策略，使学生从语言知识的掌握上升为语言技能的演练，为后面的真正交际任务的完成做好铺垫。在此阶段，教师要针对学生在互动中的个人表现进行评价，为不同水平的学习者布置不同难度的任务。教师还要进行口语交际策略的训练，通过选择适当的口语练习材料，使学生在开始交际时面临一定的挑战，在排除困难的过程中使用恰当的交际策略来完成任务。

2. 实现条件

（1）多媒体技术

多媒体技术是一种信息处理技术，是指把文字、图形、图像、声音、动画、视频等多种媒体信息通过计算机进行数字化采集、获取、压缩、解压缩、编辑、存储

等加工处理，再以单独或合成形式表现出来的一体化技术。因此，多媒体技术的实质是一个处理和提供文、图、声、像等多种信息的计算机系统。

随着计算机和信息技术的发展，多媒体技术给大学英语听说教学带来了丰富的资源和先进的教学手段，大学英语听说课堂由于引入多媒体而进入了一个全新的发展空间。通过多媒体信息技术与英语听说课程的整合，在文字与图片的组合中，在有声读物与动画、视频资料的渲染下，改变了教学内容的呈现方式、教学方式和学习互动方式，借助强大的信息技术认知工具和丰富的学习资源，促进了学生在真实语境中解决复杂问题能力的发展和整体素质的提升，从而提高了英语课堂的实效性。

（2）手持式英语学习机可以满足学生自主学习的需求

英语学习机作为应用终端，由于其具有体积小、价格低的优势，所以普及面较广。较之其他的移动设备，学习机的网络连接功能有限，这恰恰可以满足课堂上学生学习行为可控的要求，便于课堂的管理，因此移动设备在课堂教学阶段的应用主要以学习机为主。学生在教师的指导和监督下利用学习机进行词汇查询、课堂录音和跟读对比等活动，满足课堂学生主动学习的需求。

（3）手机的短信功能实现课堂及时反馈

教师为了随时掌握学生的学习效果，在课堂教学的恰当时机要求学生用短信的方式进行学习反馈，根据反馈结果来调整教学步调、教学方法。为了避免阅读和编辑大量短信而造成课堂混乱，教师可以采取适当的调控手段，如仅仅要求知识理解欠佳的同学发送反馈信息，通过这种私下交流，避免了传统课堂中的学生由于“爱面子”而不敢提问的尴尬局面。

（4）利用移动设备上网查询资料

学生在课堂活动中会遇到词汇、用语、文化知识等方面的问题，可以在不影响教与学活动秩序的前提下利用移动设备上网进行查询，做到及时解惑，这样才能使互动活动顺利、高效地完成。这种在真实交流的情境中获得的问题解决往往是印象深刻的，更有利于学生在日后的真实交流中进行意义迁移。

3. 互动活动的组织

互动活动可以分为师生互动与生生互动，使课堂上的听说教学在语言的海洋中更有效。实际上，在互动教学中，教师一直在扮演心理学家的角色。教师要在尊重学生个性差异的基础上设计和实施互动活动，给他们提供更多用英语进行双向交际的机会，对学生言语能力的点滴进步做出敏锐的反应和及时的表扬，使学生既能体会成功又能看到自己的不足，从而调整自己的学习行为。

(1) 师生互动

在听说课上，学生的说与教师的讲配合，教师利用具有知识性、趣味性和文化性的学习内容来组织学生进行听力理解、朗读、讨论等活动。在活动中，教师要控制课堂活动的节奏和时间，以保证活动的顺利进行和教学任务的完成。进行一系列的教学活动，教师先讲，学生后练，教师先做示范，学生及时领会教师的提问，学生问答学生汇报，教师点评教师设计任务，引导学生进行听说练习。听说课上的教师示范作用不可小视，教师的真实示范可以让学生更有亲近感。教师在课堂上一直充当着组织者、引导者、启发者等关键角色，在学生遇到困难时，教师要给予适当的启发。这种师生互动关系消除了学生的敬畏和胆怯心理，能够活跃课堂气氛，使其学习积极性得到很大的提高。

(2) 生生互动

课堂上主要把大量的时间留给学生，使他们有机会相互交流和沟通，从而起到一种共振作用，即“共生效应”，这种效应能使学生共同发展。通过小组讨论等方式，学生对话题内容进行深层次的思辨，小组成员不仅要为自己的学习负责，而且也要为同伴的学习负责。学生间的不同观点发生碰撞进而引发认知冲突，能够更加激发学生的学习兴趣和求知欲。学生由于有大量机会发表自己的观点与看法，倾听他人的意见，他们体会到了自己的价值和重要性，增强了主体意识，而且通过小组合作学习能够增加学生的归属感，减轻焦虑感，就能逐渐进入学会、会学和乐学的境界。

如果在语言知识等方面遇到困难，学生可以通过移动设备进行查询，使互动可以连续进行。这种生生互动可以培养竞争合作意识和人际关系交往的技能，为提高真实环境下的交际能力打下基础。

(3) 自我互动

课堂上的自我互动可以为学生提供自主练习的机会，学生可以利用移动设备反复收听教师示范的录音或听力教材原音，并进行模仿、复述、口译等练习。这种互动是学生自主建构意义的过程，也是对知识的内化过程。课堂上要为学生适当地提供这种自我互动的机会，给学生深入思考的空间，这样才能使学生以最好的状态投入到互动活动中。

(三) 课后扩展——学生演绎情境，提高语言交际能力

学生通过课堂有组织的学习，已经对本单元的语言知识有了一定程度的认知和演练，并结合文化背景对语言知识有了更透彻的理解。教师在课堂教学中还针对学

生听说方面的困难进行听力策略和口语策略的训练。可以说，在课前预习和课堂学习之后，学生已经基本形成了对单元内容的认知，并在听力的准确性和口语的熟练性方面有了提高。但这不是学习内容的终点，语言学习的目的是在语言情境中的运用，因此，课后教师设计任务情境时，布置需要合作完成的交际任务，使学生在生活中运用语言，在合作中进行探究，在演绎情境中逐步提高语言交际能力。

1. 学生的协作学习

课后的扩展任务属于高层次的思维活动，需要学生之间的协作学习来完成。同时，听说能力的切实提高需要在真实的语言交际中得以体现。学生通过完成教师布置的学习任务，将课堂所学知识在真实的情境中进行演练，能更清晰地体现出自身的语言交际能力水平。在协作学习中的讨论和协商都是用英语来完成的，为了圆满完成任务，每个学生都要克服一切困难来实现彼此之间的交流无障碍。

2. 教师的监督指导

由于课后扩展阶段的任务难度较高，为了避免学生出现挫折感或应付了事的情况，教师依然要利用课前预习阶段的一些方法和手段来督促学生投入到学习中。不仅如此，教师要跟踪学生在协作学习过程中的参与度，与表现异常的学生进行单独交流，掌握情况以后有的放矢地进行个别化指导，这也为下一单元的教学提供借鉴。

3. 实现条件

与课前预习阶段相同，课后扩展阶段依然以移动技术和计算机网络技术为主要的支持技术，学生可以充分享受移动技术所带来的无缝的学习空间的便利性，在随时随地的学习中实现知识的扩展和语言交际能力的提高。

4. 活动的设计

真实的交际任务是一种真正意义上的语言运用，它为学生创设了一个交换信息、交流观点和情感沟通的自然的语言环境，有利于提高学生的学习兴趣和学习积极性，并在任务中互动，有利于交际能力的提升。交际任务可以有以下几种类型。

（1）信息差任务

教师布置任务的时候，将有关信息进行分解，每位学生只有部分信息，而这部分信息是完成任务所必需的。如果想要完成学习任务，就需要利用交际实现与他人的有效合作，将信息补充完整，最后大家齐心协力完成任务。由于学生都急切地想知道自己不知道的信息，因此这种任务促使学生积极地投入交流中，在协商中进行信息补充。这种任务不仅能提高学生的合作学习能力，而且能使学生练习交际策略。学生利用移动设备的录音功能对交际的关键过程进行录音，并上传至博客中，教师对内容进行评价，在形成性评价中发现问题并给予学生适当的指导。

（2）集体决策任务

需要每位学生在小组讨论中轮流发言，通过组员之间的沟通和交流，陈述可能做出的决定与决策依据，最后大家经过分析讨论达成共识，做出决策。在此过程中，大家的协商和讨论不仅能够锻炼口语表达能力，而且要想充分理解组员的想法，就得保证在听懂的前提下进行讨论，因此对大家的听力理解能力也是一个很好的锻炼。集体决策的做出需要每位组员在意见和想法上达成一致，这种协商也能促进合作能力的提高。

（3）探究性任务

通过给定主题，设计开放性任务，需要小组进行探究性学习来完成对特定主题内容的探究。在探究过程中，教师通过定期推送提示信息来为学生搭建必要的脚手架，引导学生顺利完成任务。由于探究内容的最终结果不是唯一的，因此可以培养学生的创新精神。

第二节　基于移动学习系统的高校英语听说教学模式的形成性评价

一、形成性评价的定义及发展

1967 年，斯克里文在《评价方法论》一书中第一次把评价分为终结性评价和形成性评价。这里所说的形成性评价是一种过程评价，这种评价贯穿于教学的全过程。

到了 20 世纪 70 年代，随着美国著名心理学家布鲁姆的评价理论的出现，形成性评价得到了新的发展。布鲁姆侧重于教育过程的变革，他认为“形成性评价就是在课程编制、教学和学习过程中使用系统性评价，以便对这三个过程中的任何一个过程加以改进”。布鲁姆指出：“形成性评价的主要目的是决定给定的学习任务被掌握的程度和未掌握的部分，它的目的不是为了对学习者分等或鉴定，而是帮助学生和教师把注意力集中在为进一步提高所必需的特殊的学习上。”在布鲁姆看来，评价不仅是要了解学生掌握了多少学习内容，而且还要作为一种矫正性反馈系统，及时了解教学过程中的每一阶段是否有效，并采取相应的措施。

国际上著名的研究形成性评价的专家 P. Black 和 D. William 认为，广义上的形成性评价包括教师和学生进行的所有能够收集学习信息的活动，这些收集到的信息可以诊断性地用以调节教与学。依据此定义，评价包括教师对学生学习的观察、教室讨论活动、学生学业分析（包括家庭作业和考试）等。如果从这种评价中所获得的信息被用来调节教与学，以满足学生的需要，则评价就变成了形成性评价，它与终结性评价相对立。我国学者对于形成性评价概念的理解也都有不同的看法，王道俊等人认为，形成性评价是在教学进程中对学生的知识掌握和能力发展的及时测试。它包括在一节课或一个课题教学大纲中对学生的口头提问和书面测试，使教师和学生能及时获得反馈信息，其目的是更好地改进教学进程，提高教学质量。施良方认为形成性评价又称为过程评价，是在教学过程中进行的评价，是为了引导教学过程正确、完善地进行而对学生学习的结果和教师的教学效率采取的评价。形成性评价的主要目的不是为了选拔少数优秀的学生，而是为了发现每个学生的潜质，强化改进学生的学习，并为教师提供反馈。尽管关于形成性评价仅有概念的叙述，但也能从中看出一些共性。

第一，形成性评价都是在教育、教学活动过程中发生及强调对过程的评价；

第二，形成性评价注重及时的反馈，并以此为依据进行教与学的调整；

第三，形成性评价的目的是促进学生的学习，减弱了评价的甄别和选拔功能。

传统的终结性评价一般是在教学活动完成后测量学生成绩，对学生的学习结果进行评价，它是用来对学生的学习做出结论和判断，或者用于证明和选拔；形成性评价不以区分评价对象的优良程度为目的，不注重对他们的分等鉴定。就形成性评价和终结性评价的功能而言，显著区别之一就是终结性评价侧重于对知识和技能的检查，而形成性评价侧重于运用知识和技能的过程。

二、形成性评价的理论基础

（一）多元智能理论

美国哈佛大学教育研究院发展心理学教授豪尔·加德纳博士在人类认知才能的发展方面进行了长期的研究，他在其《心智架构》（1983 年出版）一书中提出“多元智能论”一词。该理论认为每个人除了语言和数理逻辑智能以外，至少还有其他五种智能—空间智能、音乐智能、人际智能、内省智能、身体运动智能，并强调人的智能无高低之分，只有智能倾向的不同和强弱的差别，它所关注的核心问题是你的智能类型是什么。

从这个角度来看，世界上并不存在谁聪明谁不聪明的问题，而是存在哪一方面聪明及怎样聪明的问题，即学校里没有所谓“差生”的存在，每个学生都是独特的，也是出色的。因此，通过多个角度来评价、观察和接触学生，寻找和发现学生身上的闪光点，并发展学生的潜能，与形成性评价强调的评价内容的多元化正好吻合。

形成性评价强调评价内容的多元化，注重考查学生综合素质的发展，关注学生创新精神和实践能力的发展，对学生在学习过程中所表现出来的情感、学习策略、合作精神等几个因素进行全面的综合评价，而不仅仅只关注学生的学业成绩。这种评价方式注重学生的差异性，注重学生个体发展的独特性，能够激励学生发挥多方面的潜能，发挥出其智能强项。

（二）建构主义学习理论

建构主义也译作结构主义，是认知心理学中的一个分支，是由认知主义发展而来的哲学理念。在此基础上形成的学习理论与以往的行为主义的理论模式有很大的差别。建构主义学习理论认为，学习过程是人的认知思维活动的主动建构过程，是人们依据自身原有的知识经验与外界环境进行交互活动以获取、建构新知识的过程。它强调学习过程中应以学生为中心，加强学生对知识的主动探索和对所学知识意义的主动建构，而不是把学生当作外部刺激的被动接受者和被灌输的对象。同时，该模式认为，学生对知识的建构不仅依赖于自身原有的知识水平与经验，还在一定程度上取决于同伴之间对问题的共同讨论与理解。显然，在建构主义的学习模式下，由于学生进行的都是个别化、自我建构的学习，对同一门课程，不同学生学习的方法、途径可能相差很大，如何客观公正地对他们学习的结果做出评价就显得相当重要。

在形成性评价中，评价的主体是学生。学生、老师及其他学习伙伴之间是相互激励的关系，主张通过评价来激起学生的参与性，注意对学习者构建知识时所采取的措施和方法及在知识建构过程中加以评价，使学生在学习过程中得到激励，产生自信心和成就感，形成继续学习的动力。同时，形成性评价强调学生通过对自我学习的适当监控和反思，掌握并调整适合自己的学习策略，发展自我评价能力，提高自主学习能力，强调师生之间、学生之间的合作，促进教学与评价的良性循环。

（三）二语习得理论

克拉申在20世纪80年代初期提出了著名的二语习得理论“五大假设”：习得—学习假设（The Acquisition/Learning Hypothesis）；自然顺序假设（The Natural Order

Hypothesis)；监控假设（The Monitor Hypothesis)；输入假设（The Input Hypothesis)；情感过滤假设（The Affective Filter Hypothesis)。在“输入假设”即 i+1 理论中克拉申（1982）认为，人们习得语言的唯一途径是获得可理解性的语言输入。在 i+1 理论中，如果语言输入低于学习者现有水平，即表示这种情况难以收到较好的学习效果；如果语言输入远远超出学习者的现有水平，即表示为 i+2。

克拉申的理论集中体现了循序渐进观，强调学习的步骤、方法和学习的过程，强调在过程中获得结果，即在让学习者获得大量的可理解性语言输入的同时，注意情感因素对输入的过滤作用，变输入为吸收，从而进入语言习得机制的内化处理，最后习得语言知识，增强语言能力。

第三节　基于移动学习系统的高校英语听说教学模式的学习策略培养

近年来，移动学习已经在大学英语移动学习中得到了初步应用，前景十分广阔。高校不但要借助这一新技术来丰富教学手段，创新教学模式，还应选择和优化学习策略，为大学英语移动学习创造更加自由、高效的学习平台。在实际应用中，应在以下几个方面做出努力。

一、强调基于移动学习系统的“知识”与“趣味”的引入，提高学习效率

为使大学英语移动学习切实成为课堂教学的有效补充，得到学生的认可和接受，在实践中要做到规范可行，要注重以下操作。

第一，借助移动学习平台，针对学习进度对学习层次进行合理安排，并通过设置测试环节，对学生的移动学习效果进行考察。在这一过程中，要保证测试内容的开放性，以便最大程度地增加学生之间、学生与教师之间的互动。

第二，对大学生感兴趣的知识和内容进行筛选，及时将其发布于移动学习的 App。对大学英语任课教师这一角色要重新定位，按照不同方向的学习内容选择有价值的部分，并按照学生的特点与诉求，通过平台提供差别化的信息，以便使大学生能够对选取的内容形成强烈的求知欲，变被动学习为主动学习，使自主学习与协作学习充分结合。

第三，在内容编排方面，要体现出合理的逻辑性和知识的客观性，使大学生的移动学习内容能够简洁、清晰地表现出来，恰当地反映大学英语的整体知识结构。

比如可以把大学生的移动学习动机和未来的工作结合在一起，以此吸引他们的注意力，提高其交际能力。

二、以语言输入和输出为节点，重新定义教师的角色

通过前文的分析可知，大学英语移动学习需要实现输入和输出的有机结合。为了做到这一点，除了要注重学习效率和效果的提升外，更应该做好“人口管理”，即“输入管理”，以便能够最大程度地提高大学英语移动学习的组织绩效。为此，需要对教师角色进行重塑，提高其专业基础知识和专业技能，使之能够借助移动学习平台将听说等语言应用能力展现出来（在这一问题上，可以借鉴慕课的做法，教师事先录制视频材料，将其上传到移动学习平台)，以便为学生提供实质性建议和方法、手段上的指导。此外，还应对师资队伍进行再教育和培训，提高对移动学习平台的应用能力，为学生提供更有价值的信息。只有这样，才能保证基于移动学习的大学英语学习取得较好的效果，才能使之成为课堂教学的重要补充。

三、对移动学习平台的学习进行动态监管

移动学习平台是建立在移动网络之上的应用软件，在大学英语移动学习方面已经展现出一定的优势，起到的作用也十分明显和积极。为了更好地发挥这种学习范式的效果，在强化学习方法和学习手段的同时，更应该对其运行环境给予高度关注，保证移动网络信息的安全性，使基于移动学习的大学英语学习能够安全、顺利地进行。只有这样，才能保障课堂具有可持续的延展性。为了实现这一点，需要发挥教师和学生的主体性，提高参与者的自我控制力，加强对移动学习的合理、正确运用，强化对学习内容、学习方式和学习效果的动态监管，最大程度地体现移动学习的价值。

参考文献

[1] 张学新. 对分课堂：大学课堂教学改革的新探索 [J]. 复旦教育论坛，2014，12（05）：5-10.

[2] 汪军，严晓球. 近十年来国内大学英语大班教学研究综述 [J]. 教育学术月刊，2011（11）：105-106.

[3] 杨淑萍，王德伟，张丽杰. 对分课堂教学模式及其师生角色分析 [J]. 辽宁师范大学学报（社会科学版），2015，（09）：653-658.

[4] 张博雅. 对分课堂：大学英语课堂教学改革的新思路 [J]. 科学与财富，2015（12）：803.

[5] 柴霞. 基于“对分课堂”的大学英语教学实践与反思 [J]. 曲阜师范大学公共外语教学部，2016，（06）：310.

[6] 谷陟云. 罗杰斯的人本主义教育观及其启示 [J]. 现代教育科学，2009，（10）：76-78.

[7] 陈爱梅. 人本主义学习理论及对外语教学的启示 [J]. 辽宁师范大学学报，2003，（3）：28-30.

[8] 王健芳. 外语教学改革与实践 [M]. 南京：南京大学出版社，2016.

[9] 孙立伟. 对数字化教学资源建设的思考 [J]. 新西部，2007，（12）：276.

[10] 杜振华. 英语资源服务器及网络语音室的安全管理与实践 [J]. 中国科教创新导刊，2008，（1）：87.

[11] 李建萍. 分级教学背景下大学生英语词汇学习策略的调查和分析 [J]. 黄山学院学报，2009（8）：99.

[12] 汤闻励. 非英语专业大学生英语学习“动机缺失”研究分析 [J]. 外语研究，2012（1）：70-75.

[13] 李艳，韩文静. 孔子因材施教的教育思想简述 [J]. 吉林教育学院学报，2008（4）：39.

[14] 刘英爽. 国际化背景下大学英语跨文化教育的瓶颈和转型趋势 [J]. 教育评论，2016（7）：115-117.

[15] 王汉英，胡艳红，徐锦芬. 美国康奈尔大学外语教学观察与思考［J］. 教育评论，2015（7）：165.

[16] 秦秀白，张凤春. 综合教程 3（学生用书）［M］. 上海：上海外语教育出版社，2014.

[17] 王允庆，孙宏安. 高效提问［M］. 高等教育出版社，2016.

[18] 赵周，李真，丘恩华. 提问力［M］. 北京：电子工业出版社，2018.

[19] 陈帅. 大学英语修辞教学探析［J］. 湖北经济学院学报，2013（9）：203-205.

[20] 王涛. 大学英语教学中英语修辞格的赏析［J］. 英语广场，2013（10）：97-99.

[21] 夏俊萍. 浅析大学英语教学中学生修辞鉴赏能力的培养［J］. 吉林工程技术师范学院学报，2014（10）：68-70.

[22] 张红. 浅谈英语教学中常见的修辞［J］. 教师，2015（11）：47-48.